RECUEIL

DES

JUGEMENTS DE L'ÉCHIQUIER

DE NORMANDIE

3232

F

18932

EXTRAIT DU TOME XX, DEUXIÈME PARTIE

DES NOTICES ET EXTRAITS DES MANUSCRITS

ET DU TOME XXIV, DEUXIÈME PARTIE

DES MÉMOIRES DE L'ACADÉMIE DES INSCRIPTIONS ET BELLES-LETTRES

RECUEIL

DE

JUGEMENTS DE L'ÉCHIQUIER

DE NORMANDIE

AU XIIIᵉ SIÈCLE (1207—1270)

SUIVI

D'UN MÉMOIRE SUR LES ANCIENNES COLLECTIONS DE CES JUGEMENTS

PAR M. LÉOPOLD DELISLE

PARIS

IMPRIMERIE IMPÉRIALE

—

M DCCC LXIV

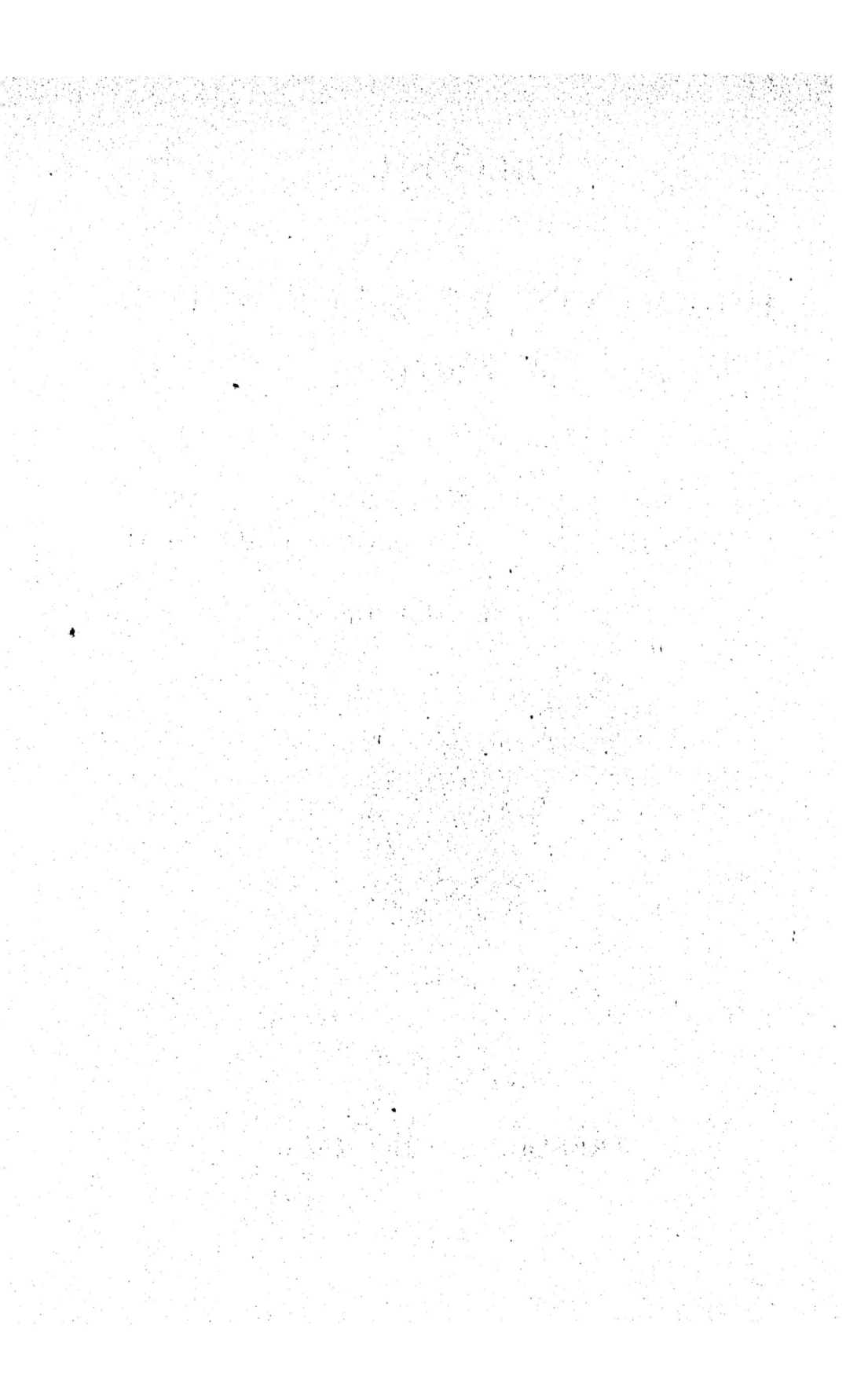

JUGEMENTS

DE L'ÉCHIQUIER DE NORMANDIE

AU XIIIᵉ SIÈCLE (1207-1270),

PRINCIPALEMENT TIRÉS D'UN MANUSCRIT DE LA BIBLIOTHÈQUE DE ROUEN.

———

Dans un mémoire lu à l'Académie des inscriptions et belles-lettres, au mois d'octobre 1860, j'ai essayé de démontrer qu'à partir du commencement du XIIIᵉ siècle les jugements de l'échiquier de Normandie étaient consignés par écrit dans un recueil authentique et officiel. Ce recueil est perdu probablement depuis longtemps; mais la substance et, pour certaines parties, le texte même nous en ont été conservés dans plusieurs compilations rédigées au XIIIᵉ siècle. Ces compilations sont au nombre de quatre.

La première comprend six cent cinquante-neuf actes (1207-1243). On n'en connaît qu'un seul exemplaire, qui forme la seconde partie du manuscrit Y 9. 90 de la bibliothèque de Rouen.

La deuxième renferme deux cent dix actes (1207-1235). La Bibliothèque impériale en possède cinq copies anciennes[1].

---

[1] Manuscrit latin 4651, fol. 49. Suppl. lat. 1016, fol. 1 v°. Suppl. lat. 1290, fol. 52. Lat. 4653, fol. 79 v°. Lat. 4653 A, p. 242.

Ce recueil faisait partie du Livre de Saint-Just, d'après lequel Brussel en a donné plusieurs articles dans son *Nouvel Examen de l'usage des fiefs*. Le texte complet en a été publié, en 1845, par M. Léchaudé d'Anisy, dans le volume intitulé : *Grands rôles des échiquiers de Normandie* [1] (p. 137-144).

La troisième compilation, dont nous ne possédons qu'un manuscrit très-imparfait [2], se compose de trois cent quatorze articles (1207-1243). Le texte de cette collection, combiné avec celui de la précédente, a été inséré, en 1848, dans le deuxième volume de l'Histoire du droit français de M. Warnkœnig [3].

La quatrième n'est qu'une ancienne version française de la troisième. Elle a été publiée, en 1839, par M. Marnier [4], d'après le manuscrit français F 2 de la bibliothèque Sainte-Geneviève.

Ces quatre collections ne sont pas les seules sources à consulter pour connaître les actes de l'échiquier sous les règnes de Philippe-Auguste, Louis VIII et saint Louis. Plusieurs jugements de ce tribunal nous ont été conservés dans différents cartulaires, dans le premier volume des *Olim*, dans la compilation des Assises de Normandie, dans le Registre des enquêteurs de saint Louis (*Querimoniæ Normannorum*), dans les Notes de l'anonyme de Coutances et dans le Registre des visites d'Eudes Rigaud, archevêque de Rouen.

En combinant les données fournies par ces différents recueils, on arrive à réunir huit cent dix actes de l'échiquier, dont la date est comprise entre 1207 et 1270. De ces huit cent dix actes,

---

[1] Ce volume forme le tome XV des *Mémoires de la Société des antiquaires de Normandie*.

[2] Biblioth. impér. ms. 10390, 2, suivant l'ordre du catalogue de 1682.

[3] *Französ. Staats-und Rechtsgeschichte*, II, *Urkundenbuch*, 70-119.

[4] *Établissements et coutumes, assises et arrêts de l'échiquier de Normandie*, p. 111-201.

quatre cent vingt-quatre sont complétement inédits; la plupart des autres sont fort imparfaitement connus par la deuxième, la troisième et la quatrième compilation, dont les rédacteurs ont abrégé les textes en supprimant les noms propres et les détails étrangers aux points de droit en question.

Dans le mémoire cité au commencement de cette notice, je crois avoir démontré combien il importait, pour l'histoire de nos institutions judiciaires, de réunir en un corps tous les actes de l'échiquier de Normandie antérieurs à la mort de saint Louis. Je me suis efforcé, dans le même travail, de résoudre les principales questions que soulève l'ensemble de ces documents. Ici il ne me reste plus qu'à rendre compte, en quelques mots, de la marche que j'ai suivie pour donner une édition des jugements de l'échiquier normand depuis 1207 jusqu'en 1270.

J'ai pris pour base du travail la première compilation, c'est-à-dire le manuscrit de Rouen. C'est de là que sont tirés presque tous les jugements de la période comprise entre les années 1207 et 1243. J'ai marqué d'un astérisque les actes qui sont plus ou moins sommairement indiqués dans les publications de MM. Léchaudé d'Anisy, Warnkœnig et Marnier. On trouvera dans les notes les jugements dont il n'est pas question dans le manuscrit de Rouen, et dont le texte nous a été conservé, soit par les trois dernières compilations, soit par d'autres recueils. Le manuscrit de Rouen s'arrête à l'année 1243. A partir de cette date, je ne puis guère donner que des chartes ou des notices empruntées à différentes archives. Les sources auxquelles ont été puisés ces divers documents sont toujours indiquées à la fin de chaque article.

Avant tout, je me suis attaché à établir un texte correct. Les notes placées au bas des pages ont généralement pour but de signaler les leçons fautives des manuscrits, de justifier les corrections que j'ai cru devoir proposer, et de rapprocher les articles se rapportant aux différentes phases du même procès. Les éclaircissements géographiques ont été réservés pour la table qui termine la publication, et qui a été dressée d'après les principes adoptés par les éditeurs du tome XXI des Historiens de la France.

1. — REGNANTE PHILIPPO, REGE FRANCORUM, POST ACQUISITIONEM NORMANNIE QUAM FECIT, FACTA SUNT HEC JUDICIA IN SCACARIIS NORMANNIE A BARONIBUS EXISTENTIBUS IN EISDEM.

2. — Anno Domini m° cc° vii°, apud Falesiam in scacario Pasche, coram domino Galtero camerario, fratre Garino, in presentia multorum prelatorum, militum et baronum.

3. — Judicatum est quod Eremborc de Alta Rippa habeat[1] terram suam, que fuerat capta in manu regis, quia habebat sororem antenatam que eam debebat garantizare.

4. — Judicatum est quod recordatio veniat utrum Gervasius de Marisco, crucesignatus, fuit forsbanitus pro morte Ricardi Brittonis, et in qua curia, et interim debet custodiri in custodia regis donec recordatio fiat. Predictus Gervasius defecit in scacario veniendi ad judicium suum.

· 5. — Judicatum est quod filia Rogeri Verneii[2] habeat asisinam suam de hoc unde pater ejus fuit saisitus quando ivit ad religionem, et non debet respondere donec habeat etatem et pater suus erit in Normannia.

[1] *Habebat* dans le manuscrit. — [2] *Vernai.* Deuxième compilation.

6. — Judicatum est quod heres[1] Radulfi de Corlibo non respondeat[2] versus judeum de debito patris sui donec habeat etatem.

7. — Preceptum est quod filia Roberti de Aurevilla habeat terram suam, quam Robertus Crassus ceperat in manu regis, quia pater ejus maritaverat [eam] cum terra illa priusquam iret in Angliam.

8. — Judicatum est quod domina de Sapo habeat custodiam filii[3] militis sui, quam Robertus Major ceperat in manu regis, quia tenebat[4] de quadam escaeta que erat in manu regis.

9. — Judicatum est quod Robertus de Taissel habeat terram suam, que fuerat in custodia quandiu fuit infra etatem.

10. — Judicatum est quod debet inquiri utrum comes Bolonie cepit aliquid in nammis de Fulcone Paganelli, nec remanebit pro submonitione exercitus, et idem Fulco non respondebit versus comitem donec inquisitio illa fiat[5].

11. — Judicatum est quod uxor Willelmi de Torp habeat Alneta Morin ad victum puerorum suorum, sicut pater eorum de illis fuit saisitus.

12. — Judicatum est quod monachi Sancti Audoeni habeant recordationem de scacario versus Gobertum Baivel, utrum idem Gobertus garantizavit in assisia apud Falesiam ad scacarium quod perderet

---

[1] Le manuscrit porte *hoies*, avec un signe d'abréviation.

[2] *Respondeant* dans le manuscrit

[3] Le mot *filii*, qui manque dans le manuscrit, nous est fourni par la deuxième compilation.

[4] *Quid domina tenebat feodum illud de quadamo.* Deuxième compilation.

[5] Ici la deuxième compilation donne le jugement suivant : «Guillelmus de Vill' «probat per testes suos quod Gaufridus «de Rapendone reddidit Gaufrido, filio «Petri, creditori suo, centum libras de «debito quod debebat ei idem Guillel«mus.» La version française porte *Willaume de Vilers.*

querelam suam si[1] carta similis carte quam monachi habent posset inveniri sigillata in sigillo fratris sui et per quam dedisset terram vel elemosinam.

13. — Judicatum est quod non respondebit[2] Ligardis de Barnevilla de hereditate sua donec filius Roberti Bertran, qui est infra etatem et qui debet hereditatem illam garantizare, habeat etatem.

14. — Consideratum est quod burgenses de Briorna habeant quictancias suas sicut eas habuerunt temporibus Henrici et Ricardi, regum Anglie, et sicut usi fuerunt de eis continue.

15. — ITEM IBIDEM, AD SCACARIUM, EODEM ANNO (1207), IN TERMINO SANCTI MICHAELIS, CORAM PREDICTIS.

16. — Judicatum est quod Petrus de Ripparia habeat catalla sua in pace, que Nicholaus Bouchel arrestaverat, quia dictum ei fuerat quod idem Petrus evaserat de prisone regis Henrici[3].

17. — Judicatum fuit quod Radulfus de Condevilla habeat garantum suum, quod non fuit in insulis[4], sicut dictum fuerat Reginaldo de Cornillon, priusquam habeat terram suam.

18. — Judicatum est quod uxor Thome Malfillastre habeat dotem suam de terra que est in manu regis.

19. — Judicatum est quod Rogerus de Milleio habeat terram Porcellorum, hominum suorum fugitivorum pro latrocinio.

---

[1] *Quod* dans le manuscrit. La leçon *si* est fournie par la deuxième compilation.

[2] Le manuscrit porte *non respondebitur Ligardi*. — On lit dans la deuxième compilation *Lejart de B. non respondebit*.

[3] Le manuscrit porte *Henr'*; je crains que ce ne soit un mot altéré.

[4] Les îles de Jersey et Guernesey.

20. — Judicatum est quod Audierna, uxor Ricardi Coc, habeat dotem suam de terra que est in manu regis.

21. — Judicatum est quod Milesent, uxor Roberti de Praeriis, habeat, si voluerit, recordationem assisie in qua tradidit Rogero Tyrel dotem suam ad firmam, que capta est in manu regis, quia idem Rogerus de dote sua erat saisitus quando perrexit in Angliam.

22. — Judicatum est quod Radulfus Gill[ani] de Gavreio et Alexandra, uxor ejus, habeant hereditatem suam, quam Ricardus de Sancto Dyonisio eis difforciat, quia, cum eadem Alexandra implacitaret eumdem Ricardum de hereditate illa et diceret eum esse bastardum, et unde[1] appellaverat ad dominum papam de coram Willelmo, Constanciensi episcopo, idem episcopus per suas litteras testificatus fuit quod appellationem suam non prosecutus fuerat ad terminum sibi positum. Preterea judicatum fuit quod non poterat appellare[2] extra Normanniam.

23. — Johannes de Bello Monte, canonicus Baiocensis, exigit recognitionem versus conestabularium Normannie de quadam domo apud Baiocas utrum sit elemosina prebende sue vel feodum laicum conestabularii. Conestabularius exigit considerationem curie regis utrum debeat respondere versus Johannem predictum, cum idem Johannes non responderet versus eum per respectum quem rex dedit ecclesiis. Judicatum est quod conestabularius respondebit, nec remanebit propter terminum predictum, quia dominus rex non dedit terminum clericis, nisi de hoc quod pertinet ad presentationem ecclesiarum[3].

---

[1] Ici, comme dans plusieurs autres passages de la première compilation des jugements de l'échiquier, le mot *unde* paraît substitué au mot *inde*. (Voyez n°ˢ 89, 90, 108, 149, 166, 167, 168, 268, 325, 328, 340, 345, 363, 379, 731.)

[2] *Appellari.* Deuxième compilation.

[3] Cf. 60.

24. — Episcopus Baiocensis exigit conestabulario Normannie auxilium exercitus de dono regis de feodo IX militum quod[1] de eo tenet. Conestabularius dicit quod de episcopo tenet VII feoda militum ad servicium episcopi, et duo feoda ad servicium regis, quando submonitus est per episcopum vel per nuncium suum. Dicit etiam quod non debet dare auxilium nec unquam dedit et inde exigit considerationem curie[2]. Judicatum fuit quod episcopus habeat auxilium de feodis que conestabularius cognoscit se tenere de episcopo Baiocensi[3] per donum domini regis.

25. — Judicatum quod inquiratur per legales milites et homines utrum comes Robertus est vicecomes de terra sua, et utrum vicecomes unquam fecit divisam in curia sua nisi prius curia fuerit forsjurata.

26. — Judicatum est quod Dyonisia, soror W. de Cauvingneio, habeat in maritagium quintam partem tercii hereditatis fratris sui[4].

27. — Judicatum est quod Guido de Luceio non respondebit de debito Den. judeo de Bernaio, donec filius Petri de Sabruil, quem habet in custodia de rege, habeat etatem, et debitum quod pater predicti pueri debebat erit sine usura tantum quod habeat etatem.

28. — Judicatum est quod Robinus le Pelei et Gaufridus le Fol et Ranulphus Manchon, homines magistri Radulphi de Constanciis, sunt in misericordia pro falso clamore versus homines Rothomagi

---

[1] De feodis IX militum que. Deuxième compilation.

[2] Les mots et inde exigit considerationem curie sont remplacés, dans la deuxième compilation, par la formule et super hoc petit esgardum terre.

[3] Ici la deuxième compilation ajoute les mots suivants: Et habebit illud auxilium.

[4] Dans la deuxième compilation, avant le jugement que nous avons sous le n° 27, on trouve l'article suivant : «Judicatum « est quod Calot judeus poterat sequi Ha- « braham judeum per duellum de assauto « de kemino. »

quos sequebantur de roberia, quia clamor patrie dixit quod nunquam audierant quod roberia illa facta fuisset.

———

29. — ANNO DOMINI M° CC° VIII° FACTA SUNT HEC JUDICIA APUD FALE-SIAM, IN SCACARIO PASCHE, CORAM GALTERO CAMERARIO, FRATRE GARINO, IN PRESENTIA MULTORUM PRELATORUM, MILITUM ET BARONUM.

30. — Judicatum est quod Fulco Paganelli habeat terram fra-trum suorum fugitivorum, quam eisdem dederat pro servicio suo, et unde ei fecerant hominagium suum, quia dominus rex habuit exitus ipsius terre de anno.

31. — Judicatum est quod Henricus de Montigneio habeat saisi-nam terre W. de Sellant, fugitivi, postquam dominus rex habuit terram quam idem W. de eo tenebat ex quo dominus rex habuit exitum illius terre de uno anno.

32. — Judicatum est quod Petrus de Sancto Hylario habeat ter-minum respondendi versus Freessent Malemains pro submonicione exercitus, de quo comes Bolonie eam fecerat submoneri.

33. — Judicatum est quod Willelmus, episcopus Abrincensis[1], non potest distringere[2] Ricardum Peillevillain respondendi in curia ecclesiastica de feodo[3] suo laico, pro fide quam idem episcopus dicat sibi fieri a predicto Ricardo[4].

34. — Judicatum est quod Templarii habeant saisinam terre quam exigebant a Roberto l'Angevin, que visa est per justiciarium, quoniam idem Robertus traxit ad garantum cartam capituli Templa-

---

[1] *Abrican.* dans le manuscrit.
[2] *Distingere* dans le manuscrit.
[3] *Foro* dans le manuscrit.
[4] Cf. 51, 59.

Jug. de l'éch. de Norm.

2

riorum, quam, ut dixit, habebat de illa terra, sed combusta fuerat in domo sua elapsis jam decem annis, nec post requisivit capitulum Templi quod ei facerent cartam illam[1].

    35. — Judicatum est quod abbas de Cesarisburgo habeat saisinam de presentatione ecclesiarum de Barefleu[2] et de Catevilla, quia Umfridus de Catevilla, qui dicebat presentationem illam sibi pertinere, cognovit quod rex Henricus presentaverat ultimam personam mortuam in ecclesiis illis, et idem abbas habet de illis ecclesiis bonam cartam de rege Henrico[3].

    36. — Judicatum est quod uxor Roberti de Mesnillo Vace[4] habeat in dotem tercium hereditatis que contingebat viro suo in portionem de hereditate patris sui versus Ricardum de Rippar[ia].

    37. — Preceptum est quod Galeranus Louvet[5] habeat escaetas de terra patris sui pro defectu Gaufridi, fratris sui, qui se defecit in pluribus assisiis[6].

    38. — Judicatum est quod W. de Planes[7] respondebit versus Ysabel de Glamuler de hereditate quam ab eodem exigit et quam dicebat esse de maritagio suo, nec remanebit propter finem quem Gazre le Droeis[8], postnatus suus, fecit cum predicto W., ex quo non fecit ei finem per duellum nec per stabilimentum.

[1] Cf. 48 et 367.

[2] *Barefloi.* Deuxième compilation.

[3] On trouve dans les recueils de M. de Gerville une charte du roi Henri II, datée de Valognes, entre les années 1184 et 1189, par laquelle ce roi donne à l'abbaye de Notre-Dame-du-Vœu, près Cherbourg, *ecclesias de Barbefluctu et de Gatteville.*

[4] *Mesnillio Wace.* Deuxième compilation.

[5] *Louvel.* Deuxième compilation. C'est, selon toute apparence, la bonne leçon.

[6] Sur un jugement qui suit, dans la deuxième compilation, l'article relatif à Galeran Louvel, voyez plus bas, n° 719, note.

[7] *Guillelmus de Planis.* Deuxième compilation.

[8] *Gadre de Drocis, frater Ysabelis postnatus.* Deuxième compilation.

39. — ITEM, IBIDEM, AD SCACARIUM, EODEM ANNO (1208), DE TERMINO SANCTI MICHAELIS[1].

40. — Judicatum est quod recognitio fiat inter episcopum Baiocensem et Ricardum de Argentiis, utrum idem Ricardus fuit saisitus de porta manerii episcopi Baiocensis vel de XL solidis quos ille qui portam custodit debuit reddere post ultimum Augustum ante istum.

'41. — Judicatum est quod Ricardus de Criseio[2] remaneat ad religionem in qua est, scilicet ad hospitale de Jerusalem, et comes Bolonie capiat se de debito quod ab eodem exigebat ad heredes ejusdem Ricardi vel ad terram suam, si aliquid ab eodem exigere voluerit.

42. — Judicatum est quod Rainaudus de Nonnant habeat quartam partem de tota hereditate que fuit antecessorum sue matris, que fuit soror Ricardi de Sancto Remigio, quam idem Ricardus eidem difforciabat, et Renaudus de Nonnant in misericordia quoniam exigebat medietatem illius hereditatis.

43. — Judicatum est quod W. de Sauquevilla habeat terram suam per vadium et plegios, que erat in manu domini regis pro uno defectu.

'44. — Judicatum est quod episcopus Sagiensis non habebit servientem sacerdotis qui fuit captus ad presens foresfactum in foresta domini regis.

---

[1] Dans la deuxième compilation, le chapitre de l'échiquier de Saint-Michel 1208 commence par deux jugements qu'on cherche en vain dans la première compilation au chapitre correspondant. Voici le premier : « Judicatum quod etas « XXI annorum probatur per quatuor testes « juratos. » Pour le second, voyez plus bas, n° 720.

[2] Lisez de Griseio.

'45. — Judicatum est quod Ascelina, soror W. Teuchefol [1], habeat hereditatem ejusdem W., fratris sui mortui, quam comparavit in vita sua, quia est soror ejus ex parte patris et matris sue, quam Ricardus de Kilebof, frater ejus ex parte matris sue, difforciabat ei.

46. — Anno Domini m° cc° ix° facta sunt hec judicia apud Falesiam, in scacario [Pasche], coram domino Galtero, domini regis camera-rio, fratre Garino, in presentia multorum prelatorum, militum et baronum [2].

[1] *Ascelina soror Guillelmi Fabri.* — Deuxième compilation.

[2] L'acte suivant, dont la Bibliothèque impériale (Cartul. 228, f. 84) possède une copie moderne, se rattache à une des sessions de l'échiquier de 1209. Il s'agit d'une inféodation de terres faites par l'abbé de Saint-Sever à Richard d'Éca-jeul.

« Universis Christi fidelibus presentem « paginam inspecturis, ego Droco dictus « abbas Sancti Severi et totus ejusdem loci « conventus humilis, salutem, etc. Noverit « universitas vestra quod ego Droco abbas « Sancti Severi et totus ejusdem loci con-« ventus concessimus et recognovimus Ri-« cardo filio Johannis d'Escaioleyo et here-« dibus suis medietatem totius terre et « omnium que habebamus apud Ranvillam, « scilicet in decimis et terris et omnibus « aliis rebus, excepta advocatione ejusdem « ville, unde recepimus homagium suum. « Hee sunt partes predicti Ricardi : man-« sura in qua domus sue sunt site et fur-« num suum ; tota terra de hogua [de] « Longuevilla, excepta medietate decime « illius hogue ; tota terra de hogua de Ran-« villa, excepta medietate decime illius ho-« gue ; tota terra de Follia ; tota terra de

« Curtis Petiis ; tota terra quam tenet Ra-« nulphus Anglicus pro duobus sextariis « frumenti ; campus septem virgatarum et « una virgata et dimidia supra viam de « hogua ; medietas culture de Herumleyo « versus Sanctam Honorinam ; medietas « culture du Pommeret versus Ranvillam ; « medietas campi ad Fossam Draconis « versus Longavillam ; medietas campi de « Viis Furcatis versus Sanctam Honori-« nam ; medietas virgate et dimidie versus « Vias Furc[at]as versus hoguam ; medietas « campi Morin versus Longueval ; medietas « culture de Lescarde subtus viam ad Vias « Furc[at]as, ad Lapidem versus Longue-« val ; medietas campi de Chicmoy versus « Ranvillam ; medietas culture de Cruce « versus Ranvillam ; medietas campi de la « Ruette juxta culturam de Cruce versus « Ranvillam ; medietas campi de Trunco « versus Ranvillam ; medietas campi de « Londa versus Ougnam ; medietas campi « de Hosme versus Ranvillam ; medietas « culture de super Longuevillam versus « Lescarde ; medietas de maresco, de mo-« lendinis, de feodo Sancti Severi ; medie-« tas pratorum de la Corvee versus Lon-« gueval ; medietas pratelli de Homme « versus le Doit. Hii sunt homines predicti

'47. — Judicatum est quod Radulfo de Argogis remaneat terra de qua recognitio[1] facta fuit inter ipsum et Ricardum Silvani, quia undecim de juratis dixerunt quod predictus Radulfus in terra illa majus jus habebat; duodecimus dixit quod inde nichil sciebat. Et predictus Ricardus in misericordia pro falsa secta.

48. — Judicatum est quod Templarii non respondebunt versus W. l'Angevin de elemosina sua nisi [in] ecclesiastica curia[2].

'49. — Eustacius Callot infra etatem interrogavit saisinam terre patris sui, scilicet de manerio de Rofetot, unde pater ejus fuerat saisitus anno et die quo obiit, quam Ricardus Cailot, avunculus ejus, ei difforciabat. Recognitio inde facta fuit per legales homines, et

« Ricardi : Bernardus Charite cum tene- « mento suo; Osulphus Fabri cum tene- « mento suo; Willelmus filius Radulphi « cum tenemento suo; Willelmus Porchard « cum tenemento suo et cum suis partici- « pibus; Radulphus le Machon cum tene- « mento suo; Radulphus filius Petronille « cum tenemento suo; Willelmus Costen- « tin cum tenemento suo; Galterus Pinju- « rent cum tenemento suo; Willelmus « Ricard cum tenemento suo; Guillelmus « Angot; Herulphus Perchart cum tene- « mento suo; Radulphus de Monte cum « tenemento suo; Jordanus de Bavent cum « tenemento suo; Willelmus Parvus cum « tenemento suo; Johannes Fortin cum te- « nemento suo; et omne maritagium uxoris « Willelmi de Bavent de Ranvilla de feodo « nostro. Et pro prescripto tenemento de- « dit nobis prenominatus Ricardus d'Esca- « gol viginti et octo modios bladi. Et nos « [ipsi Ricardo] et heredibus suis debe- « mus garantizare predictum feodum con- « tra omnes homines. Hanc prescriptam « terram predictus Ricardus d'Escagol et

« heredes sui tenebunt de me abbate et « successoribus meis et de conventu Sancti « Severi in feodo et hereditate, libere, « pacifice et quiete et absolute ab omnibus « rebus domui Sancti Severi pertinentibus « pro tribus sextariis frumenti et tribus « sextariis ordei, quos idem Ricardus « d'Escagol annuatim reddet domui Sancti « Severi inter mensem augusti et natale « Domini, ad mensuram ejusdem ville et « in eadem villa. Et ut hoc ratum et incon- « cussum permaneat in posterum, ego « dictus abbas Sancti Severi et totus ejus- « dem loci conventus sigillorum nostrorum « munimine presentem cartam dignum « duximus roborare. Actum est hoc anno « ab incarnatione Domini M° CC° nono, « coram justiciariis domini regis ad karca- « rium [?] pro tribunali sedentibus apud « Fallaysiam. »

[1] Le manuscrit porte : « Terra de reco- « gnitione que facta. » Le passage corres- pondant de la deuxième compilation porte *terra visa*.

[2] Cf. 34 et 367.

juraverunt quod Robertus Caillot, pater ejus, inde fuerat saisitus in [1]
aliquo tempore, sed nesciebant utrum inde fuerat saisitus die qua
obiit vel non. Et ideo judicatum fuit quod qui tenebat teneret, et
rectum inter eos remaneret. Postea predictus Eustacius infra etatem
interrogavit recognitionem utrum pater ejus fuit saisitus de manerio
predicto quando ejus matrem desponsavit vel non. Avunculus vero
ejus, qui manerium illud tenebat, interrogavit considerationem curie
regis utrum debeat inde capere aliam recognitionem quam illam
quam predictus Eustachius habuerat de saisina patris sui. Ballivus
autem illud monstravit domino Galtero camerario apud Rothomagum.
Dominus autem Galterus inde facere noluit [2] judicium apud Rothomagum ; sed illud posuit ad scacarium domini regis apud Falesiam,
et, cum ibidem judicium fieri debuisset super hoc, dictum fuit et
testificatum a pluribus quod mater predicti Eustachii interrogavit
totum predictum manerium in dotem, et ipsa per concordiam habuit
terciam partem illius manerii in dotem in curia domini regis. Et
ideo judicatum fuit quod predictus Eustachius tanquam protector
illius dotis haberet duas partes illius manerii [3].

---

[1] *Ab aliquo.* Deuxième compilation.

[2] *Voluit*, dans le manuscrit.

[3] L'accord suivant me parait contenir
une allusion directe à l'échiquier de Pâques 1209 : « Concordati sunt abbas et con-
« ventus Gemmeticenses et Rogerus Filluel,
« de Gemmetico, tali pacto quod dictus
« Rogerus relaxat abbati et conventui quic-
« quid ab eis exigebat per submonitionem
« vilanorum et bordariorum, et singulis
« diebus habebit in abatia Gemmeticensi
« unam mensuram vini sicuti monachi, et
« unum panem et unum bachinum avene,
« et xii minas bladi pro augusto suo ad
« mensuram serviencium, et ad Pascha
« unam tunicam de valore xx solidorum
« turonorum, et quietanciam pasnagiorum
« in forestis abbatie; et heredes sui hoc

« idem habebunt ; et hoc adjudicatum fuit
« et compositum [in] assisia, die eschecarii,
« scilicet martis post octabas Pasche, anno
« Domini m° cc° ix°, coram W. Escuacol
« tunc castellano, Johanne de Pratellis, Ca-
« doc castellano Gallunnii, abbate Fiscanni,
« abbate Montis, Ricardo de Argenciis,
« Ricardo de Willker, Radulfo filio Giraldi,
« abbate Gemmeticensi, decano Rothomagi,
« Willelmo de Capella, Luca filio Johannis
« castellano de Gornaio, Robert Bellus Fi-
« lius majore Rothomagi, Ernaut de Ripa,
« Radulfo Groinet, Nicholao de Deppa, et
« multis aliis et omnibus ballie servien-
« tibus. » (Orig. aux Arch. de la Seine-
Inf. fonds de Jumiéges; au dos, on lit
cette note écrite au xiii° siècle : « Cyrogra-
« phum Rogeri Filuel, » et cette autre note,

5o. — ITEM IBIDEM, AD SCACARIUM, EODEM ANNO (1209), DE TERMINO SANCTI MICHAELIS, CORAM PREDICTIS.

'51. — Preceptum est Renardo de Villa Terrici quod justiciet Lucam, canonicum Abri[n]censem, per feodum suum laicum, tantum quod faciat absolvere Ricardum Peillevilain, quem fecit excommunicari pro feodo suo laico[1].

52. — Judicatum est quod homines de Bello Monte habeant recognitionem versus comitem Robertum, quis eorum habeat majus jus, ipsi tenere de eo stalla sua per redditum quem de illis reddunt, vel ille habere in dominicum suum.

53. — Judicatum est quod Nicholaus de Boisseio habeat maritagium uxoris sue quamdiu erit absque muliere.

54. — Judicatum est quod Johannes de Veilleio habeat masuram suam, sicut rex Henricus eam dedit Roberto Robion, et debet inquiri per sacramentum vicinorum quanta fuit quando data fuit.

55. — Judicatum est quod Fulco Paganelli habeat recognitionem quis presentavit ultimam personam in ecclesia de Fonteneto le Paainel.

56. — Judicatum est quod recognitum erit per sacramentum legalium hominum utrum terra illa de qua placitum est inter Robertum filium Ranulfi et W. Calvum fuit unquam Adam Tanentin[2], et

d'une écriture plus moderne : « Du fieu « du bac. »)

[1] Cf. 33, 59. — A la suite de cet article, la deuxième compilation donne deux jugements qui ne sont pas à la place correspondante dans la première compilation. L'un est ainsi conçu : « Divisa fiat « inter Robertum comitem et abbatem « Bernaii de virgata terre et minus extra' « herbergagium. » (Pour l'autre, voyez plus bas, n° 722.)

[2] Ce personnage est appelé *Ada Tanetin* dans un compte de 1198 (*Rot. scac.* édit. Stapleton, 335).

si recognitum erit quod terra illa fuit Adam Tauentin, idem Ranulfus eam habebit per cartam suam; si vero non recognitum erit quod non fuit Adam Tauentin, eam perdere debet.

˙57. —Conquesti fuerunt homines de Ponte Audemari de leprosis Sancti Egidii, qui eis difforciant pasturam suam quam feodaliter habere debebant. Interrogatum fuit eisdem hominibus, si averia sua non irent in pastura sua, utrum redderent leprosis aliquem redditum de pastura illa. Ipsi vero responderunt quod non. Et ideo judicatum fuit, quod quando non cognoscebant quod inde non faciebant aliquem redditum vel hominagium, quod non debebant habere pasturam illam.

———

58. — Anno Domini m° cc° x°, facta sunt hec judicia apud Falesiam, in scacario Pasche, coram domino Galtero camerario, fratre Garino, in presentia multorum prelatorum, militum et baronum.

˙59. — Judicatum est quod Ricardus Peillevilain eat in curia ecclesiastica coram judicibus suis, et ut[1] emendet hoc quod defecit eundi in curia illa, et post habeat recognitionem in curia laica de decimis illis quas Lucas, canonicus Abrincensis, ab eo exigit, utrum sit feodum suum laicum vel elemosina prebende dicti Luce[2]. ˙

60. — Judicatum est quod Johannes de Bello Monte habeat saisinam de masura quam exigebat conestabularius Normannie, quoniam W. de Mesnillo, attornatus conestabularii, cognovit quod domus illa erat de elemosina prebende dicti Johannis[3].

˙61. —— Judicatum est quod episcopi non debent nec possunt

---

[1] Le mot *ut* doit sans doute être supprimé. Il n'existe pas dans la deuxième compilation.

[2] Cf. 33, 51.

[3] Cf. 23.

mittere in prisione homines quos baillivi domini regis eis justiciant sicut excommunicatos suos ; sed nisi voluerint facere quod debebunt, baillivi regis debent eos justiciare quod faciant quod debent.

62. — Judicatum est quod monachi de Trappa habeant calphagium suum in Freteio, quod Matheus de Monte Gonbert eis difforciat, de mortuo bosco si inventum fuerit, et nisi mortuum inventum fuerit monachi habeant de vivo bosco calphagium suum, quod habuerunt de dono Hugonis de Campis, predecessoris Mathei predicti, sicut continetur in carta Rotroldi, comitis Perticensis[1], qui hoc sigillo suo confirmavit[2].

63. — Judicatum est quod recognitum erit utrum feodum Henrici de Portu deservit se per feodum dimidii militis[3], quod habeat feodum suum integrum donec illud parciatur inter ipsum et W. fratrem suum; si non, W. habeat portionem suam sicut eam habet[4].

---

[1] *Retricensis*, dans le manuscrit.

[2] Une charte de l'année 1219 nous apprend comment fut définitivement réglé le différend dont il est question dans l'article 62 des jugements de l'échiquier. Je vais en donner le texte, d'après le Cartulaire de la Trappe, f. 132 v°.

« Noverint universi, presentes et futuri, « quod ego Matheus de Monte Gonberti, « concedente Mabilia uxore mea, et filiis « meis Matheo et Willelmo, et omnibus « costumariis Freteii, pertinentis ad domi- « nos de Campis, dedi et concessi monachis « de Trappa, pro sufficienti calfagio abba- « tie quod habebat in eodem Freteio, et « grangie que est ante portam, et pro cal- « fagio et herbergagio grangie de Campis, « terciam partem dicti Freteii, in terra et « in bosco, quam partem eis assignavi pro « tercio, ipsis concedentibus, juxta bos- « cum comitis et juxta terras hominum de

« Bruerolis, sicut mete que ibi facte sunt « demonstrant, a prefatis costumariis et ab « omnibus rebus liberam penitus et quie- « tam, et per desuper duodecim acras bosci « contiguas dicte parti, liberas similiter et « quietas ; et de parte sua poterunt facere « monachi quicquid voluerint, in duabus « aliis partibus que michi et costumariis « remanent nichil de cetero reclamantes. « Ego vero et heredes mei post me tene- « mur garantizare monachis partem suam « et ab omnibus hominibus liberare. Al- « netum vero quod est juxta stagna de « Trappa concessi similiter liberum et quie- « tum. Et ut hoc firmum sit in perpetuum, « dignum duxi presentem cartam sigilli « mei munimine confirmari. Actum anno « gratie M° CC° nono decimo. »

[3] Suppléez *et si recognitum fuerit*.

[4] Cf. 187, 191, 192, 345.

'64. — Judicatum est quod sorori Ricardi Viennet[1] remanet terra de maritagio suo quam Ricardus Viennet ab ea exigebat, quoniam ipsa cum predicta terra maritata fuit consilio amicorum suorum dum Ricardus Viennet erat infra etatem.

'65. — Judicatum est quod episcopus Lexoviensis non potest tenere loquelam[2] uxoris Philippi Copelin[3] post recognitionem feodi et vadii juratam[4] in curia regis quod ponitur in non scire.

'66. — Judicatum est quod Anquetillus Engol[ismensis] potuit elemosinare terciam partem feodi sui, salvo jure domini Radulfi Taisson, domini illius feodi, et de duabus partibus faciat heres[5] Anquetilli quod debebit, et post interrogent Templarii denarios suos ubi voluerint et debebunt.

67. — Judicatum est quod comes Bolonie non potest justiciare dominum Radulfum Taisson in feodo de Passeis pro aliqua misericordia nisi ad usus et consuetudines de Passeis, et non potest capere misericordiam de eo sicut de uno barone.

68. — Judicatum est quod homines W. de Chinchebouvilla non dabunt majus auxilium Moricio de Uxeio de milicia sua quam domino suo capitali.

'69. — Sciendum est quod Bouchardus de Bauket cognovit quod Robertus, frater ejus, vendidit et elemosinavit canonicis Abrincensibus duas garbas decime feodi lorice sue; et ideo judicatum fuit quod canonici habeant decimam illam usque ad valorem tercie partis hereditatis sue et non amplius, et jus fiat inter eundem Bouchardum et avunculum ejus si querela fuerit inter eos super aliqua hereditate.

---

[1] *Mainet.* Deuxième compilation.
[2] *Parolam.* Deuxième compilation.
[3] *Topelin.* Deuxième compilation.
[4] *Juratum*, dans le manuscrit.
[5] *Heredi*, dans le manuscrit.

70. — Hugo Tyrel queritur quod episcopus Lexoviensis eum excommunicavit quoniam noluit placitare in curia ecclesiastica de feodo suo laico. Episcopus venit et dixit quod veritas fuit quod Robertus vicecomes, postquam venit de Aubigeis, ei conquestus fuit quod Hugo Tyrel eum dissaisiaverat postquam ierat in peregrinatione sua de quibusdam galbis. Cognovit etiam quod fecerat videre terram illam in qua galbe ille creverant, et dixit quod utraque pars eorum voluntate sua probationes posuerat coram eo. Hugo Tyrel negavit quod probationes non posuit coram episcopo; sed terra illa in qua predicte galbe creverant ei prius remanserat in assisia apud Bonam Villam per recordationem[1], et hoc garantizavit Radulfus de Boisscio et quod episcopo prohibuit ne inde placitum teneret. Episcopus noluit facere, et fuit judicatum quod episcopus non potuit illud placitum tenere.

---

71. — ITEM, IBIDEM, AD SCACARIUM, EODEM ANNO (1210), DE TERMINO SANCTI MICHAELIS, CORAM PREDICTIS.

72. — Judicatum fuit quod Symon de Aneseio habeat terram uxoris sue defuncte quamdiu erit absque muliere desponsata, quoniam de ea habuit heredes.

73. — Judicatum est quod homines Rogeri Caperon, qui manent in feodo suo lorice, debent reparare motam suam apud Bonam Viletam et facere de novo nisi[2] aliqua esset.

74. — Judicatum est quod Adam de Briquesardo non habebit quictantiam per cartam regis Henrici quam habet de domo ubi ma-

---

[1] Il faut peut-être lire *per recognitionem*. La deuxième compilation résume ainsi le jugement : « Episcopus non potest tenere « placitum de dessesina facta quandiu ali- « quis est in peregrinatione de Aubigeis, « cum super hoc recognitio fuerit in curia « regis. »

[2] La deuxième compilation porte : *Si aliqua ibi non esset.*

net, quoniam ille cui quictantia illa data fuit non erat saisitus de domo illa quando quictantia fuit data.

75. — Judicatum est quod proportio fiat inter Rogerum de Mellay et fratrem ejus de omni hereditate sua, scilicet de uno feodo lorice et de duobus quarteriis et de escaetis, nec remanebit pro quarterio lorice quod W. de Mellaio cognatus ejus habebat in proportionem, quia idem W. de predicto quarterio in scacario se dimisit, et predictus Rogerus debet deliberare hoc quod elemosinavit et encombravit de omnibus predictis feodis et escaetis.

76. — Judicatum est quod Herveus, nepos Hugonis de Rotis [1], habeat recordationem de saisina patris sui, nec remanebit pro record[amento] quod predictus Hugo versus eum exigebat [2].

———

77. — Anno Domini m° cc° xi°, facta sunt hec judicia apud Falesiam, in scacario Pasche, coram domino Galtero camerario, fratre Garino, in presencia multorum prelatorum, militum et baronum.

78. — Hugo de Rotis queritur quod Herveus [3] de Rotis, nepos ejus, infra etatem, ei difforciat quamdam terram quam pater ejus forefecerat in vita sua pro morte hominis et unde fuerat forsbanitus. Herveus [4] dixit quod injuste exigit terram illam, quia pater ejus erat saisitus de terra illa quando [5] pater perrexit in Jerusalem, et exigit considerationem curie domini regis utrum de terra illa debeat respondere infra etatem suam. Hugo de Rotis cognoscit quod pater pre-

---

[1] Le manuscrit paraît porter *de Rovres.* A la rigueur on pourrait lire *de Roes.* La forme *de Rotis* se trouve dans les n°° 78 et 724.

[2] La deuxième compilation porte : « Re- « cognicio currit ad instanc'am pueri infra « etatem de saisina quam pater ejus ha- « bebat quando ivit in Jerusalem ubi est « mortuus.

[3] *Henricus,* dans le manuscrit.

[4] *Henricus,* dans le manuscrit.

[5] Il faut peut-être suppléer *dictus.*

dicti Hervei [1] fuit saisitus de terra illa die quo ipse in Jerusalem perrexit sicut de custodia. Judicatum fuit quod predictus Herveus non
respondebit de illa terra donec habeat etatem [2].

79. — Aelais de Doito, de ballivia Bartholomei [3] Drachonis,
queritur quod Bartholomeus Draconis eam injuste dissaisiavit de
tenemento suo. Bartholomeus dixit quod Eremborc Torcol attulit
quoddam breve recognitionis versus predictam Aalais de feodo et
vadio, et quod juratum fuit quod predicta terra fuit antecessorum
predicte Eremborc, et quod ipsa et sponsus ejus erant saisiti de terra
illa quando perrexit [4] in Franciam per guerram, sed nichil sciebant [5]
de feodo et vadio, et ideo judicatum fuit quod predicta Eremborc
haberet saisinam predicti tenementi, et ad judicium illud fuerunt Robertus de Ferre[r]iis, Robertus de Mesnillo, Matheus Viator, Hebertus
de Bello Mesnillo, Hugo Boquet et Robertus Burnel. Judicatum tamen fuit ad scacarium quod predictum judicium fuit falsum, et quod
predicta Aaleiz rehaberet saisinam suam.

80. — De Roberto de Ferrariis [6] utrum una die placitabit de
hereditate sua in Normannia coram Bartholomeo Droconis et eodem
die placitabit in Francia de alia hereditate, vel non? Judicatum est
quod dies debent dari partibus de octo diebus, ita quod possint esse
unusquisque ad diem positum in Francia et in Normannia.

81. — Judicatum est quod filius Radulfi de Corlibou habeat
saisinam dotis de escaeta ave que obiit post ultimum augustum, sicut
erat garantus suus dum vixit, tantum [7] quod habeat etatem, et post
faciat inde quod debuerit.

[1] Ici le manuscrit porte bien *Hervei*.
C'est la bonne leçon, comme le prouvent
les n°° 76 et 724.

[2] Cf. 76 et 724.

[3] Le manuscrit porte *Brach'*.

[4] *Iverunt*. Deuxième compilation.

[5] Sous-entendu *jurati*.

[6] *Feriariis*, dans le manuscrit.

[7] Le manuscrit porte *tamen*. Il faut lire
tantum quod habeat etatem, formule que
nous avons déjà rencontrée au n° 27 Voy.
aussi n°° 86 et 87.

82. — Judicatum est quod dominus rex faciat justiciam de quadam muliere que est de terra comitis Roberti de Alenchon, que convincitur de fide.

83. — Judicatum est quod episcopus Henricus Baiocensis non potuit dare Alexandro le Bovet terram de Poligneio quam ei dederat et unde habebat cartam ejusdem episcopi et capituli, quia non habebat cartam regis, et quod episcopus Baiocensis habeat terram illam.

84. — Recordatio inter Bernardum le Fort, petentem, et Radulfum Rossel, tenentem, super quadam terra de qua idem Bernardus dicebat se esse dissaisiatum injuste. Recordatores : Robertus de Corci, Robertus de Goviz, Petrus de Teilleio, Robertus de Vaaceio, Robertus de Menillo, Jordanus de Mesnillo, Radulfus l'Abe, Gauffridus de Aurcio, Theobaldus Pantol, Hubertus Ansere, Radulfus Male Herbe. Dicunt quod cum Radulfus Rossel peteret terram predictam Bernardo Forti, idem Bernardus respondit quod non volebat respondere ei, quia terram illam lucratus fuerat per duellum cuidam postnato suo, cui reliquerat[1] totum jus suum ad vadium belli. Radulfus Rossel negavit. Judicatum fuit quod recordatio fieret. Recordatum fuit per legales milites et homines quod predictus Radulfus nunquam reliquit[2] jus suum ad vadium duelli nec alibi ; sed bene dixit quod sequeretur jus suum quando posset. Et, quoniam idem Bernardus nolebat defendere se per predictum duellum et per recordationem que ei penitus defecit, judicatum fuit quod predicto Radulfo Rossel remaneret terra predicta et Bernardus in misericordia pro difforciatione.

———

85. — ITEM, IBIDEM, IN SCACARIO SANCTI MICHAELIS (A. 1211).

86. — Jordanus de Bosco mittit essoniam de exercitu contra ab-

———

[1] *Relinquerat*, dans le manuscrit. — [2] *Relinquit*, dans le manuscrit.

batissam de Monstervillor post essonias omnes quas facere potest. Judicatum est quod predictus Jordanus deficit et quod debet justiciari pro defectu tantum quod habeat garantum suum de exercitu [1].

87. — Domina de Sapo exigit hereditatem suam quam pueri W. de Bruquetot [2] pueri Ph. de Aubigneio ei difforciant, et quam Henricus de Ferrariis, conjunx suus, vendidit predicto W. et exigit considerationem curie domini regis utrum venditio quam maritus ejus fecit de hereditate sua tenenda sit vel non. Judicatum est quod predicti pueri teneant predictam terram tantum quod habeant etatem et quod non respondebunt infra etatem suam.

88. — Gillebertus de Sagio, canonicus Baiocensis, exigit saisinam cujusdam decime apud Cambremer, de qua canonicus antecessor suus fuit saisitus die qua obiit, et quam Hugo de Bovilla ei difforciat. Idem Hugo exigit recordationem utrum decima illa sit feodum suum laicum vel elemosina [3] predicti canonici. Judicatum est quod predictus Guillebertus habeat saisinam illius decime, et post fiat recordatio utrum sit feodum laicum vel elemosina, nisi predictus Guillebertus poterit rationabiliter monstrare quod recordatio [non] debeat fieri.

89. — Philippus le Caveloingn et W. le Caveloingn [4] exigunt Matillidi de Languetot et filio ejus hereditatem suam quam filius ejus Matillidis tenet, et dicunt quod filius ejus Matillidis bastardus erat, et ipsum abastardiaverunt et inde habent litteras episcopi Constanciensis. Predicta Matillis et filius ejus respondent quod injuste exigunt illam hereditatem quia alia vice eos implacitaverunt de hereditate illa et ipsum filium voluerunt abastardiare et non potuerunt,

[1] Cf. 105.

[2] Il faut peut-être ajouter ici la conjonction et.

[3] Elemosinam, dans le manuscrit.

[4] Le manuscrit porte Caveloign, avec un signe d'abréviation sur la dernière lettre du mot. Cf. 106.

sed probavit in curia ecclesiastica quod erat de legitimo matrimonio,
et hoc judices ecclesiastici mandaverunt justiciariis domini regis in
tempore regis Ricardi, et in curia domini regis per mandatum judicum
ecclesiasticorum fuit saisitus predictus filius predicte Matillidis de
predicta hereditate, et unde exigunt recordationem. Judicatum est
quod habeant recordationem.

90. — Dominus Fulco Paaignel, attornatus loco domine Lucie,
filie sue, uxoris Andree de Vitreio, exigit domino Aelardo de Briton[aria], qui habet filium antenatum ejusdem Andree in custodia,
terciam partem hereditagii viri sui in dotem tam in Normannia quam
in Britannia, et unde habet cartam ejusdem Andree viri sui. Idem
Aelardus dicit quod non vult facere predictam dotem de tercia parte
de terra Britannie nisi per considerationem baronum Britannie, et
de terra Normannie per considerationem baronum Normannie. Judicatum est quod habeat terciam partem hereditatis ejusdem Andree
in Normannia, sicut carta quam habet de eodem Andrea testatur. Idem
judicium fit de terra Britannie, presentibus episcopo Dolensi, W. senescallo de Renes [1], domino W. de Feugeriis, domino Petro Ruant [2],
domino P[etro] de Sancto Hylario, domino Herveio de Vitreio; istis
vero per litteras suas patentes testificantibus, sicut dominus rex eis
mandavit per litteras suas, quod miles vel baro bene potest donare
uxori sue terciam partem hereditatis sue in dotem in Britannia : episcopus Dolensis, episcopus Sancti Maclovei, abbas de Tronqueia,
Gauffridus de Spina, dominus Johannes de Dolensi, dominus W. de
Monte Forti, Eudo filius comitis, Gaufridus de Castro Brienz. Et
predictus Aelardus in misericordia remansit [3] pro difforciatione.

91. — Judicatum est quod Matheus le Veer habeat duas partes
hereditatis W. de Argenciis, avunculi sui, quam idem W. vendidit,
computata tam terra illa que ei remansit quam illa quam vendidit,

___

[1] *Rones*, dans le manuscrit. — [2] Peut-être *Ruaut*. Cf. 562. — [3] *Remanserunt*, dans
le manuscrit.

et ita quod illi qui primo emerunt, quamdiu rationabiliter facere poterant[1], emptionem illam habeant, et super alios capte sint emendationes, et etiam ita quod omnis emptio facta in burgagio illis remaneat qui emptionem fecerunt[2].

92. — Judicatum est quod Andreas de Okagniis defendat per
duellum terram que visa est per justiciarios, quam idem Andreas non
cognoscit esse de feodo suo.

—

93. — Anno Domini m⁰ cc⁰ xii⁰, facta sunt hec judicia apud Falesiam, in scacario Pasche.

94. — Judicatum est a baronibus et militibus quod W. de Tanquarvilla, canonicus Baiocensis, debet loco suo hominem ponere
quemcumque voluerit ad faciendum sacramentum versus Symonem
Eudonis, quod idem Symon debet eidem canonico feodaliter servicium equi de feodo quod tenet de prebenda sua, et super hoc con-
senserunt episcopi.

95. — Preceptum est Petro de Teilleio quod faciat excambium illis
qui habuerunt terras suas et prata ibi ubi vivarium de Cerenciis sedet, si invenire poterit ubi possit facere in dominicis Cadomi, sive
faciat excambium de prepositura de Cerenciis ad valorem.

96. — Judicatum est [quod] plegius Gaufridi Canis respondebit
de plegiatione ejusdem Gaufridi, quia plegiatio illa venit in manu
regis.

97. — Judicatum est quod domus Thome de Gorgis que jurata est
ad communiam coram Reginaldo de Cornillon prosternatur, et idem
Thomas in misericordia quoniam fecit illam in communiam.

[1] *Poterunt*, dans le manuscrit. — [2] Cf. 107.

98. — Judicatum est quod Hugo de Rotis sit forbanitus quia noluit apparere retro in quatuor assisiis apud Bonam Villam, sicut testatum fuit a baillivis et aliis, de morte W. de Torvilla [1] et de morte Ricardi Navare unde erat secutus.

99. — Judicatum est seu preceptum quod episcopus Baiocensis habeat talem saisinam versus dominam de Crevecor de auxilio quinque feodorum militum qualem habuit in anno preterito; similiter versus Adam Silvain.

———

100. — ITEM, IBIDEM, IN SCACARIO SANCTI MICHAELIS (A. 1212).

101. — Judicatum est quod decima terre que est infra bonnas Londe de Evreceio [2] donetur ecclesie cui Londa illa dinoscitur pertinere.

102. — Judicatum est quod dominus rex habeat auxilium exercitus de feodo W. Carbonnel in comitatu Moritolii, et idem W. in misericordia pro difforciatione.

103. — Preceptum est Reginaldo de Villa Terrici quod faciat videri forestam episcopi Baiocensis in qua Thomas de Voilli [3] et Rogerius Suhart et Gaufridus le Daneiz habent consuetudines suas, et quod videat et inquirat utrum tantum foreste sit in illa in qua possint habere sufficienter usus et consuetudines suas sicut solent habere.

104. — Judicatum est quod Rollandus Avenel est in misericordia

[1] Ou peut-être Corvilla.

[2] Le manuscrit porte : que infra bonnas Londe et Evreceium. On lit dans la deuxième compilation : que est infra metas Londe de Evreceio.

[3] Le manuscrit paraît porter Roilli; mais la forme Veilli se lit très-distinctement dans l'article n° 726, qui se rapporte au même personnage. Le nom moderne correspondant paraît être Vouilly (Calvados), arrondissement de Bayeux, canton d'Isigny.

quoniam exigebat terram W. de Montgoter tanquam suam, de qua idem Rollandus cognovit quod eam in manu sua tenebat pro defectibus ejusdem W. tantum.

105. — Judicatum est quod Jordanus de Bosco sit in misericordia pro defectu varanti versus abbatissam de Monsterviller, et quod querela illa de qua est contentio inter eos capta sit in manu regis pro defectu illo et aliis defectibus qui garantizati fuerunt[1].

106. — Judicatum est quod W.[2] le Cavelen[3] est in misericordia pro saisina deversus filium Matillidis de Languetot, nepotem suum, et filius ejusdem Matillidis habeat saisinam terre illius de qua contentio erat inter eos ad finem.

107. — Recordatio inter Matheum le Veer[4] et Andream de Okaigniis per Bartholomeum Draconis, Rogerium de Nonnant, Theobaldum Pantol, Radulfum de Merlay, Matheum de Merlay, W. de Merlai, Symonem de Oumei, Jordanum de Abevilla, Johannem de Hosa, Radulfum de Torney, W. de Valle Logarum, Robertum de Montgoumeri, Philippum de Revers, qui dicunt quod fuerunt in quadam assisia apud Grentemaisnillum, et viderunt et audierunt quod quoddam juramentum factum fuit in illa inter eumdem Matheum et eumdem Andream super quadam terra de feodo de Grentemenillo, et de saisina W. de Argenciis, avunculi predicti Mathei. Decem homines de illis qui juramentum fecerunt dixerunt quod nunquam viderunt predictum W. habere saisinam de predicta terra, sed semper viderunt patrem ejusdem Andree et eumdem Andream saisitum de terra illa; duo alii homines de illis qui juramentum fecerunt dixerunt

---

[1] Cf. 8

[2] Les mots *quod W.* sont répétés dans le manuscrit.

[3] Le manuscrit paraît porter *Caveleu.* Cf. 89.

[4] Le manuscrit porte *le Neer.* Il faut lire *le Veer* comme plus haut, n° 91. Dans le n° 79, le même homme est appelé *Viator.*

quod inde nihil sciebant. Et ideo saisina terre illius in assisia illa adjudicata fuit eidem Andree et judicatum fuit in assisia illa quod placitum
inter eos remanebat. Judicatum est quod idem Andreas habeat saisinam terre illius, et prefatus Matheus in misericordia pro falso clamore.

' 108. — Robertus de Bosco Yvonis per vadium et plegium petit
terram suam que est in manu domini regis. Ricardus de Bosco Yvonis, frater ejus, dicit quod non debet habere per vadium et plegium,
quoniam idem Ricardus petivit eidem Roberto portionem terre illius
sicut antenatus et[1] in curia domini regis apud Castrum Virie coram
Petro de Teilleio, et idem Robertus in curia illa dixit contra eumdem
Ricardum quod bastardus erat. Querela illa fuit missa per judicium
in curia ecclesiastica coram episcopo Abrincensi. Idem Robertus infra annum non prosecutus fuit bastardiam illam in ecclesiastica curia.
Transacto vero anno, idem Ricardus ad curiam domini regis rediit,
et clamorem fecit coram predicto Petro de Teilleio de predicto Roberto. Idem Robertus submonitus fuit, et post submonitionem in
curia domini regis venit apud Castrum Virie in assisia, et ibi dixit
quod finem fecerat cum eodem Ricardo coram episcopo Abrincensi.
Judicatum fuit quod garanta quereret et afferret litteras predicti episcopi. Idem Robertus garantum prefati episcopi non quesivit nec attulit; postea vero, eodem episcopo existente apud Cadomum in assisia, idem episcopus in assisia illa et in audiencia justiciarum domini
regis cognovit quod nunquam coram eo finis factus fuit inter predictos
homines super bastardia illa, nec inde unquam facta fuit mentio coram eo. Prefatus Robertus dixit quod de querela illa predicta fecit
finem coram Reginaldo de Villa Terrici cum prefato Ricardo in curia
domini regis postquam eum dixit esse bastardum apud Castrum Virie,
et unde trahebat ad garantum prefatum Reginaldum. Idem Reginaldus in prefato scacario eidem Roberto inde defecit de garanto. Judicatum est quod idem Ricardus habeat saisinam et antenationem

[1] Il faut sans doute supprimer la conjonction *et*, ou plutôt supposer que le mot
obtinuit, ou un mot analogue, a été omis
par le copiste après la conjonction *et.*

predicto terre sicut primogenitus et faciat portionem fratribus suis postnatis sicut debet, et idem Robertus in misericordia pro deforciatione[1].

———

109. — ANNO DOMINI M° CC° X° III°, FACTA SUNT HEC JUDICIA APUD FALESIAM, IN SCACARIO PASCHE, CORAM FRATRE AIMARDO, DOMINO W. DE CAPELLA, IN PRESENTIA MULTORUM PRELATORUM, MILITUM ET BARONUM.

110. — Judicatum est quod Lucia, soror Ricardi de Manerio, in dotem habeat tertiam partem totius terre de qua idem Ricardus erat saisitus quando eam desponsavit, et quod heres ejus Ricardi qui est in custodia domini regis faciat excambium omnibus illis super quos ipsa recuperabit.

111. — Judicatum est quod ille qui habet saisinam juris presentationis ecclesie Sancti Martini de Beluron[2] eam habeat, et rectum remanet faciendum inter ipsum et abbatissam de Aumeneschis[3] que exigit jus presentationis ecclesie illius.

112. — Judicatum est quod placitum remanet inter abbatem Troarnensem, petentem, et Rogerium de Mileio, tenentem, de jure patronatus ecclesie de Mileio, et quod idem abbas illud non potest nec debet recuperare per cartas suas quas inde habet[4].

113[5]. — Ricardus Huneut, de Costentin, conquestus fuit de Tor-

[1] Ce jugement est ainsi résumé dans la deuxième compilation : «Judicatum est «quod in penultimo capitulo illius sca- «carii quod querela bastardie quam tenens «obiit non potest durare ultra annum.»

[2] C'est sans doute l'église que, dans un aveu du 9 juillet 1413 (Arch. de l'Emp. P. 289, n° 146), les religieuses d'Alme-

nèches désignent par les mots : «l'église de «Saint-Martin de Beltron (aujourd'hui Boitron).»

[3] Le manuscrit porte *Aumeresch'*.

[4] Voyez le Cartulaire de Troarn, conservé à la Bibliothèque impér. f. 140 v°.

[5] Cet article 113 a été publié par dom Bessin, Conc. I, 110.

gisio de Avion quod eum inique et in pace Dei et regis eum mehai-
gnavit in capite, et hoc optulit probare sic mehaignatus. Idem Torgisius negavit verbo ad verbum et optulit se defendere sicut debebat.
Judicatum fuit quod idem Torgisius inde se permitteret probari per
Dei judicium ferri candentis et per manum ejusdem Ricardi, vel ipse
defenderet se per manum suam vel per illud judicium. Predictus Torgisius respondit quod inde permitteret se probari per Dei judicium et
per manum ejusdem Ricardi. Et ideo judicatum fuit quod idem Ricardus eumdem Torgisium probaret per judicium ferri, et quod judicium illud portandum per manum suam vadiaret in manum cujusdam
sacerdotis [1].

---

114. — ITEM, IBIDEM, IN SCACARIO SANCTI MICHAELIS (A. 1213),
CORAM DOMINO ODONE, DECANO TURONENSI, ET MULTIS ALIIS.

115.—Judicatum est quod fratres Roberti Bastenc habeant saisinam suam unusquisque de proportione sua, et quod unusquisque

---

[1] J'ajoute ici en note un jugement
rendu à l'échiquier de Pâques 1213, qui
ne figure pas dans les compilations. Je le
donne d'après une cédule originale, conservée à la bibliothèque de Rouen parmi
les chartes de l'abbaye de Savigny ayant
fait partie de la collection Le Ber.
« Mortua Lescelina, filia Hasculfi de So-
« ligneio, matre Fulconis Paganelli, pro
« relevamine quod ipse dedit Philippo, regi
« Francie, de terra tanquam heres, ipse
« voluit de terra de Vacua Valle, que est
« elemosina abbatie de Savigneio, accipere
« portionem relevaminis secundum quanti-
« tatem terre. Cum autem Radulfus, abbas
« Savigneii, et Fulco Paganelli essent ad
« scacarium apud Falesiam, monachi ad
« probandam libertatem suam exhibuerunt
« cartam dicti Hasculfi et cartam Henrici,

« regis Anglie, filii Maltildis imperatricis,
« et litteras prefati regis Francie patentes;
« et inspectione illarum cartarum judica-
« tum fuit illam elemosinam esse omnino
« liberam et a relevamine et ab omni exac-
« tione et servitio. Actum hoc anno ab in-
« carnatione Domini m° cc° tertio decimo,
« mense maio, die....... qua cantatur
« *Misericordia Domini*, presentibus fratre
« Aimart, templario; W. de Capella, mi-
« lite, loco domini regis; presentibus quo-
« que Renardo de Villa Terrici, baillivo
« Baiocarum et Abrincarum; Petro de Teil-
« leio, baillivo Cadomi et Falesie; Ragi-
« naldo de Cornillon; Bartholomeo de
« Longo, baillivo de Vernoil; Sansone ab-
« bate Cadomensi; Radulfo Abbate, bur-
« gense de Sagio; R. de Vaace, presbitero;
« Roberto Crasso, assessore justiciariorum;

faciat per manum predicti Roberti antenati sui hoc[1] per manum suam transierit loco suo ad capitales dominos feodi.

116. — Judicatum est quod mulier W. de Fontibus, soror Thome de Gorgiis, habeat in maritagium medietatem tercie partis terre predicti Thome, et quod idem W. est in misericordia pro superdemanda, et predictus Thomas in misericordia pro stultiloquio.

117. — Judicatum est quod uxor W. Bacon, de Moleto, habeat in dotem terciam partem tocius terre que fuit W. Bacon, sponsi sui, et Rogerii Bacon, patris predicti W.

118. — Judicatum est quod inquisitio fiat per juramentum legalium hominum de terra quam Robertus de Collumbellis exigit Gaufrido de Plesseiz, utrum Adam Tanentin, quando terram forefecit, erat saisitus de predicta terra, de qua idem Gaufridus habet cartam regis Henrici, sicut de hereditate sua vel sicut de vadio, et idem Gaufridus in misericordia quoniam inquisitionem recusaverat.

119. — Judicatum est quod debet inquiri per juramentum legalium hominum et militum quid et quantum terra illa quam dominus Philippus, rex Francie, dedit Odoni Trossel[2], apud Louvetot, faciebat de jure ecclesie Sancti Wandregisili quando terra illa venit in manu domini regis.

120. — Judicatum est quod abbas Sancti Ebulfi in pace teneat molinum Herout, quod W.[3] de Cortemer ab eo exigebat, quoniam idem W. cognovit in scacario quod idem abbas illud tenuerat per XL annos.

« Ricardo de Fonteneio, milite; Rogero et « Roberto de Milleio, militibus; Roberto de « Cruies, milite; W. de Valle Grente, milite; Hugone de Croleio, Johanne Gruel, « Ricardo de Constanciis, monachis Savigneii; Ricardo Mala Herba, templario. »

[1] Il faut peut-être suppléer *quod*.

[2] La charte de Philippe-Auguste dont il est question dans ce jugement nous est parvenue. (Voy. *Catalogue des actes de Philippe-Auguste*, p. 198, n° 871.)

[3] *Willelmus.* Deuxième compilation.

121.—Judicatum est quod filius Radulfi filii Galteri, infra etatem, habeat saisinam cujusdam domus apud Cadomum, que fuit patris sui, et que venit in manu fratrum Templi per defectum predicti pueri, et quod ipse reddat fratribus Templi emendationem quam in domo illa posuerant usque ad valorem in quo[1] domus illa erat quando predicti fratres tradiderunt avo predicti pueri.

122. — Recognitio utrum terra illa quam Gaufridus de Meherenc difforciat Roberto Bonvallet, apud Marignеium, sit hereditas tenentis vel vadium invadiatum post coronamentum regis Henrici, qui ultimo obiit, et pro quanto. Juratores: Ricardus de Nonnantel, W. Longuespee, W. Briton, W. Malbeene, Salomon de O, W. Louvel, Hugo Acardi, W. Bienvenu, Robertus de Marescis, Asce le Chape, Robertus Dieudonne, Robertus de Perrela. Dicunt quod est vadium invadiatum pro XXIX [libris] Cenomanensium[2]. Judicatum est quod Robertus habeat terram que visa fuit per justiciam et reddat domino regi predictos denarios, et predictus Gaufridus in misericordia pro difforciatione.

123. — Judicatum est quod quidam puer infra etatem habebit recognitionem feodi et vadii versus dominum Fulconem Paainel.

124.—Judicatum est quod episcopus Abrincensis faciet domino Fulconi Paainel de terra que fuit Engengeri de Boschan apud Virgacium et Croleium hoc quod idem Engengerus faciebat de illa in illa in tempore suo, quando terra illa venit in manu domini regis Francie.

125. — Judicatum est quod W. de Altaribus est in misericordia quoniam ex parte uxoris, pro qua erat attornatus ad finem, exigebat dotem domino W. de Pyrou apud Graveriam, et unde recognitio facta fuit in assisia per duodecim milites, de quibus octo dixerunt quod W. de Traceio, ex parte cujus ipsa interrogabat dotem illam,

---

[1] *Qua,* dans le manuscrit. — [2] *Cenomon,* dans le manuscrit.

non erat saisitus de terra que visa fuit per justiciam quando eam desponsavit; quatuor ex eis dixerunt quod nichil sciebant.

126. — Judicatum est quod quidam homo de Constentino, scilicet Torgisius Cabin, qui erat in placito spade, dum in placito illo erat, non poterat vadiare duellum per manum suam de alia querela, et quod ipse non potest nec debet recuperare aliquid de querela de qua duellum vadiatum fuit, sed eam omnino perdit, et est in misericordia pro falso clamore.

127. — Judicatum est quod abbas de Valle habeat ad finem medietatem juris patronatus et presentationis ecclesie Sancti Clari de Herouvilla, de quo Doun Bardol erat saisitus sicut de jure suo et hereditate sua quando illud elemosinavit ecclesie de Valle, et W. Gerrehais, qui ei difforciat, est in misericordia pro difforciatione.

128. — Judicatum est quod inquisitio fiat utrum Symon de Bosvilla et pater ejus dotaverunt dominam de Bosvilla quando idem Symon eam duxit in uxorem, et quod inquisitio fiet per illos qui interfuerunt ad sponsalia.

129. — Judicatum est quod Alanus de Avenaio habeat saisinam presentationis ecclesie de Avenaio, quoniam Henricus de Altaribus, qui hoc difforciat eidem Alano, noluit sustinere recordationem ad usus et consuetudines Normannie quis advocatus presentavit ultimam personam mortuam in illa ecclesia, et idem Henricus est in misericordia.

130. — Judicatum est quod magister Stephanus et magister Gervasius de Arreio, canonici Baiocenses, habeant capitales masuras prebendarum suarum apud Baiocas, quas Radulfus Cors de Rei et Robertus Macher et Gervasius possidebant, et quod ipsi qui eas possidebant habebunt emendationes et domos quas in masuris illis fece-

runt assensu antecessorum predictorum canonicorum et non assensu episcopi et capituli Baiocensis.

131. — Judicatum est quod Gervasius Cornet per totam vitam suam garantizabit abbati Sancti Ebulfi elemosinam quam ei fecit de presentatione ecclesie Sancti Martini de Barou, et post mortem ejus fiat jus et rectum si quis inde conqueratur.

132. — Judicatum est quod dominus rex habeat per consuetudinem Normannie bladum tocius medietarie quam quidam homo baillivie de Ponte Audemari habebat cum quodam homine qui terram forefecit.

133. — Judicatum est quod quidam puer infra etatem, de baillivia Rothomagi, non respondebit donec habeat etatem, causa alicujus garanti quem pater ejus traxisset ad garantum in vita sua.

———

134. — Anno Domini M° CC° XIIII°, facta sunt hec judicia apud Falesiam, in scacario Pasche, coram Galtero camerario et fratre Aimardo et multis aliis.

135. — Guillelmus de Monte Forti advocavit abbatem Becci de quodam feodo, de quo idem abbas ei defecit. Inde judicatum est quod idem Willelmus teneat feodum illud de domino rege sicut de capitali domino, et quod domino regi faciat omnes redevancias que de feodo illo deberentur et quod idem W. est in misericordia pro defectu garanti.

136. — Judicatum est quod Hugo Patric est in misericordia domini regis, quoniam non reddidit scripta portionum terre domini Radulfi Taisson justicie domini regis, que[1] eidem Hugoni in assisia tradidit justicia.

---

[1] Qui, dans le manuscrit.

137. — Ricardus de Harecort venit coram episcopis et baronibus, afferens secum portiones quas fecerat de terra que fuit domini Radulfi Taisson, sicut judicatum fuit[1] in media quadragesima apud

[1] Le jugement dont il est ici question a été publié plusieurs fois (La Roque, *Hist. de Harcourt*, III, 151, et IV, 2176; Duchesne, *Hist. Norm. script.* p. 1064); néanmoins, je ne peux me dispenser d'en réimprimer le texte, d'après les registres de Philippe-Auguste (C 95 v°; D 129 v°; E 260 v°; F 220 v°) :

« Judicatum est apud Rothomagum « quod Guillelmus Paganelli habeat saisi- « nam terre que fuit domini Radulfi Tesson « sicut antenatus, sicut alia vice judicatum « fuit apud Rothomagum, coram fratre « Garino. Postea judicatum est quod terra « que fuit ejusdem Radulfi partita erit in « tribus portionibus, et quod ultimo natus « partietur tali modo quod faciet duas por- « tiones de duabus baroniis et terciam « partem de escaetis, et quod baronie non « erunt dismembrate nisi pro equanda por- « tione in qua escaete erunt, si minus esset « valens quam una baroniarum vel pro « equanda [una] de baroniis si minus « esset valens quam alia baronia, et si es- « caete magis valerent quam una baronia- « rum, baronia illa poterit emendari de « escaetis, et quando portiones ille erunt « facte antenatus capiet porcionem suam « primus, et post secundo natus, et ille qui « portiones fecerit habebit residuum, et « ultimo natus habebit terminum faciendi « portiones de uno mense, videlicet usque « ad clausum Pasche; et primo natus ha- « bebit post terminum quindecim dierum « providendi et capiendi porcionem suam; « et secundo natus habebit eundem termi- « num quem primo natus. Et quando unus-

« quisque habebit portionem suam; si do- « minus Fulco Paganelli aliquid ceperit in « portionibus postnatorum suorum, et ipsi « de hoc conquesti fuerint, ipse eis reddet « de post primum terminum quo primum « judicium factum fuit apud Rothomagum « de predictis portionibus. Et si aliquis pre- « dictorum defecerit de parciendo vel ca- « piendo porcionem suam, sicut predictum « est, infra predictum terminum, justicia « domini regis parcietur loco partitoris vel « capiet porcionem antenati loco ipsius. Et « justicia domini regis faciet habere partitori « homines patrie quos a justicia interroga- « bit. — Judicatum fuit hoc apud Rothoma- « gum, in media quadragesima, anno « Domini M CC XIII, coram Bartholomeo « de Roia, Guillelmo de Capella, episcopo « Lexoviensi, episcopo Ebroicensi, epi- « scopo Constanciensi, episcopo Sagiensi, « Johanne de Pratellis, Guillelmo de Mortuo « Mari, Stephano de Longo Campo, Jo- « hanne de Roboreto, Guillelmo de Bonez, « Guillelmo de Pratellis, Roberto de Pin- « niaco, Henrico de Novo Burgo, Roberto « de Corci, Henrico de Bella Fago, Phi- « lippo de Vaaci, Roberto de Pissiaco, « Guidone de Ruppe, Oberto de Roboreto, « castellano de Gallione, Roberto Crasso, « Richardo de Fontanis, Richardo de Huis- « likier, Richardo de Argenciis, Johanne « de Bosco Bernardi, Roberto de Fresque- « nis, Petro de Tilleio, Rogero Pesche- « reron, Renaldo de Cornilon, Renaldo « de Villa Terrici, Guillelmo Escuacol, « Hugone de Boligni, Gaufrido de Ca- « pella. »

Rothomagum coram domino Bartholomeo de Roia, et dixit quod portiones illas fecerat bene et legaliter et quantum poterat equales, secundum tenorem judicii quod factum fuit apud Rothomagum, et illas obtulit Willelmo Paganelli. Idem Willelmus illas accepit; et cum accepisset, terminus eidem Willelmo et postnatis suis positus fuit apud Cadomum in assisia die lune sequenti, ut idem Willelmus ad diem illum primus portionem suam caperet sicut antenatus, et post secundo natus caperet ibidem portionem suam, et ultimo natus caperet residuum. Fulco Paganelli, pro filio suo Willelmo, respondit quod portiones ille bene et legaliter non erant facte juxta tenorem judicii facti apud Rothomagum, quoniam una baroniarum, ut dicebat, valde pejorata erat et plusquam deberet secundum tenorem judicii facti apud Rothomagum, pro quadam portione in qua escaete erant posite, et petebat quod ille portiones essent emendate per tenorem judicii de Rothomago, vel aliter idem Willelmus non caperet portionem suam nisi in curia regis ipsi judicaretur. Hoc audito, episcopi et barones audierunt scriptum in quo judicium quod factum fuit apud Rothomagum continebatur, et ipsi, secundum tenorem judicii illius et de verbis que ex utraque parte audierant, judicaverunt quod pro aliquo quod idem Willelmus dixisset non debet remanere quin idem Willelmus ad diem sibi positum capiat primus portionem suam sicut antenatus. Judicatum fuit etiam quod si idem Willelmus defecerit capiendi portionem suam ad diem predictum, justicia domini regis loco ejusdem Willelmi portionem suam capiet, et idem Willelmus est in misericordia domini regis quoniam hoc contradicebat[1].

138. — Judicatum est quod uterque illorum duorum qui habebunt in portionibus suis duas baronias que fuerunt domini Radulfi Taisson, quod uterque illorum tenebit baroniam suam in capite de domino rege, et quod dominus rex habebit saisinam suam de illis, sicut dominus rex habuit saisinam suam de consimilibus, apparenti-

[1] Cf. 136, 138, 212, 298, 346, 727.

bus in quatuor locis vel in quinque, et sicut antecessores domini
regis habuerunt saisinam suam de predictis duabus baroniis suis [1].

'139. — Judicatum est quod pueri infra etatem super quos uxor
Ricardi filii Henrici sequebatur maritagium suum apud Cadomum
remaneant in saisina sua, in qua pater eorum erat quando obiit, donec
habeant etatem, et quod ipsa, si voluerit, potest sequi jus suum versus
heredem suum [2].

'140. — Judicatum est de masuris de Argenciis quod masura cum
terra rationabili que se acquitat per unum redditum nominatum est
burgagium; terra vero que se acquitat per redditum per se et que per
servicia per deorsum masuras [3].

141. — Uxor Roberti Muldac garantizavit et cognovit Petro de
Sancto Martino, fratri suo, infra etatem, quod terra illa quam idem
Petrus exigit domino R. Paganelli per recognitionem feodi et vadii
fuit invadiata per manus antecessorum suorum. Et inde judicatum
est quod Petrus non potest nec debet sequi illam recognitionem, sed
ipsa que est antenata ejusdem Petri poterit sequi jus suum si voluerit.

142. — Judicatum est quod Hacoldus de Novilla habebit xxvi libras redditus ad manus suas remanentes per finem duelli facti inter
ipsum et Johannem de Novilla, ita quod ipse mittet antenatum suum [4]
quod de hoc tenet in maritagium sororis sue, et quod redditus ille
tam large assessus erit quod idem Hacoldus capiet xxvi libras turo-

---

[1] Cf. 137.

[2] *Contra heredem mariti sui.* Deuxième
compilation. — A la suite de ce jugement,
la deuxième compilation en donne un
dont l'équivalent manque dans la première. En voici le texte : « Postnatus non
« potest sequi breve de feodo et gagio,

« immo repelletur, quia habet antenatum. »

[3] Ce passage me semble altéré. La
deuxième compilation porte : « Terra vero
« que se aquitat per redditum per se et
« per servicia deorsum masuras non est
« borgagium. »

[4] Passage probablement altéré.

nensium ad manum suam remanentes, et de residuo quod erit ultra xxvi libras deservict illas xxvi libras terre versus dominos capitales[1].

---

143. — Item, ibidem, in scacario Sancti Michaelis (a. 1214), coram domino Galtero camerario, Garino Silvanectensi et multis aliis.

144. — Judicatum est quod ille qui manebit in domo quam rex Henricus dedit W. de Hantona per cartam suam erit quitus de taillia et de omnibus marchaandis quas habebit et afferet in domo predicta.

145. — Sciendum est quod de contencione que erat inter dominum Robertum, episcopum Baiocensem, ex una parte, et W. conestabularium Normannie, ex altera, de piscaria et fossa Luchon, concordati sunt in hunc modum : episcopus concedit quod conestabularius poterit facere piscari in fossa Luchon cum duobus batellis tribus diebus in ebdomada[2], scilicet in die Mercurii et die Veneris et die sabbati, si idem W. vel ejus uxor in rivagio illo moram fecerint, ita quod si Johannes de Hommez veniat ad pacem domini regis, et ipse velit clamorem facere contra eumdem episcopum in predictis piscariis, idem W. inde faciet habere pace[m] predicto episcopo et in pace omnino dimitti; et idem W. vel ejus nuncius die Mercurii debet interrogare licentiam piscandi ubi dictum est castellano qui erit in castello de Nulleio, sed in aliis diebus nequaquam.

---

146. — Anno Domini m° cc.° xv°, facta sunt hec judicia apud Falesiam, in scacario Pasche, coram domino Galtero camerario, Garino, episcopo Silvanectensi, et multis aliis.

147. — Radulfus de Ferrariis essoniatus primo de reseantisa post langorem versus Robertum de Ferrariis per Matheum Canu [et]

[1] Cf. 454. — [2] Le manuscrit porte ebd'am.

W. Comitem[1]. Judicatum est quod, cum idem Robertus fecisset omnes essonias suas ante langorem suum quem habuit, et iterum post langorem, non potest nec debet essoniari, et quod ejus essoniatores sunt in misericordia pro falso clamore, et quod idem Radulfus deficit et est justiciandus pro defectu suo.

148. — Judicatum est quod dominus Ricardus de Huisteker crucesignatus reddat quemdam puerum infra etatem quem habebat in vadium pro catallo suo et debito usque ad quemdam terminum, ut dicebat, quod avunculus pueri illius qui cum interrogabat eidem Ricardo non cognoscebat, sed contradicebat, et quod idem Ricardus poterit sequi debitum suum et catalla in curia ecclesiastica si voluerit.

149. — Willelmus Davi exigit recordamentum duelli versus W. de Chesneto. W. de Chesneto dixit quod istud recordamentum non vult habere nec debet, quoniam recordamentum illud habuit in alio scacario et unde recordamentum exigit scacarii illius. Recordatum est quod idem W. Davi habuit in alio scacario recordamentum illud contra eumdem W. de Chesneto, et quod in illo scacario judicatum fuerat quod qui tenebat teneret, et quod W. Davi poterat si volebat sequi jus suum per consuetudinem Normannie contra W. de Chesneto de terra que monstrata non fuit ad visionem terre de qua duellum vadiatum fuit. Et ideo modo judicatum est quod dictus W. Davi non debet habere recordamentum illud super recordamentum illud quod W. de Chesneto exigit, et quod ipse et fratres ejus sunt in misericordia, et quod potest sequi jus suum, sicut scriptum est, si voluerit.

150. — Judicatum est quod Rogerius Botin habeat saisinam suam contra dominum Otranum de Boutigneio, et idem Otranus in misericordia pro falso clamore, et rectum remanet inter eos.

151. — Judicatum est quod dominus Reginaldus[2] de Amonde-

---

[1] W. Com', dans le manuscrit. — [2] Rogerus. Deuxième compilation.

villa et illi qui de eo teneba[n]t in baillivia de Bonavilla nihil poterunt perdere illo absente, et quod ipse et tenentes sui sunt in saisina sua[1].

———

152. — Item, ibidem, in scacario Sancti Michaelis (a. 1215), coram predictis.

153. — Recordamentum duelli inter W. de Cathehole, ex una parte, et Nicholaum de Ponte, ex altera, per dominum Robertum de Corceio, Petrum de Teilleio, Radulfum de Rupetra, W. Boion, Gaufridum Louvel, Ricardum de Argentiis, Gaufridum de Gouviz, Thomam de Karquenai, W. de Seran, Garnerum Trossel, Symonem de Oumei et Robertum de Sleris[2]. Dicunt omnes quod W. de Cathehole per concordiam duelli dimisit Nicholao de Ponte[3] medietatem terre et tocius querele de qua duellum vadiatum fuit inter eos, et que visa fuit per justiciam. Judicatum est quod idem Nicholaus habeat medietatem ad finem et W. in misericordia pro difforciatione[4].

154. — Preceptum est Miloni de Leveiis, baillivo de Constantino, quod inquirat utrum Reginardus de Cornillon allevavit et cepit primus graveriam in terra Sancti Stephani de Cadomo, et si scire poterit quod primus ceperit, quod graveriam illam removeat.

155. — Preceptum est quod Laurentia uxor Otran[i] de Boutigneio habeat dotalicium suum de terra que fuit Ricardi de Griscio, de illa videlicet de qua erat saisitus quando eam duxit in uxorem[5].

156. — Judicatum est quod inquiratur utrum Johannes de Sancta Honorina habuit per acquisitionem suam vel per aquatum suum terram illam de qua uxor W. de Sancta Honorina exigit dotem, et si ipse illam habuit per aquatum suum quod dicta mulier non habeat dotem suam.

---

[1] *Saisinam suam*, dans le manuscrit.
[2] Ou peut-être *Neris*.
[3] *De Fonte*, dans le manuscrit.
[4] Cf. 731.
[5] Cf. 186.

157. — Preceptum est Reginaldo de Villa Terrici quod inquirat utrum homines de Hupain ibant ad molendinum de Sousiz quando dominus rex habuit Normanniam vel non, et quod inde rectum fiat.

158. — Preceptum est quod monachi Sancti Severi habeant decimam vendicionis haie de Talevende per cartam Ranulfi, comitis Cestrie, quam inde habent.

159. — Judicatum est quod Matillis de Valborel habeat terram de Valborel, quam ipsa dederat Petro Lieschans ad possidendum quamdiu ipse viveret.

160. — Judicatum est quod feodum W. de Hanse[1] deserviat per feodum unius militis versus abbatem Sancti Audoeni, cum idem W. cognoscat quod tenet per feodum unius militis, et idem W. in misericordia pro difforciatione auxilii quod traxit ad manum domini regis.

161. — Judicatum est quod inquisitio erit utrum Eudo de Oinvilla habeat forum suum de domino terre antequam Ricardus de Yvetot levaret forum suum in terra sua in feodo de Yvetot, et si per inquisitionem constet quod ipse sic prius haberet, judicatum est quod idem Ricardus non potuit levare forum suum ad diem ad quam Eudo forum suum habebat, ita quod noceret foro predicti Eudonis.

162. — Anno Domini m. cc. xvi, facta sunt hec judicia apud Falesiam, in scacario Pasche, coram domino Galtero camerario, W. de Capella et multis aliis.

163. — Judicatum est quod visio terre fiat in baillivia Abrincensi de feodis[2] de quibus contentio est inter Petrum de Sancto Hylario, ex una parte, et Fredericum Malemains et ejus uxorem, ex altera,

[1] Ou *Hause*. — [2] *De feodo*, dans le manuscrit.

que feoda idem Petrus exigit contra predictum Fredericum per cartam suam quam habet, et quod illi qui feoda illa tenent intersint ad visionem illam, et quod ibi per eos audiatur de quo advocant se tenere feoda illa; hoc audito fiat jus inter eos[1].

164. — Judicatum est quod Josca de Ros, in baillivia Petri de Teilleio, non debet habere dotalicium in terra quam Petrus le Conteor tenet et quam abbas Cadomi eidem Petro garantizat, quoniam maritus suus, ex parte cujus ipsa exigit dotalicium, forsbanitus fuit per judicium curie domini regis in assisia pro morte cujusdam hominis, unde in curia domini regis secutus erat, et quater in assisiis quatuor vocatus non comparuit ad rectum capiendum[2].

165. — Preceptum est quod heres Hugonis de Colunchis, qui est infra etatem, habeat xx libras turonensium annuatim ad duo scacaria pro victu suo de terra patris sui, que est in manu domini regis ratione custodie.

166. — Recordatum est per Ricardum de Fonteneto, Petrum de Sancto Hylario, Thomam de Colunchis, Johannem de Buret, Alexandrum de Pontfou, Gaufridum Louvel, Johannem Cambellanum, Symonem Balistarium et W. de Magdalena, quod, cum in assisia Abrincensi fieret mencio de quodam excambio cujusdam terre inter Fulconem Paganelli, ex una parte, et Johannem de la Moscha, ex altera, Gaufridus de Campania, qui in illa assisia presens erat, dixit quod ille nolebat quod excambium illud fieret, quoniam idem Johannes terram illam tenebat de filio ejusdem Gaufridi, quem in custodia sua habebat, et unde idem Johannes filio dicti Gaufridi hominagium fecerat; idem Johannes respondit quod terram illam de filio dicti Gaufridi tenuit, sed nunquam ei hominagium fecit, sed

---

[1] Cf. 249.

[2] Ce jugement est ainsi noté dans la deuxième compilation : « Relicta forbaniti, « postquam vocatus fuit in quatuor assisiis « nec apparuit, non habebit dotem. Et hoc « non est bonum judicium. »

tenebat per paragium; dictus Gaufridus dixit quod inde hominagium
fecerat, et quod paratus erat probare quod filium suum tanquam
iniquus et proditor abrenunciaverat; postea idem Gaufridus ibidem
in assisia illa cognovit quod dictus Johannes terram illam tenebat in
maritagium et paragium, et ideo in assisia illa judicatum fuit quod
per recognitionem quam idem Gaufridus fecerat, post sectam quam
prius fecerat quam noluit nec potuit probare, quod erat in misericordia domini regis, et etiam judicatum fuit quod predicto Johanni
emendam suam vadiaret talem qualem inde habere deberet per judicium. Judicatum est iterum quod idem Gaufridus est iterum in
misericordia domini regis, quoniam ista que recordata sunt negabat
et contradicebat, et unde recordamentum sustinuit versus eumdem
Johannem, et quod dicto Johanni faciat emendam de equo et armis,
equo scilicet valente sex libras turonensium et lorica competenti.

 167. — Recordatum est per Petrum de Teilleio, baillivum loci,
et per decem milites juratos cum eo, quod, cum Bereda de Fossa
exigeret Radulfo l'Ainsné quamdam terram quam super eum monstraverat per justiciam apud Mesnillum Osane, dicens quod de terra
illa nihil habebat, et quod erant de fratre et sorore, ipsa videlicet de
fratre et Radulfus de sorore, idem Radulfus in assisia illa negavit,
et dixit quod non erat ipsa de progenie sua, et ideo judicatum fuit
quod inde fieret recognitio per legales homines et milites, que recognitio in assisia facta fuit, presentibus Radulfo et Bereda, per xii legales homines juratos, qui per juramentum suum dixerunt quod prefata Bereda et dictus Radulfus erant de fratre et sorore, et quod ipsa
erat de fratre, idem Radulfus de sorore; et ideo in assisia illa judicatum
fuit quod predicta Bereda terram illam haberet ad finem, et idem Radulfus in misericordia pro difforciatione. Judicatum est iterum quod
idem Radulfus est in misericordia, quoniam omnia illa que recordata
sunt negabat et contradicebat, et unde sustinuit recordamentum.

 168. — Recordatum est per Petrum de Teilleio, Thomam de

Karquenaí, Fulconem de Bosco, Nicholaum de Haia, Hugonem de
Haia, Rogerium de Ver, Robertum de Grentavilla, Henricum de
Poterel, Henricum Lovel, Hugonem de Botigneio, Hugonem de Guerartot, Robertum de Vaaceio, quod, cum W. de Rochero de Constentino exigeret quamdam terram Ricardo Philippi in assisia comitatus apud Constancias, et visa fuerat per justiciam, dictus Ricardus
de terra illa vocavit garantum suum contra eumdem W.; dies assignata
fuit eidem Ricardo in alia assisia sequenti habendi garantum suum
versus eumdem W.; ad diem autem illum ambo venerunt, et cum
idem W. sectam suam fecisset versus dominum Ricardum sicut prius,
idem Ricardus dixit quod garantum suum quem vocaverat habere
non poterat; et ideo judicatum fuit ibi quod idem W. recuperabat
saisinam terre illius quam super eumdem Ricardum monstraverat,
propter defectum garanti sui quem vocaverat et quem habere non
poterat et quem justicie non monstraverat, et quod rectum remanebat inter eos faciendum, et quod idem Ricardus erat in misericordia. Item judicatum est quod idem Ricardus iterum est in misericordia, quoniam negabat se vocasse garantum versus prefatum W.
et unde sustinuit recordationem predictam [1].

169. — Preceptum est quod domina Riche habeat dotalicium suum
illuc ubi heres ejus garantizat ei, videlicet apud Paceium, et quod
heres ille statim faciat sorori sue excambium competentis maritagii,
que dotalicium possidebat, cum ipsi datum fuisset in maritagium [2].

170. — Judicatum est quod domino regi remanet saisina juris patronatus ecclesie de Flamenvilla versus abbatem de Jumegiis, per te-

[1] Ici la deuxième compilation donne
l'article suivant, dont je ne trouve pas l'é-
quivalent dans la première : « Mors mariti
« probatur ab uxore per testes in curia do-
« mini regis. »

[2] L'article correspondant de la deuxième
compilation est ainsi conçu : « Judicatum

« est quod vidua habeat dotem ubi heres
« ei garantat, ita quod statim heres faciat
« excambium sorori sue de eo quod habe-
« bat in maritagium, et vidua recuperat su-
« per ipsam. Et hoc de Riche de Vilers. »
— Cf. 235 et 236.

norem recognitionis facte inter eos apud Rothomagum per quatuor
milites et quatuor presbiteros juratos, et quod idem abbas est in misericordia pro difforciatione.

171. — Judicatum est quod due sorores Alienor de Barnevilla,
que sunt ad pacem domini regis, habeant escaetam ejusdem Alienor
defuncte, salvo jure tercie sororis, que est in Anglia, si ad pacem
domini regis venerit.

172. — Judicatum est quod domino regi remaneat terra de qua
recordatio facta fuit in assisia, coram Petro de Teilleio, inter Thomam de Lyon, ex una parte, et W. Cornart, ex altera, cum idem
Thomas diceret quod terra illa ei remanserat ad finem versus eumdem W. in assisia, unde exigebat recordationem; de quo recordatum
fuit quod ei ad finem non remansit, et quod alia vice de terra illa
facta fuit quedam recognitio feodi et vadii inter eos per legales milites
et homines, qui dixerunt quod ullus eorum in illa jus habebat, et
unde ex tunc alia vice in manu domini regis capta fuit per judicium,
et dixerunt quod erat jus Radulfi Huiguen, qui erat in Anglia [1].

173. — Judicatum est quod Gaufridus de Bovilla non respondebit versus Hugonem de Bosvilla de portione terre que fuit matris sue,
quam exigit per quamdam cartam, donec Nicholaus de Bosvilla, garantus ejusdem Gaufridi, habeat etatem.

174. — Judicatum est quod Philippus de Grouceio et ejus participes habeant saisinam terre sue talem qualem habebant quando in
manu domini regis capta fuit.

175. — Judicatum est quod portiones terre fiant inter Petrum
de Hommet et quatuor fratres ejus, et quod partita sit in quinque

---

[1] Cf. 246.

portionibus, salvo jure aliorum duorum fratrum, qui non sunt presentes, cum venerint.

176. — Judicatum est quod infra bannum moute nullus potest nec debet facere molendinum ventus [1] vel aque. Barones ad hoc concordant quod nullus potest facere molendinum in feodo lorice nisi de licentia domini, et petunt quod istud domino regi monstretur [2].

177. — Judicatum est quod dominus Johannes de Tornebu, attornatus loco Roberti filii Erneis ad finem, versus Robertum comitem de Alenchon, est in misericordia dominis regis pro defectu prime diei scacarii, cum ipse cognovisset quod ad diem illam non venerat nec pro se optulerat versus prefatum comitem, et comes se optulisset contra eum.

178. — Judicatum est quod Eudo de Vaaceio juvenis habeat terram suam per vadium et plegium, et quod pater ejus est in misericordia regis pro stulta misa quam fecit de hereditate filii sui, que erat ex parte matris sue defuncte, in qua pater nichil habebat.

179. — Item, ibidem, in scacario Sancti Michaelis (a. 1216), coram Garino, episcopo Silvanectensi, Galtero juveni, domini regis camerario, et multis aliis.

180. — Judicatum est quod Reginaldus de Villa Terrici faciat inquisitionem per legales homines utrum Radulfus Bordel debeat habere per jus libertatem et consuetudinem quam exigit in foresta Buri vel non.

181. — Judicatum est quod querela illa de qua contencio est inter Hugonem de Haia, ex una parte, tenentem, et Thomam de Sancto

---

[1] *Molendinum venti.* Deuxième compilation. — [2] Cf. 182.

Egidio, infra etatem, petentem, ex altera, recognitionem de saisina patris sui, capta sit in manu regis, salvo per tenorem recognitionis, sicut monstrata fuit ad visionem terre [1].

182. — Judicatum est quod nullus potest nec debet facere molendinum ventus [2] vel aque infra banium moute, et quod nullus potest facere nec debet molendinum ventus vel aque nisi qui moltam habeat vel habere debeat, et quod omnes molendini ventus vel aque qui facti sunt postquam dominus rex habuit Normanniam in dominicum suum, in terris eorum qui non habent moltam nec debent habere, prosternantur, et molendini aque similiter, si aliquis inde conquestus fuerit [3].

183. — Preceptum est quod leprosi Sancti Michaelis Constanciensis habeant decimam molendini Constanciensis, qui modo est ad bladum, sicut quondam habuerunt quando erat foloor, ex dono Ricardi de Griseio, concessione W. de Sancto Johanne, domini [4] feodi.

184. — Preceptum est quod filius Hugonis de Cambrai habeat serjanteriam quam pater ejus habuit, et cum non sit aptus propter etatem suam ad procurandam serjanteriam illam, quod ille [habeat servientem] qui procurabit ex parte ejus et per eum procuret [5].

185. — Preceptum est quod Petrus de Teilleio faciat inquisitionem per legales homines utrum in aqua Dive umquam captus fuit piscis qui vocatur graspois alius quam ille qui nuper captus fuit in illa aqua, quem abbas Cadomi petit per cartam suam; et si captus fuit, ille qui habuit saisinam illius habeat saisinam istius; et si nun-

[1] Cf. 211 et 225. Le texte du n° 181 paraît défectueux.

[2] Venti. Deuxième compilation.

[3] Cf. 176.

[4] Domino, dans le manuscrit.

[5] « Judicatum est quod habens sergen-« teriam, si sit infra etatem, per alium « serviat. » Deuxième compilation.

quam captus fuit alius quam iste, quod carte predicti abbatis teneantur[1].

186. — Preceptum est quod uxor quondam Ricardi de Griseio habeat dotem suam in molendino Constanciensi, videlicet de tali valore quo erat quando idem Ricardus eam duxit in uxorem[2].

187. — Henricus de Portu cognoscit quod tenet de episcopo Baiocensi tria feoda militum ad servicium domini episcopi in castro de Nuilleio et inter Viram et Olnam et ad costamentum episcopi, quod costamentum episcopus negat; et etiam idem Henricus cognoscit quod tenet de eodem episcopo per dimidium feodum militis ad servicium domini regis per manum ejusdem episcopi[3].

188. — Preceptum est quod Petrus de Teilleio faciat inquisitionem per legales homines utrum furnus quem Valterius le Francheis fecit apud Clevillam noceat furno domini regis et si ei noceat quod prosternatur, et si non noceat[4] quod non prosternatur.

189. — Judicatum est quod recognitio fiat coram castellano Gaillonis per legales homines utrum Joscelinus Rosse crucesignatus, si crucem assumpserit postquam magister Robertus de Corcone legatus venit ad predicandum, erat saisitus, quando crucem assumpsit, de terra illa quam Adam Silvani ei difforciat, et quomodo et unde erat saisitus, et in hoc assensum dederunt dicti Joscelinus et Adam, et hoc pecierunt de voluntate utriusque partis.

190. — Preceptum est, assensu omnium baronum, quod dominus Garinus, Silvanectensis episcopus, et dominus Galterus, domini regis camerarius, mandent per litteras suas Gaufrido de Capella, castellano Archiarum, quod ipse de querela illa de qua contencio est inter W. de

---

[1] Cf. 198.
[2] Cf. 155.
[3] Cf. 63, 191, 192, 345.
[4] *Nosceat*, dans le manuscrit.

Graveton, ex una parte, et Hugonem de Graveton, nepotem suum, ex altera, teneat illum saisitum de cujus manu saisinam illius querele cepit per preceptum domini regis, donec fiat rectum inter eos.

191. — Judicatum est quod per cognitionem quam Henricus de Portu fecit episcopo Baiocensi, ut supra scriptum est, qui cognoscit quod tenet de eodem episcopo tria feoda militum ad servicium episcopi in castro de Nuilleio et inter Viram et Olnam, et quod tenet per feodum dimidii militis ad servicium domini regis per manum episcopi, quod idem Henricus faciet portionem W. fratri suo, ita quod idem Henricus primus eliget unum feodum militis, et W. frater ejus eliget secundum feodum, et Henricus habebit tercium feodum cum primo feodo[1].

192. — Judicatum est etiam quod nisi tria feoda militum poterunt dividi unumquodque per se, quod tota terra partita sit in tribus portionibus, et quod dictus Henricus primus eligat primam portionem quam voluerit, et W. eligat secundam, et idem Henricus capiat ultimam portionem cum prima portione, et dictus Henricus in misericordia pro difforciatione[2].

193. — Judicatum est quod portiones terre fiant inter W. de Montfort et Rollandum, fratrem ejus, ad diem que erit eis posita, et quod die illa fiant portiones, veniat predictus Rollandus vel non, et si[3] venerit quod portio dicti Rollandi capta sit in manu domini regis et dictus W. portionem suam habeat[4].

---

[1] Cf. 63, 187, 192, 345.
[2] Cf. 63, 187, 191, 345.
[3] Je crois qu'il faut suppléer le mot non.
[4] Il est probable qu'à l'échiquier de Saint-Michel 1216 les juges s'occupèrent d'un procès que les hommes de Berneval soutenaient contre l'abbé de Saint-Denis. Après avoir été portée à l'échiquier, la cause fut remise à l'arbitrage de l'évêque de Senlis. La sentence qui termina le différend, au mois de novembre 1216, mentionne une session de l'échiquier tenue à Rouen, dont il n'est pas question dans nos compilations. Je transcris le commencement et la fin de cette sentence : « G. Dei « gratia Silvanectensis episcopus, omnibus

194. — Anno Domini m° cc° xvii°, facta sunt hec judicia apud Falesiam, in scacario Pasche, coram domino Garino, episcopo Silvanectensi, domino Galtero, domini regis camerario, et multis aliis.

195. — Judicatum est quod breve nove dessaisine quod Robertus de Haia attulit versus Johannem de Porta, jam duobus annis elapsis, non valet, quoniam idem Robertus cognovit quod idem Johannes [n]unquam in assisia videlicet ad visionem terre interfuit contra eum super hoc, nec alius attornatus pro eo, et rectum remanet faciendum inter eos, et idem Robertus in misericordia pro falso clamore.

196. — Judicatum est quod dominus de Theleriis, qui est infra etatem, reddat justicie domini regis hominem illum quem homines de Theleriis ceperunt in banleuga de Theleriis, illuc ubi idem dominus non habet feodum nec dominium, sicut recognitum et juratum est per multos milites patrie, ad petitionem illius, et unde attornatus ejusdem domini cognoscit quod pater domini sui, qui est infra etatem, inde nunquam saisitus fuit.

197. — Judicatum fuit quod Robertus de Rochela non debet recuperare dotalicium uxoris sue quod exigebat Johannes de Curleio, nisi tantum quantum eidem idem Johannes cognoscebat, per finem quem uxor dicti Roberti in viduitate sua fecerat cum eodem Johanne

« ad quos littere presentes pervenerint, salutem in Domino. Noveritis quod, cum quedam controversia verteretur inter abbatem et monachos Sancti Dyonisii, ex una parte, et homines eorum in potestate de Bernevalle constitutos, ex altera, super pluribus articulis, scilicet molta quam ab eisdem hominibus dicti monachi exigebant, et quibusdam redditibus reddendis in Natali, scilicet frumento, avena et brasio, et super clausura domus de Bernevalle, et super garbagio et releviis, in scacario domini regis apud Rothomagum celebrato, dicti abbas et monachi et homines de territorio de Bernevalle in nos compromiserunt, ratum habituri quicquid nos diceremus super predictis querelis. Nos vero, communicato cum prudentibus viris consilio, arbitrium nostrum protulimus sub hac forma...... Actum Parisius, anno Domini m° cc° sexto decimo, mense novembris. » (Cartul. blanc de Saint-Denis, II, 593.)

in scacario de termino Sancti Michaelis nuper preterito, unde ipsa se tenuit tunc pagatam in scacario, et idem Robertus in misericordia pro falso clamore, et dictus Johannes, quoniam ei difforciaverat redditum dotalicii quod ipsa habuerat per finem predictum, est in misericordia.

198. — Judicatum est quod abbas Cadomi habeat saisinam piscis illius qui vocatur graspoiz, qui captus fuit apud Cabore, per tenorem carte regis Guillelmi, quam idem abbas inde habet[1].

199. — Judicatum est quod uxor quondam Rogerii de Caencio habeat in dotalicium suum terciam partem terre illius de qua idem Rogerius erat saisitus quando eam duxit in uxorem, de illa videlicet quam dominus Galterus, domini regis camerarius, et castellanus Gaillonis tenent[2] quod ipsi eidem cognoscebant.

200. — Judicatum est quod inquisitio fiat per legales milites et homines, coram castellano Gaillonis, ad sciendum quale jus dominus rex habet et debet habere in feodo quod Enguerrannus Oison tenet de comite Roberto de Alenchon, et quale jus idem comes habet et debet habere in feodo illo[3].

201. — Recordamentum assisie Falesie inter abbatem Sancti Andree, ex una parte, et W. de Bouceio, clericum, ex altera, utrum idem W. recuperavit per judicium assisie versus eumdem abbatem saisinam juris patronatus ecclesie de Joeio, per defunctum Girardum, fratrem suum, de Bouceio, sicut idem W. dicit et unde exigit recordamentum assisie, vel non, quod idem abbas negat; per Petrum de Teilleio, Robertum de Petra Ficta, W. Boujon, Garinum de Logis, Herbertum de Ceris, Osmundum de Buisson, W. de Vax, W. de Cuelei, Robertum Bovem, Nicholaum de Avenis; qui omnes dicunt

---

[1] Cf. 185. — [2] Le manuscrit semble porter *tenet.* — [3] Cet article est répété plus bas, n° 204.

et recordant quod ille W. in assisia per judicium illius assisie recuperavit saisinam juris patronatus ecclesie predicte versus Girardum, fratrem suum, propter defectum predicti Girardi de assisia cognitum; et quod idem abbas ante hoc in assisia eundem Girardum traxerat ad garantum de jure patronatus predicte ecclesie et quod dictus Girardus dicto abbati garantizaverat. Recordant etiam quod propter hoc in assisia illa judicatum fuit quod idem Girardus faceret excambium equivalens dicto abbati, et quod idem Petrus de Teilleio tanquam baillivus cepit in manu domini regis totam terram dicti Girardi, donec eidem abbati excambium equivalens fecisset. Judicatum est modo in isto scacario quod judicium illud bonum fuit et legitimum, et quod teneatur, et quod idem Petrus faciat habere eidem abbati exitum excambii illius de postquam judicium illud factum fuit et de postquam excambium eidem abbati adjudicatum fuit, et quod teneat in manu domini regis totam terram dicti Girardi donec excambium factum sit, et W. in misericordia pro falso recordamento quod cepit versus eumdem abbatem, cum nullum judicium habuisset versus eum, sicut recordatum est.

202. — Idem W. ad preces episcopi Lexoviensis et Petri de Teilleio, dimittit et reliquit predicto abbati et monachis Sancti Andree totum jus quod habebat in ecclesia illa de qua per judicium recuperaverat saisinam juris patronatus versus Girardum, fratrem suum, sicut recordatum est, et concedit quod ipse capiet excambium equivalens tale quale dictus abbas capere debebat, et preceptum est Petro de Teilleio quod eidem W. faciat habere exitum excambii illius de postquam judicatum fuit excambium in assisia Falesie eo modo quo abbati eidem habere faceret, et quod teneat in manu domini regis totam terram dicti Girardi donec idem W. habeat tale excambium quale idem abbas habere debebat.

203. — Guillelmus Paganelli cognoscit quod tenet de episcopo Baiocensi Espinetum per quartam partem feodi militis, et feodum

Eudonis de Anesio et Roberti de Hommet et Symonis de Culleio apud Anisoium et Barberias et Formignium et Buschervillam et apud Rampain per feodum unum militis, et feodum Helie de Kaigneio apud Kaigneium per quartam partem feodi unius militis, et feodum Alani de Falesia apud Fontes sicut poterit inquiri[1].

2o4. — Judicatum est quod inquisitio fiat per legales milites et homines coram castellano Gaillonis, ad sciendum quale jus dominus rex habet et debet habere in feodo quod Engerrannus Osson tenet de comite Roberto de Alenchon, et quale jus idem comes habet et debet habere in feodo illo[2].

2o5. — Judicatum est quod abbatissa Sancte Trinitatis de Cadomo non faciet excambium Radulfo de Tribus Montibus, militi, de undecim sextariis bladi quos idem Radulfus solebat habere in molendino de Guemaire predicte abbatisse, per cartam quam inde habebat factam sine assensu capituli sui, cum esset ad detrimentum domus, et quod carta illa non valeat, et quod debeat dilaniari[3], et per judicium in isto scacario dilaniata fuit; et idem Radulfus in misericordia pro falso clamore[4].

[1] Cf. 221, 298, 299.

[2] Cet article est la répétition du n° 200.

[3] Ici il faut peut-être lire *dilacerari*, et plus bas *dilacerata*. Le passage correspondant de la deuxième compilation porte : « Carta abbatisse sine carta conventus non « valuit de quodam escambio abbatie damp- « noso, imo in scacario dilacerata fuit. »

[4] Ce jugement est rapporté avec plus de détails dans une notice que nous a conservée le Cartulaire de la Trinité de Caen (Biblioth. impér. ms. lat. 565o, fol. 88 v°) : « In scacario de termino Pas- « che, anno gracie M° cc° septimo decimo, « apud Falesiam, judicatum fuit quod ab- « batissa Sancte Trinitatis Cadomi non fa-

« ciet excambium Radulfo de Tribus Mon- « tibus, militi, de undecim sextariis bladi « quos idem Radulfus habebat in molen- « dino de Gaimare per cartam dicte abba- « tisse, quam idem Radulfus inde habebat « factam sine assensu capituli sui, cum « ipsa nichil possit dare alicui vel excam- « bire ita quod sit ad detrimentum domus « sue. Judicatum etiam fuit quod carta illa « non valebat et quod debebat dilacerari, « et ibidem per judicium dilacerata fuit « coram domino Garino, Silvanectensi epis- « copo, domino Galtero, domini regis ca- « merario, comite Roberto de Alencone, « qui cartam illam dilaceravit, Roberto « episcopo Baiocensi, II. episcopo Constan-

206. — Judicatum est quod abbas de Valle habeat decimam molendinorum Falesie, que fuerunt Guillani de Pomeria, unde idem abbas habet cartam domini Guillani, que eam [1] eidem abbati garantizat.

207. — Judicatum est quod Radulfus de Fossa de Cliceio et omnes filii sui remanent quiti ad finem de secta quam Radulfus Veintras faciebat super eos de vasto gardini sui facto de nocte [2] et in latrocinio de arboribus fructiferis, de quo gardino recognitum fuit post visionem illius factam per legales milites et homines quod idem Radulfus in illo gardino nichil habebat, et quod erat Johannis de Cliceio, et idem Radulfus in misericordia pro falso clamore.

208. — Judicatum est quod [n]ullus residencium in loco [3] potest habere reservatorium ad pisces a loco de Bellinguetine [4] usque ad Josephi Essart, in quo loco habet abbas de Jumegiis decursum aque, per cartam regis Henrici, et si aliquis conqueratur de usu suo contra cartam quod rectum fiat inter eos.

209. — Judicatum est quod abbas de Belbec non debet facere auxilium exercitus Hugoni de Angervilla, attornato ad finem pro domino Baudrico de Longo Campo, quod ab eo exigebat, et quod abbas inde remanet totus quitus per tenorem carte Stephani de Longo Campo, quam habet de terra illa in qua auxilium petebat.

« ciensi, J. episcopo Lexoviensi, W. episcopo Albricensi, S. episcopo Sagiensi, « W. de Mortuo Mari, Amaurico de Croon, « Fulcone Paenel, Ricardo de Vernone, « W. constabulario Normannie, Fulcone « de Aunou, Henrico de Sancto Dionisio, « Milone de Leveiis, Petro de Teilleio, Renardo de Villa Terrici, Bartholomeo Droconis, Ricardo de Fonteneio, Roberto « de Meisnillo, Roberto de Petrafiste, Garino de Nuilleio, Rogero Pescheveiron, « Fulcone de Cantelou, Hugone de Botigneio, Roberto de Freschenis, Roberto « filio Herneis, Roberto de Grantivilla, Ro-

« berto de Cruis, Galfrido Rossel, W. de « Mara, Ricardo Carbones, W. Carbonel, « magistro Galfrido de Corcune, Roberto « de Vaas, Gervasio de Arreio, Ricardo de « Floreio, W. Acarin, clerico, qui tunc in « scacario scribebat, Ricardus Pigace, tunc « serviens baillivie. »

[1] *Quam*, dans le manuscrit.

[2] Dans le manuscrit, le mot *facto* se trouve répété après le mot *nocte*.

[3] Il manque peut-être ici un mot.

[4] Ce mot est altéré. Il s'agit de Bliquetuit, canton de Caudebec, arrondissement d'Yvetot (Seine-Inférieure).

210. — Item, ibidem, in scacario Sancti Michaelis (a. 1217), coram predictis.

211. — Judicatum est quod Hugo de Haia est in misericordia domini regis, quoniam sustinebat placitum versus Thomam de Sancto Egidio, infra etatem, pro filio suo et ejus uxore, pro quibus non erat attornatus[1].

212. — Judicatum est quod dominus Robertus Bertran et dominus Ricardus de Harecort non respondebunt versus Willelmum Paganelli, qui est infra etatem, de portionibus terre Radulfi Taisson defuncti, cum etiam idem Willelmus cognoscat quod est infra etatem[2].

213. — Judicatum est quod comitissa de Alenchon, domina de Laval, que gravida est, debet videri, et quod dominus rex faciat eam custodiri per ydoneam personam[3].

214. — Judicatum est quod Guioth de Mesdavi et ejus participes, qui cognoscunt quod tenent de episcopo Sagiensi feodum lorice, faciant in omnibus servicia feodi lorice, et sunt in misericordia domini regis, quoniam in hoc anno non fecerunt servicium feodi illius ad submonitionem episcopi post submonitionem exercitus domini regis.

215. — Judicatum est quod Philippus de Alneto et ejus participes, baillie Bone Ville, qui cognoscunt quod unusquisque eorum tenet feodum militis, faciant in omnibus servicia feodi militis.

216. — Judicatum est quod uxor quondam W. de Planis habeat dotalicium suum in viginti et quinque libr[at]is turonensium terre in redditu, quas Rogerius de Planes tenet, si cognitum sit quod sit feodum lorice prefati W. quod eidem Rogerio donavit[4].

---

[1] Cf. 181 et 225.
[2] Cf. 137.
[3] *Per ydoneas personas.* Deuxième compilation. — [4] Cf. 237.

217. — Judicatum est etiam quod ipsa non habebit dotem suam apud Sanctam Mariam Ecclesiam donec cognitum sit quod ibi debeat habere per jus.

218. — Judicatum est quod Mauricius de Ucceio recuperat saisinam terre illius quam sequebatur versus Petronillam, filiam Johannis Crassi, infra etatem, per recognitionem feodi et vadii, propter defectum dicte Petronille post omnes essonias propter visionem terre cognitum, et quod ipsa potest sequi terram predictam versus eumdem Mauricium per recognitionem feodi et vadii eodem modo quo ipse prius sequebatur versus eam.

219. — Judicatum est quod inquiratur utrum Gellin[us] de Brai, quando obiit, tenebat aliquod tenementum per quod dominus rex debeat habere custodiam heredis prefati Gellini, vel utrum teneat de antenato suo.

220. — Judicatum est quod inquiratur utrum W. de Gouvis, quando obiit, tenebat aliquod tenementum per quod dominus rex debeat habere custodiam heredis sui[1].

221. — Judicatum est quod Willelmus Paganelli habeat saisinam de Alano de Aniseio et de ejus participibus apud Buschervillam, quoniam se advocavit prefato Willelmo de hominagio suo[2].

222. — Recognitio utrum Durandus de Pino, quando dominus rex Normanniam adquisivit, tenebat terram de Neaufle per hereditatem vel per firmam. Juratores : Jordanus de Albevilla, Oliverius de Malnoer, Fulco de Clopel et plures alii; dicunt omnes quod terram illam tenebat per hereditatem, reddendo annuatim xxv libras turonensium et x solidos.

---

[1] Cf. 256. — [2] Cf. 203, 298, 299.

223. — Judicatum est quod idem Durandus teneat ad finem, et W. de Menbevilla et W. de Palon in misericordia, quoniam domino regi dederunt intelligi quod terram illam tenebat ad firmam mobilem.

———

224. — Anno Domini m° cc° x° viii°, hec judicia facta fuerunt apud Falesiam, coram domino Garino, [episcopo] Silvanectensi, domino Galtero camerario et pluribus aliis, in scacario Pasche.

225 — Judicatum est quod Radulfus, filius Hugonis de Haia, non erat desaisiatus de maritagio quod mater uxoris sue dedit eidem Radulfo cum filia sua quando ipsam duxit in uxorem, donec Th[omas] de Sancto Egidio, frater uxoris ejusdem Radulfi, faciat eidem Radulfo competens maritagium, [cum] illud non fuerit factum assensu ejusdem Th[ome], qui est infra etatem, et cum non sit de hereditate patris sui[1].

226. — Judicatum est quod dominus Rothomagensis archiepiscopus non respondebit versus burgenses Rothomagenses absente majore Rothomagi de clamore quem idem major fecit domino regi de predicto archiepiscopo Rothomagensi.

227. — Judicatum est quod serviens Durandi le Cofie, qui in curia episcopi Abrincensis crucesignatus duellum vadiavit, pro eodem Durando, de catallo, versus Roalent de Moritonio, non potest nec debet duellum illud perficere, et quod idem Durandus amittit querelam suam.

228. — Judicatum est quod Robertus de Haia potest facere duos attornatos versus Hugonem de Haia et versus Herveum clericum de duabus querelis, et quod unusquisque attornatus potest facere essonias suas et jurare langorem.

[1] Cf. 181 et 211.

29. — Judicatum est quod communis pastura de Vilers, que visa fuit per justiciam, de qua contencio erat inter Nicholaum de Montigneio, ex una parte, et homines de Vilers, ex altera, remanet eidem Nicholao ad finem versus eos, et predicti homines sunt in misericordia domini regis pro falso clamore.

'230. — Acordatum est per episcopos et barones quod si contencio surgat inter ecclesiam et laicum de aliquo quod ecclesia teneat, de quo laicus dicat quod sit suum laicum feodum, vel de aliquo quod laicus teneat, de quo ecclesia dicat quod sit elemosina sua, quod inde fiet recognitio in curia domini regis per duodecim legales milites et alios homines propinquos[1]; et si ecclesia dicat se tenuisse in pace per triginta annos querelam que visa fuit tanquam elemosinam suam, vel si laicus dicat similiter se tenuisse in pace per triginta annos tanquam laicum feodum suum querelam que visa fuerit, per duodecim juratos recognitum erit utrum ecclesia illa tenuerit querelam illam in pace per triginta annos tanquam elemosinam suam, vel utrum laicus tenuerit eam in pace per triginta annos tanquam feodum suum laicale; et si recognitum fuerit quod ecclesia eam tenuerit in pace per triginta annos tanquam elemosinam suam, laicus sequeretur jus suum in curia ecclesiastica; et si recognitum erit quod laicus eam tenuerit in pace per triginta annos tanquam feodum suum laicum, ecclesia seque[re]tur jus suum in curia domini regis; et si recognitum erit quod ecclesia non tenuerit eam in pace per triginta annos tanquam elemosinam suam, vel si recognitum fuerit quod laicus non tenuerit in pace per triginta annos tanquam feodum suum laicum, tunc fiet recognitio utrum sit feodum laicum vel elemosina[2].

---

[1] « Inde fiet recognitio in curia domini « regis per XII milites propinquos querele « que visa erit per justiciam si ibi inventi « fuerint; et si ibi inventi non fuerint, per « XII alios homines legitimos propinquos « querele; et si ecclesia dicat,.. » Deuxième compilation.

[2] Cet article de la première compilation a été publié par D. Bessin, Conc. I, 127.

231. — Item, ibidem, in scacario Sancti Michaelis (a. 1218), coram domino Garino, Silvanectensi episcopo, domino Bartholomeo de Roia, camerario Francie, et multis aliis.

232. — Preceptum est Petro de Teilleio quod faciat inquisitionem per legales milites et homines utrum comes Cestrie, quando dominus rex Normanniam acquisivit, erat saisitus et quomodo de feodo as Geudons in honore de Bavento, quod Assellus de Cabore petit per tenorem carte Symonis[1], comitis Ebroicensis, qui feodum illud donavit per cartam suam quam inde Assellus habet.

233. — Inquisitio facta per preceptum scacarii coram domino Milone de Leveiis et Reginaldo de Villa Terrici, qui eam per litteras suas patentes testificati fuerunt in isto scacario, de jure patronatus ecclesie Sancte Marie de Campo Arnulphi, quam abbatissa et moniales de Cordeillon exigebant per cartam Jordani de Campo Arnulphi, quam inde habent, per dominum H[ugonem], episcopum Constanciensem, cantorem Constanciensem, Ricardum archidiaconum Constanciensem, Gaufridum de Anquetevilla presbiterum, qui dicunt in verbo Dei et veritatis et in ordine suo quod Jordanus de Campo Arnulphi, miles, concessit et dedit monialibus de Cordeillon jus patronatus quod habebat[2] in ecclesia Sancte Marie de Campo Arnulphi, loco et tempore quo illud potuit libere concedere et conferre, antequam dominus rex haberet Falesiam. Ricardus de Foneneto, Robertus Muldac, Radulfus de Maris, Radulfus de Milleriis, Ricardus de Corceio, Fulco de Bosco, W. de Monte Acuto et Odo de Ponte, milites, Gaufridus de Rancort, vavassor, jurati, illud idem dixerunt. Judicatum est quod jus patronatus predicte ecclesie remaneret ad finem predictis monialibus per tenorem inquisitionis facte et per tenorem carte quam inde habent moniales.

234. — Judicatum est quod abbas Ceraseii, qui traxit ad garan-

___

[1] Le manuscrit porte *Dyon'*. — [2] Le manuscrit paraît porter *habent*.

tum filium W. Bacon de Molcio, qui est infra etatem et est in custodia domini regis, de jure patronatus ecclesie de Convcinz, quam
W. Conseil exigit eidem abbati per recognitionem, non respondebit
versus eumdem W. donec puer ille quem abbas Cerascii traxit ad garantum habeat etatem.

235. — Recordatio assisie Sagiensis inter Petrum filium Ricardi
de Vilers, ex una parte, et Johannem de Raveton, ex altera, per dominum episcopum Sagiensem, Gervasium de Sancto Celerino, Radulfum de Teilleio et plures alios; qui dicunt quod, cum Riche de
Vilers, mater prefati Petri, recuperasset per dotalicium super eumdem Johannem et ejus uxorem, sororem dicti Petri, maritagium quod
datum fuit uxori dicti Johannis, quando W. de Paceio, primus sponsus ejus, eam desponsavit, et judicatum esset[1] quod idem Petrus
faceret sorori sue excambium maritagii illius ad valorem quem valebat quando ei primo datum fuit, quando primus sponsus ejus eam
desponsavit; idem Petrus, ex una parte, et idem Johannes, ex altera,
coram eis, in assisia, spontanea voluntate et de communi assensu
compromiserunt ad finem super tres milites qui nominati fuerunt
et super Radulfum l'Asbe, gratum et ratum habituri[2] quicquid illi
quatuor facerent de appreciatione maritagii illius, et de assidendo et
assignando excambium maritagii illius dicto Johanni et ejus uxori ad
valorem quem maritagium illud valebat quando datum fuit ei, cum
W. de Paceio, primus ejus sponsus, eam duxit in uxorem; et quod
illi quatuor compromissionem illam susceperunt ad faciendam appreciationem maritagii et excambium, sicut prescriptum est et sicut
judicatum fuerat et testificatum per litteras illorum patentes qui judicium fecerunt, que in isto scacario audite fuerunt, et quas Bartholomeus Droconis[3] inde habet; et illi quatuor appreciationem et excambium fecerunt, sicut per litteras suas patentes testificati fuerunt,
que[4] in isto scacario similiter audite fuerunt.

---

[1] Cf. 169.

[2] *Habituram*, dans le manuscrit.

[3] Le manuscrit porte *Barthom' Drocim'*.

[4] *Quando*, dans le manuscrit.

236. — Judicatum est modo in isto scacario quod appreciatio facta de maritagio illo et excambium maritagii similiter factum per quatuor predictos teneatur ad finem, et quod idem Johannes et ejus uxor habeant saisinam excambii illius, et prefatus Petrus est in misericordia domini regis. Et si predicta Riche conquesta fuerit et dicat quod in illo excambio sit aliquid de dotalicio suo quod ipsa possederit per dotalicium, quod inde fiat recognitio per legates homines; et si prefata Riche per recognitionem illam aliquid recuperabit super eumdem Johannem et ejus uxorem, predictus Petrus excambiabit eidem Johanni omne hoc quod prefata Riche super eumdem Johannem et ejus uxorem recuperavit.

237. — Judicatum est quod Rogerus de Planes faciat duas portiones de terra de Planes et de pertinenciis, et quod domus de Planes erunt in una illarum portionum, et tunc Ermengart, uxor quondam W. de Planes, eliget pro dotalicio suo unam illarum duarum portionum quam voluerit, quoniam idem W. primus elegit alibi aliam portionem que facta fuit pro uno loto [1].

238. — Judicatum est quod Robertus de Ferrariis non respondebit versus Julianam, uxorem quondam Radulfi de Ferrariis, de dotalicio quod ipsa ab eo exigit, de quadam terra de qua idem Robertus recuperavit saisinam per judicium et per legem terre versus eumdem Radulfum dum viveret, quod dicta Juliana et filius ejus cognoscunt; sed ipsa, si voluerit, poterit sequi dotalicium super filium suum, qui dotalicium suum debet garantizare.

239. — Abbatissa Monasterii Villaris exigit auxilium exercitus hominibus suis de Magnevilla in Planis de tenementis que tenent de ea, et que sunt de baronia sua quam ipsa tenet de domino rege, et sunt residentes et sui homines. Illi dicunt quod tenementa sua non

[1] Cf. 216.

sunt de baronia predicte abbatisse, sed sunt de quadam antiqua elemosina, et quod auxilium illud nunquam dederunt nec dare debent feodaliter, et inde petunt stabiliam domini regis. Judicatum est quod debet recognosci utrum tenementa sua que tenent de abbatissa sunt de baronia quam ipsa tenet de domino rege, vel non.

'240. — Judicatum est quod excambium illud quod W.[1] filius Hamonis fecit canonicis Baiocensibus de quadam domo quam ipse tenebat de Fulcone Paganelli, juveni, que est ante ecclesiam Beate Marie Baiocensis, non potest nec debet teneri nisi de assensu domini regis et ejus Fulconis, et quod idem W. retro habeat sue domus saisinam, et idem Fulco saisinam dotalicii[2] sui in domo illa, et quod idem W. restaurabit predictis canonicis omne dampnum quod in excambio habuerunt.

241. — Judicatum est quod pactio illa quam Ricardus de Sancto Germano, miles, fecit in assisia Cadomi cum Matillidi de Venoiz et Jocelino, filio suo, de quadam carta quam Reginaldus et W. filius[3] Radulfi de Sancto Germano, qui sunt infra etatem, habent de W. de Venoiz de xx libris redditus in manerio de Ysembervilla, quas[4] ei donavit per cartam illam, non est stabilis nec debet teneri, cum illi duo quibus donatio illa facta fuit sint infra etatem nec presentes fuerunt quando pactio facta fuit, et quod ipsi debent habere talem saisinam carte sue qualem habebant quando pactio illa facta fuit, que pro nullo habetur.

242. — Judicatum est quod Philippus de Agnellis inveniat sorori sue victum suum competentem, que est infra etatem, et quod ipsa non ibi[t] in domum ejusdem Philippi, cum cognitum sit quod idem Philippus, post mortem Galteri de Agnellis, patris sui, traxit in causam matrem ipsius puelle et novercam ipsius Philippi, dicens

---

[1] *Guillermus.* Deuxième compilation.
[2] *Dominii.* Deuxième compilation.
[3] Il faut sans doute lire *filii.*
[4] *Quos,* dans le manuscrit.

quod non erat legitima sponsa ejusdem Galteri, patris predicti Philippi, cum ipsa exigebat eidem Philippo dotalicium suum de terra ejusdem Galteri[1].

———

243. — Anno Domini m° cc° x° ix°, facta sunt hec judicia apud Falesiam, in scacario Pasche, coram domino Garino, Silvanectensi episcopo, domino Bartholomeo de Roia, Francie camerario, et multis aliis.

244. — Recordatum est per Ricardum de Fontencio et alios milites qui interfuerunt in assisia Constanciensi, coram Milone de Leveiis, baillivo domini regis, quod presbiter de Grimovilla recuperavit

[1] Immédiatement après le jugement relatif à Philippe d'Agneaux, la deuxième compilation donne l'article suivant : « Recognitio inter dominum Rothomagensem « archiepiscopum et militem de patronatu « cujusdam ecclesie, et obtinuit archiepi- « scopus per juramentum juratorum sin- « gulariter examinatorum. »

Il est question de la même affaire dans un jugement rendu à la cour du roi, le 28 février 1256 (n. s.). Je publie ce jugement d'après le Pouillé d'Eude Rigaud (B. I. suppl. lat. 718), p. 109 :

« Cum verteretur contentio super jure « patronatus ecclesie de Guenevilla inter « Odonem Rigaudi, Rothomagensem [ar- « chiepiscopum], ex una parte, et domi- « num regem, nomine Colini de Becco, « qui tunc temporis erat in custodia ipsius, « anno Domini m° cc° l.° quinto, die lune « ante Cineres, adjudicata fuit Parisius in « aula regis sasina dicte ecclesie dicto ar- « chiepiscopo a Radulfo, archidiacono Ni- « chossiensi, Gervasio de Crennes, Petro

« de Fontibus, militibus, judicibus ad hoc « deputatis a domino rege, pro eo videli- « cet quod inventum fuit in rotulis domini « regis quod quedam inquesta facta fuit « bene erant xxxviii anni elapsi vel circa, « per quam inquestam sasina dicte ecclesie « fuit adjudicata Rothomagensi archiepi- « scopo in carcario de Phalesia, coram « domino Bartholomeo de Roia et fratre « Guarino, episcopo Silvanectensi, tunc « temporis magistris carcariorum regis. « Huic judicio interfuerunt Henricus, Se- « nonensis archiepiscopus; Petrus de Es- « nencort et Stephanus de Porta, milites; « magister Johannes de Ulyaco, Stephanus « Tastesavor, tunc ballivus Senonensis; « Walterus de Villariis, tunc ballivus Caleti; « Willelmus de Vicinis, tunc Rothomagi, « et Robertus de Pontisara, tunc ballivi de « Cadomo; magister Johannes de Flain- « villa, canonicus Rothomagensis; Petrus « de Mesnilo, et dominus Radulfus Belain, « miles, qui erat pro dicto Colino. »

saisinam cujusdam decime de terra que visa fuit per justiciam supra
Petrum de Sancto Petro, infra etatem, et quod eam recuperavit per
judicium et per tenorem recognitionis de nova dessaisina facte inter
eos, et ideo judicatum est quod idem Petrus, qui conquestus est
super hoc injuste, remanet in misericordia domini regis.

245. — Judicatum est quod Lucia de Kaisneto, vidua, faciat excambium fratribus Templi de masura que est inter Vadum Salomonis
et domum uxoris Roberti Fortin et de quinque virgatis terre apud
Maram Galteri, in parrochia Sancti Machuti, quas ipsa in viduitate
sua dedit per cartam suam quam ipsa cognoscit, cum masuram illam
et quinque virgatas terre eis non possit garantizare.

246. — Preceptum est a domino G[arino], episcopo Silvanectensi, et a domino Bartholomeo de Roia, Francie camerario, quod
W. Cornart habeat terram que fuit Radulfi Huigan, unde saisina per
judicium scacarii venit in manu domini regis, cum bene constet et
cognitum sit quod terra illa erat invadiata, quando dominus rex
Normanniam acquisivit, pro xxvii marcis argenti, et quod idem
W. est propinquior heres predicti Radulfi, et maxime cum in isto
scacario cognitum sit per litteras domini archiepiscopi Cantuarie
patentes et etiam litteras patentes comitis W[illelmi], marescalli Anglie, quod idem Radulfus[1] jam elapsis xx annis et eo amplius, et
quod nullum heredem habuit de uxore desponsata, et quod idem
W. est propinquior ejus heres, et idem W. reddet domino regi pre-
fatas xxvii marchas argenti, quas cognoscit super vadium[2].

247. — Judicatum est quod finis duelli facti inter W. de Cauvigneio, ex una parte, et Ranulfum de Cauvigneio, ex altera, teneatur
inter eos, et quod unusquisque teneat hoc quod habuit per finem
illius duelli, et quod idem W. tanquam antenatus habeat quartam

---

[1] Il faut probablement suppléer *obierat*. — [2] Cf. 172.

partem feodi militis que accidit per escaetam post finem illum, cum quarta pars feodi militis non debeat partiri inter fratres.

248. — Judicatum est quod dominus rex non debet habere custodiam terre Amaurici de Tiebouvilla, quoniam non tenet per membrum lorice, sed tenet terram suam de fratre suo sicut de antenato suo.

249. — Judicatum est quod debet recognosci per homines legales et milites utrum Johanna, uxor Frederici Malemains, erat saisita, quando obiit, de hominagio feodi de Appenticio, vel non, cum Petrus de Sancto Hylario hominagium illud exigat heredi de Appenticio, et idem Fredericus dicat quod prefata Johanna, mater puerorum suorum, quos ipse custodit, inde erat saisita[1].

250. — Judicatum est quod Juliana, uxor quondam Rogeri de Bremescort, non debet habere dotalicium suum de terra ejusdem Rogeri, si in curia ecclesiastica poterit probari quod ipsa in vita ejusdem Rogeri cum alio sponso contraxerit antequam dictus Rogerius cum alia muliere nuberet.

251. — Judicatum est quod Engerrandus de Ancbout non potest nec debet amplius capere in feodo hominum Sancti Jacobi quam abbas Sancte Katharine Rothomagensis in feodo illo capere [debebat] et capiebat quando erat in manu sua, dum cognitum sit quod idem abbas feodum illud dederit antecessori dicti Engerrandi.

252. — Preceptum est quod pueri filii Symonis de Oumei habeant terram suam, que in manu domini regis ratione custodie [erat], et quod domino regi reddant relevium terre illius, videlicet xxii libras turonensium et x solidos pro uno feodo et dimidio.

---

[1] Cf. 163.

253. — Judicatum est quod ille qui tenet saisinam presentationis ecclesie de Buievilla in baillivia Rothomagensi eam teneat, et rectum faciat omni conquerenti.

254. — Illud idem judicatum est de presentatione cujusdam partis ecclesie de Mevania in baillivia Baiocensi.

255. — Judicatum est quod recognitio fiat per legales milites et alios homines utrum Ricardus de Mesnillo erat saisitus ad ultimum augustum ante istum de terra illa de qua homines de Brevilla eum dissaisiaverunt, tanquam de hereditate sua vel tanquam de firma.

256. — Judicatum est quod aliquis propinquus de genere W.[1] de Gouviz defuncti custodiat filiam ejusdem W. que est infra etatem, et quod ille talis sit cui hereditas predicte puelle, post mortem suam et post mortem sororum suarum, non possit per escaetam evenire[2], et ipsa victum suum habeat de terra sua, et quod ille qui eam custodiet bonam securitatem faciat quod eam non maritabit nec de ea pactionem faciet vel permittet fieri nisi per consilium amicorum predicte puelle ex parte patris sui, et quod mater puelle, que post mortem patris puelle cum alio sponso contraxit, non debeat eam habere in custodia sua[3].

257. — Judicatum est quod abbas Fiscannensis habeat ad finem moltam molendini de Fosciz, sicut ecclesia Fiscannensis illam in pace tenuit per triginta annos vel amplius; et si abbas exigat hominibus servicium adducendi molam ad molendinum vel aliud, fiat rectum inter eos in curia domini regis.

258. — Judicatum est quod jus patronatus ecclesie de Cuclei remanet ad finem abbati et monachis Sancti Ebrulfi[4], per tenorem

---

[1] *Guillermi.* Deuxième compilation.

[2] *Non possit ei escaire.* Deuxième compilation.

[3] Cf. 220.

[4] *Ebureii,* dans le manuscrit.

cartarum suarum et per confirmationes quas inde habent; et W. de
Cuelei, miles, qui ab eis hoc exigebat, et negaverat cartam patris sui
quam abbas et monachi inde habent, remanet in misericordia domini
regis, cum carta illa in illo scacario sufficienter probata sit confirmata
per antiquas cartas quas abbas et monachi habent ex fundatoribus
domus sue et regibus[1].

259. — Judicatum est quod uxor quondam Nicholai filii Bose
defuncti habeat dotalicium in terra que fuit ejusdem Nicholai apud
Guillebervillam, si cognitum sit quod idem Nicholaus inde esset
saisitus quando eam duxit in uxorem.

260. — Judicatum est quod filius Taillefer, qui est infra etatem,
deserviat elemosinam illam quam capitulum Constanciense tenet, sicut
pater ipsius eam deserviebat quando obiit.

———

261. — ITEM, IBIDEM, IN SCACARIO SANCTI MICHAELIS (A. 1219),
CORAM PREDICTIS.

262. — Judicatum est quod prior et canonici Sancte Barbare
habeant jus patronatus ecclesie de Sauceio, sicut W. de Sauceio,
miles, eis cognovit in assisia Constanciensi, quod recordatum est et
garantizatum est per Milonem de Leviis et alios qui in assisia illa
interfuerunt, et sicut idem W. cognovit ad visionem ecclesie illius,
quando ecclesia illa visa fuit per justiciam inter priorem et dictum
W. cui idem prior dictam ecclesiam exigebat tanquam jus suum.

[1] Le même jugement est ainsi rapporté
dans une charte de Pierre de Thillay,
bailli du roi :

« Omnibus Christi fidelibus ad quos lit-
« tere presentes pervenerint, Petrus de
« Teilleio, ballivus domini regis, salutem.
« Noveritis quod, in scaccario Falesie de
« termino Pasche M° cc° decimo nono, jus
« patronatus ecclesie de Cuelei remansit ad
« finem abbati et monachis Sancti Ebrulfi
« versus W. de Cuelei, militem, per teno-
« rem cartarum suarum et per confirma-
« tiones quas abbas et monachi inde habent
« et per judicium scaccarii facti juxta teno-
« rem cartarum suarum. Valete. » (Cartul.
de S. Evroul, n. 524.)

9.

'263. — Judicatum est quod redditus ille quem Guillanus de Pomeria in vita sua dedit Willelmo Dodeman[1], suo nepoti, debet redire ad parciendum[2] cum tota escaeta ejusdem Guillani, que de morte ejusdem Guillani accidit eidem W. et Radulfo, fratri suo antenato, et Roberto de Fontibus et fratribus suis, nepotibus dicti Guillani.

'264. — Judicatum est quod Thomas, filius Radulfi de Francia, de Constanciis, qui est infra etatem, remaneat in saisina[3] patris sui, qui est in peregrinatione sua, donec de ejus morte vel reditu constiterit.

'265. — Judicatum est quod baillivus domini regis tantum distringat Johannem de Semilleio quod ponat aliquem loco suo pro episcopo Sagiensi, in compromissione facta in curia domini regis inter ipsum, ex una parte, et Radulfum de Teilleio, ex altera, cum idem episcopus ita sit infirmus quod in causa illa cum aliis amicis nominatis non possit procedere, propter infirmitatem corporis sui de qua detentus est.

'266. — Judicatum est quod inquisitio fiat quomodo abbas Sagiensis utebatur de usuariis[4] suis per cartam suam in forestis comitis Roberti de Alenchon quando idem Robertus obiit et anno obitus sui, cum filius dicti Roberti sit infra etatem et in custodia domini regis.

'267. — Stephanus de Cotevrart, baillivie Rothomagensis, exigit Radulfo Grandin quoddam debitum quod idem Radulfus debuit patri predicti Stephani, et quod pater ejusdem Stephani donavit ipsi quando

---

[1] Cette leçon est fournie par la deuxième compilation. Le manuscrit de Rouen porte W. de Doman.

[2] Le manuscrit porte percipiendum.

[3] Saisinam, dans le manuscrit. Saisina est la leçon fournie par les manuscrits de la deuxième compilation.

[4] Usurariis, dans le manuscrit de Rouen.

uxorem duxit, et inde ei cartam fecit. Radulfus Grandin dixit quia debitum illud debuerat, sed pater dicti Stephani ei debitum illud quitaverat per cartam suam quam inde habebat. Carta illa in curia domini regis audita fuit, et per tenorem illius cognitum fuit quod facta fuerat priusquam[1] dictus Stephanus donum illud habuerat de patre suo. Judicatum est quod carta illa dicti Radulfi non valet, et quod Radulfus[2] habeat debitum suum.

268. — Judicatum est quod domina de Meautiz se purgabit per quamdam legem quod ipsa in viduitate sua non fecit finem versus Gaufridum de Angervilla, et quod ejus hominagium non cepit, sicut ipse dicit et unde testem habuit.

269. — Judicatum est quod Gaufridus de Bosevilla deserviat feodum suum versus episcopum Baiocensem per quintam partem feodi militis, quam idem Gaufridus cognoscit, donec Philippus de Agnellis, garantus dicti Gaufridi, de peregrinatione sua redierit, qui in assisia cognovit eidem episcopo quod feodum illud tenebat de eo per feodum integrum.

270. — Judicatum est quod homines Sancti Desiderii, qui habent quietanciam pasnagii sui in forestis abbatis Sancti Audoeni Rothomagensis de propriis porcis suis et de porcis quos emerunt ad usum suum, pro quo debent reddere de unoquoque porco unum denarium, non debent habere quietanciam pasnagii de porcis illis quos emerunt ad revendendum, et propter hoc sunt in misericordia versus regem.

271. — Judicatum est quod saisina terre illius quam W. de Caistaigneio petit uxori Petri Roele, vidue, remaneat eidem mulieri, et rectum fiat inter eos.

272. — Acordatum est per episcopos et barones quod si aliquis

---

[1] Lisez *postquam*. — [2] Lisez *Stephanus*.

coronam habens vel habitum clerici duxerit uxorem, propter hoc non remaneat quin faciat domino regi et aliis dominis suis hoc quod laicum feodum suum debet, et faciat domino regi similiter de burgagio suo quod tenebit hoc quod alii burgenses faciunt, et dominus rex poterit justiciam facere in catallo quod erit in burgagio pro omni hoc quod burgagium debet facere, et [in] feodo laico pro omni hoc quod feodum laicum debet super omnia catalla que catalla in feodo laico inventa fuerint. Si vero postquam duxerit uxorem coronam acceperit vel habitum clerici, propter hoc non remanebit quin faciat de feodo suo laico et de burgagio quod tenebit tanquam homo laicus, et ad modum laici tractabitur [1].

273. — Episcopi et barones dicunt quod archiepiscopus Rothomagensis debet venire ad scacaria domini regis et ad assisias domini regis per submonitionem baillivorum domini regis, et dicunt quod viderunt archiepiscopum Galterum ibi venire per submonitionem baillivorum regis [2].

———

274. — Anno Domini Mᵒ ccᵒ xxᵒ, facta sunt hec judicia in scacario Pasche, coram domino Garino, episcopo Silvanectensi, domino Bartholomeo de Roia, camerario Francie, et multis aliis.

275. — Judicatum est quod mater Ricardi de Sauceio habeat dota-

[1] Publié par D. Bessin, Conc. I, 128.
[2] L'article que nous donnons sous le nᵒ 273 est précédé, dans la deuxième compilation, de deux articles qui manquent dans la première. En voici le texte : « Ator-« natus archiepiscopi Rothomagensis es-« soniat contra burgenses Rothomagi. —« Recognitio inter archiepiscopum Rotho-« magensem et Robertum de Bosco super « patronatu ecclesie cujusdam, et lucratus « est archiepiscopus saisinam. » — Aucune des compilations ne parle d'un procès qui dut être porté devant l'échiquier vers l'année 1220, et dont la charte suivante nous a transmis le souvenir : « Omnibus Christi « fidelibus ad quos presens scriptum per-« venerit, Gaufridus Troinel, salutem. No-« verit universitas vestra quod, cum ques-« tio verteretur inter me, ex una parte, et « capitulum Baiocense, ex altera, in curia

licium suum de terra illa que fuit W. de Sauceio, mariti sui, de qua
erat saisitus quando eam duxit in uxorem, non obstante aliquo quod
factum fuerit in curia domini regis coram Milone de Leviis.

276. — Judicatum est quod uxor Ricardi de Sauceio, qui est in
Jerusalem, habeat victum suum competentem de tercia parte seu por-
cione terre dicti Ricardi, cum due partes terre illius sint in assigna-
mentum Judeorum.

277. — Judicatum est quod heredes Ricardi de Griseio facia[n]t
excambium monialibus Moritolii de duobus quarteriis frumenti de
portione terre ejusdem Ricardi quantum sufficere poterit, cum dicte
moniales habeant cartam dicti Ricardi de duobus quarteriis qui eisdem non possunt garantizari.

278. — Judicatum est quod filius Johannis de Curseio, qui est
infra etatem, habeat saisinam hereditatis patris sui defuncti, et quod
dominus rex habeat custodiam terre sue, cum sit feodum lorice et
teneatur de domino rege, et quod puer ille habeat victum suum competentem.

279. — Judicatum est quod pueri W. le Galobere defuncti, qui
sunt infra etatem, habeant victum suum competentem de terra patris
eorum, et quod uxor dicti W. habeat dotalicium suum de terra illa.

280. — Judicatum est quod Reginaldus de Villa Terrici non respondebit versus Dyonisiam de Nusseio de hereditate quam ab eo
exigit, unde ipse traxit ad garantum Philippum de Agnellis, qui est in
Jerusalem, donec ipse habuerit terminum unius anni et unius diei,

« domini regis, super quadam terra quam
« de donatione Roberti Trossebot, militis,
« apud Eschai et apud Montem Desertum
« possidebam, ego in assisia et in scaccario
« domini regis eamdem terram dominicum
« esse ejusdem capituli recognovi, eidem-
« que capitulo quietam dimisi et abjuravi,
« tam pro me quam pro heredibus meis.
« Valete. » (*Livre noir de l'église de Bayeux*,
fol. 65.)

et ipse habet terminum ad diem Jovis proximam ante festum Sancti Georgii, anno gratie MCCXXI.

281. — Judicatum est quod uxor Radulfi Vituli defuncti habeat dotalicium suum de terra quam monstravit apud Cadomum super Petrum Anglicum, tale videlicet quale dictus Radulfus ei dedit quando eam desponsavit, et quale tunc ei dare poterat ad usus et consuetudines ville Cadomi.

282. — Judicatum est quod Johannes de Semilleio est in misericordia versus dominum regem, quoniam defecit ponendi amicum suum in misia quam fecit in assisia versus Radulfum de Tilleio, de contentione que erat inter eos, et quod habeat per vadium et plegium terram suam que capta erat in manu domini regis, propter hoc quod statim debet nominare amicum suum et ponere in misia illa. Ipse ponit in misia illa Radulfum de Conde quem nominavit.

283. — Judicatum est quod debet inquiri utrum W. de Vauseio, quando[1] desponsavit Johannam de Vauseio, erat saisitus de terra illa de qua ipsa[2] petit dotalicium suum Symoni Bacon, ita quod de terra illa eam posset et deberet dotare, et utrum W. Bacon de Moleto terram illam recuperavit versus W. de Vauseio per judicium et per legem terre, et si dotalicium suum habuit, quod post ejus decessum redeat ad manum ejusdem Symonis.

284. — Judicatum est quod Robertus de Poteria non potest dare in excambium Ricardo de Gaipre feodum domini regis, et quod alibi faciat excambium dicto Ricardo, si idem Ricardus inde conquestus fuerit.

285. — Judicatum est quod Guido de Castellon habeat relevium

---

[1] Le manuscrit porte, par erreur, *qm* avec un signe d'abréviation. — [2] *Ipse*, dans le manuscrit.

suum de terra illa quam Radulfus Vitulus defunctus tenuit de comite Sancti Pauli, et quod heres dicti Radulfi non potest se defendere per tenorem cartarum suarum.

286. — Judicatum est quod Robertus de Sancto Remigio habeat relevium suum de morte comitis Sancti Pauli defuncti [1].

---

287. — ITEM APUD CADOMUM, IN SCACARIO SANCTI MICHAELIS (A. 1220), CORAM PREDICTIS.

288. — Judicatum est quod W. Bordin, baillivie Sagiensis, habeat saisinam terre de qua contentio erat inter ipsum, ex una parte, et Rotrandum de Longo Ponte, ex altera.

289. — Guillelmus Paganelli fecit hominagium episcopo Baiocensi in isto scacario de fe[o]do de Bolon et de Sancto Vedasto, per preceptum episcopi Silvanectensis et domini Bartholomei de Roia [2].

290. — Judicatum est quod Robertus l'Oseloor, de baillia de Bons Molinz, teneat ad finem terram illam quam Galterus de Re ab eo exigebat ex parte patris sui, cum idem Galterus cognoscat quod pater ejus suspensus fuit.

---

[1] A une session de l'échiquier, dont la date est incertaine, mais ne doit pas être éloignée de l'année 1220, appartient un acte, indiqué sous le n° 2020 dans le *Catalogue des actes de Philippe-Auguste*, et qui commence par ces mots : « Omnibus ad « quos presens scriptum pervenerit, Heme- « ricus, vicecomes Castri Eraudi, et Ala, « uxor quondam Roberti filii Ernesii, vi- « dua, et Robertus Malet, salutem. Noveri-

« tis quod nos in scaccario apud Cadomum, « tactis sacrosanctis, dimisimus et quieta- « vimus in perpetuum excellentissimo do- « mino nostro Philippo, Dei gratia Fran- « corum regi, et heredibus suis castrum « de Esseio, cum redditibus et feodis mi- « litum subscriptis et cum foresta Borse...» (Orig. aux Arch. de l'Emp. carton J 211, n° 5.)

[2] Cf. 357.

291. — Judicatum est quod si Gillebertus de Essartis defecerit reddendi Johanni de Essartis, fratri suo, decem libras in unoquoque scacario apud Rothomagum, de viginti libris que ei assise sunt pro victu suo annuatim, per dictum trium amicorum qui nominati fuerunt inter eos, in curia domini regis, quod serviens domini regis, presente domino Johanne, faciet justiciam in terra dicti Gilleberti pro misericordia domini regis de defectu suo et de defectu paie.

292. — Judicatum est quod homines de Cheus habeant stabiliam domini regis versus Thomam de Servon de pastura illa de qua contentio est inter eos [1].

293. — Judicatum est quod Johannes de Bruecort, ex parte uxoris sue, que fuit filia primogenita Engerranni de Hommeto et heres ejus propinquior, habeat saisinam de Aupegart, quam idem Engerrannus habebat quando obiit, et qui obiit in hoc anno, et quod rectum fiat inter ipsum et W. de Hommet, conestabularium Normannie, qui terram illam petit per tenorem carte regis Henrici et carte prefati Engerranni, quas inde habet et quas dictus Johannes cognovit in isto scacario.

294. — Barones et milites dicunt quod, in tempore regum Henrici et Richardi, quondam regum Anglie, fuit usus et consuetudo quod, si Christianus occidisset Judeum vel Judeus Christianum, dominus rex faciebat inde inquisitionem per quales volebat et quales personas credere debebat, et post inquisitionem inde faciebat voluntatem suam [2].

295. — Judicatum est quod omnes burgenses illi de Bernaio qui erant in villa Bernaii quando Judeus interfectus fuit, et qui non venerunt ad clamorem, sunt in misericordia versus dominum regem,

[1] Cf. 309. — [2] Cf. le passage de la deuxième compilation cité dans la note suivante.

nisi illi qui inde se poterunt defendere per legem, videlicet unusquisque se sexto aliorum hominum [1].

296. — Judicatum est quod uxor Roberti de Haia habeat custodiam filiarum suarum, que sunt infra etatem, et quod baillivus domini regis eis facere[t] habere victum competentem secundum valorem
terre patris earum.

297. — Judicatum est quod Renardus de Villa Terrici faciat videri
pasturam in bosco Lanfran de Corteval, et quod faciat habere hominibus de Parfunru Lesquelin [et] de Longa Roia suum usuarium [2]
sufficientem, et quod abbas Cadomi de residuo potest facere utili-
tatem ecclesie sue [3].

298. — Judicatum est quod Ricardus de Harecort habeat saisinam de Buschervilla, quoniam continetur in loto suo de portionibus
que facte fuerunt de terra Radulfi Taisson, et quod loti qui facti
fuerunt teneantur donec Willelmus Paganelli eos revocaverit in irritum et inane [4].

299. — Recordatum est per episcopum Silvanectensem, dominum
Bartholomeum de Roia, O. abbatem Cadomi, Renardum de Villa
Terrici, Bartholomeum Draconis, Petrum de Teilleio, Milonem de
Leviis, Ricardum de Fonteneio, Robertum de Freschenis, Johannem
de Porta, W. de Mineriis et Thomam de Colunciis, quod Ricardus
de Harecort cognovit in isto scacario quod Buschervilla est de feodo
episcopi Baiocensis [5].

---

[1] « Nisi unusquisque per legem sexta
« manu preter suam se defendat. » Deuxième
compilation. — A la suite de cet article,
la deuxième compilation donne l'article
suivant : « Dicunt barones quod si Chris-
« tianus Judeum occidat vel e contra, do-

« minus rex inquiret et post suam volun-
« tatem faciet. » (Cf. 294.)

[2] *Usurarium*, dans le manuscrit.

[3] Cf. 301.

[4] Cf. 137, 203, 221, 299.

[5] Cf. 203, 221, 298.

300. — Anno Domini m° cc° xxi°, facta sunt hec judicia apud Cadomum, in scacario Pasche, coram domino Garino, episcopo Silvanectensi, domino Bartholomeo de Roia et multis aliis [1].

' 301. — Judicatum est quod homines de Profundo Rivo Leskelin [2] et de Longa Reia, qui sunt consuetudinarii in bosco Lanfran, et cognoscunt quod veniunt [3] ad pasturam in bosco illo quando voluerint, reddant [4] abbati Sancti Stephani Cadomi consuetudines et redditus quos debent pro usuario [5] suo, quod habent in prefato bosco, sive veniant ad pasturam illam sive non, vel ipsi amittent usuarium suum [6].

' 302. — Recordatio assisie Abrincensis inter Fulconem Paganelli, ex una parte, et Petrum de Sancto Petro, ex altera, utrum idem Petrus, ad diem ad quam terminum habebat versus eumdem Fulconem de terra quam monstraverat super eumdem per justiciam, visus fuit in assisia antequam mitteret essoniam suam de via curie de extra villam Abrincensem quam ipse misit, sicut idem Fulco dicit, quod idem Petrus negat : per Ricardum de Fonteneio, Gaufridum de Sauceio, Hamelinum de Capella, Nicholaum de Haia, Petrum Greignart, Hugonem de la Signonniere, Robertum de Sileio. In istis consentiunt. Dicunt sex eorum quod viderunt dictum Petrum die illo in introitu domus in qua Reginaldus de Villa Terrici tenebat assisiam; unus ex illis dixit quod vidit eum die illo in villa Abrincensi. Et judicatum est quod idem Petrus essoniam illam non potuit mittere de extra villam Abrincensem die illo postquam ibi fuerat visus, et quod essonia illa debet reputari pro defectu. Judicatum est etiam quod idem Fulco recuperat saisinam de terra que visa fuit per justiciam super

---

[1] Dans la deuxième compilation, le premier article de l'échiquier de Pâques 1221 est ainsi conçu : « Recognitio inter regem « et archiepiscopum Rothomagensem de « patronatu quodam et obtinet archiepi-« scopus per juratos examinatos. »

[2] De Parfontru l'Esquelin. Deuxième compilation.

[3] Venient, dans le manuscrit de Rouen.

[4] Le manuscrit porte et reddant.

[5] Usurario, dans le manuscrit.

[6] Cf. 297.

cumdem Petrum per defectum cognitum super eumdem Petrum post visionem terre, et quod idem Petrus est in misericordia domini regis pro defectu suo [1].

303. — Preceptum est Miloni de Leveiis et aliis baillivis quod faciant uxori quondam Jordani de Campo Arnulphi, vidue, dotalicium suum de terra que fuit ejusdem Jordani, que est in manu domini regis, de qua saisitus erat quando eam duxit in uxorem.

304. — Judicatum est quod Gaufridus de Monteraut, qui cognoscit quod tenet de abbate Jumegiensi feodum unius militis, non potest nec debet defendere se quin donet auxilium exercitus de feodo suo quando auxilium captum est de dono domini regis, cum idem abbas inde non possit se defendere, et quod abbas alium non potest mittere loco ejusdem Petri ad faciendum servicium quod feodum dicti Petri debet quando dominus rex debet seu vult capere servicium suum de abbate, dum idem Petrus servicium suum quod debet de feodo suo in propria persona sua facere voluerit.

305. — Judicatum est quod Abbas [2] de Tornai, postquam se posuit in misa versus Gaufridum fratrem suum, super amicos nominatos, potuit mittere essoniam suam de via curie.

306. — Preceptum est quod omnes illi qui habent cartas de abbate et conventu de Pratellis cartas illas afferant ad instans scacarium de termino Sancti Michaelis instantis, ut per eas possit cognosci, coram mandato domini regis, que illarum facte sunt ad dampnum ecclesie illorum, et que non.

---

[1] Cf. 725.
[2] La lecture de ce mot est douteuse. Je crois voir dans le manuscrit *Albs*, avec un signe d'abréviation. — *Adam de Cornaio.* Deuxième compilation.—*Adam de Tornai.*

Version française. — La véritable leçon est certainement *Abbas.* Dans les *Querimoniæ Normannorum*, fol. 20 v°, on lit : « Alexander dictus Abbas de Tornaio juxta « Trun, miles. »

307. — Judicatum est quod filii Guidonis de Huechon inveniant sorori sue victum competentem usque ad terminum unius anni et unius diei, et nisi eam infra dictum terminum competenter maritaverint, quod eidem faciant competens maritagium de hereditate patris et matris eorum per consuetudinem Normannie, et quod unusquisque eorum ponet avenantum suum in maritagium illius, secundum quod unusquisque eorum habebit in portione sua.

308. — Judicatum est quod prior de Boon remaneat in saisina sua de querela illa quam Johannes de Ruppalai ab eo exigebat, cum cognitum sit per cartas Unfridi de Boon, qui elemosinam illam dicto priori elemosinavit, et per cartam Ricardi, episcopi Constanciensis, quam idem prior inde habet, et per confirmationem domini pape Alexandri, quam inde habet similiter, quod[1] idem prior illam elemosinam tenuerit per quadraginta annos et amplius, et quod rectum fiat de proprietate ubi debuerit.

309. — Judicatum est quod Thomas de Servon recuperat saisinam terre quam monstravit per justiciam super homines de Cheus, cum cognitum sit per Regnardum de Villa Terrici, baillivum loci illius, et per milites qui cum eo assisiam tenuerunt, quod homines predicti ad diem assisie ad quam terminum habebant versus eumdem Thomam, post visionem terre, in eadem assisia respondere recusaverunt contra eum, et noluerunt expectare judicium contra eum vel audire, et quod ipsi sunt in misericordia domini regis pro defectu cognito super eos[2].

310. — Preceptum est quod abbas Sancti Wandregisili teneat burgenses domini regis de Falesia et alios in illis libertatibus et consuetudinibus et[3] in nundinis Sancti Wandregisili [in] quibus fuerunt tempore Henrici et Ricardi, quondam regum Anglie, et quod con-

---

[1] *Cum,* dans le manuscrit. — [2] Cf. 292. — [3] Il faut peut-être supprimer le mot *et.*

suetudines alie, quas ibi de voluntate sua posuit post tempus illud, removeantur.

311. — Preceptum est quod pugiles de duellis vadiatis de cetero veniant ad dies sibi positos in curia domini regis infra horam meridiei[1], et nisi venerint pro defectu ejus reputabitur.

312. — Judicatum est quod foristaria que habet cokagium suum et escoriagium suum in foresta de Bons Molins, que modo destructa est de arboribus, nihil in illa capiet sicut in herbergagio vel brueria vel hujus modi, nisi tantum cokagium vel escoriagium, cum in foresta illa eveniet.

313. — Judicatum est quod ecclesia de la Godefree remanet Henrico domino de Novo Burgo, et quod Johannes Paganelli inde faciat excambium episcopo et capitulo Constanciensi, per cartam dicti Johannis, quam inde habet.

314. — ITEM, IBIDEM, IN SCACARIO SANCTI MICHAELIS (A. 1221).

315. — Acordatum est per episcopos et barones quod episcopus Constanciensis faciet reddi Judeis Constanciensibus catalla et res suas quas clerici ejusdem episcopi prefatis Judeis abstulerunt, dum cognite vel probate fuerint, et etiam expensas quas Judei illi fecerunt occasione plagarum quas clerici eis fecerunt, sicut Judei dicunt. Et hoc accordatum cum aliis sequentibus in isto scacario factum fuit coram predictis.

316. — Preceptum est quod Renardus de Villa Terrici inquirat utrum Rogerus, frater Bartholomei de Corcellia, habuit unum modium frumenti pro victu suo, et[2] quod captum fuit in manu domini

---

[1] *Merediei*, dans le manuscrit. — [2] Il faut peut-être supprimer ici la particule *et*.

regis quando idem Rogerus a Normannia recessit, et si per cognitionem seu inquisitionem cognoverit quod ita sit, quod reddatur nepoti suo.

317. — Preceptum est Miloni de Leveiis quod inquirat utrum mater Engerranni[1] Peisson habeat in Constantino excambium dotalicii quod habebat apud Guttas, in baillia Condati, quod captum est in manu domini regis, ratione terre Engerranni Peisson, filii sui, que est in manu domini regis, et nisi habuit excambium illud, quod terra de Guttis eidem mulieri reddatur.

318. — Judicatum est quod homines de Orrevilla, qui visionem terre sustinuerunt versus Nicholaum, canonicum Constanciensem, faciant saisinam servicii afferendi bladum prebende dicti Nicholai apud Constancias, quod ab eis exigebat, quoniam Milo de Leviis, baillivus Constantini, et milites qui assisiam illam tenuerunt dicunt et garantizant quod homines illi in assisia, post visionem terre, recusaverunt et defecerunt audiendi judicium versus eumdem Nicholaum, ad sciendum utrum bladum illud debeant afferre apud Constancias, sicut aliarum prebendarum homines afferunt, vel ad sciendum utrum debeant habere stabiliam quam inde petebant contra eumdem Nicholaum. Judicatum est quod idem Nicholaus recuperat saisinam servicii quod petebat per defectum cognitum post visionem terre, et quod rectum fiat inter eos, et prefati homines sunt in misericordia domini regis pro defectu suo.

319. — Judicatum est quod uxor Petri Rocle[2], vidua, non sustinuit judicium versus W. de Estreigners, quod positum fuit in termino inter eumdem W. et prefatum Petrum, dum viveret, cum cognitum sit quod idem Petrus mortuus sit antequam judicium illud fieret inter ipsum et prefatum W. et quod rectum fiat inter eos.

320. — Judicatum est quod Henricus de Croleio habeat donum

illud quod W. de Croleio, frater ejus, fecit eidem per cartam suam quam inde habet, et per tenorem carte domini Ricardi de Croleio, quam fecit eidem Henrico de quinquaginta libratis redditus ad turonenses quas[1] ei dedit pro fine portionis totius hereditatis sue.

321. — Judicatum est quod recordatio visionis terre fiat coram Bartholomeo Dragonis inter Rogerium de Espineto et Matheum le Pomerel, et quod terra de qua recordatio fiet sit interim in manu domini regis.

———

322. — ANNO DOMINI M° CC° XX° II°, FACTA SUNT HEC JUDICIA APUD CADOMUM, IN SCACARIO PASCHE, CORAM DOMINO GARINO, SILVANECTENSI EPISCOPO, DOMINO BARTHOLOMEO DE ROIA ET MULTIS ALIIS.

323. — Preceptum est quod Judei omnes[2] infra instans festum sancti Johannis Baptiste afferant omnes veteres cartas factas ante constitutionem quam dominus rex fecit de Judeis suis, aut per eas deinde non respondeantur. Si autem contentio surgat inter Christianum et Judeum de debito incartato[3] quod Christianus asserat se pagasse Judeo conquerenti, baillivus domini regis legales testes accipiet quos Christianus nominabit, dum eos viderit sufficientes.

324. — Preceptum est etiam quod si Judei in assignamentis que habent de debitis suis aliquas terras permiserint esse incultas, quod de illis computata sit legalis firma in acquietatione[4] debiti sui versus Christianum ac si terre ille essent culte.

325. — Episcopus Baiocensis exigit Ricardo de Croleio, militi, quamdam terram que visa fuit per justiciam apud Mathon, quam asserit esse elemosinam ecclesie Baiocensis. Idem Ricardus dicit quod terram

---

[1] *Quos*, dans le manuscrit.
[2] Le manuscrit porte *Judei 9 infra*.
[3] *Incarcerato*, dans le manuscrit.
[4] Le manuscrit porte *acquisitione*.

illam tenet et tenuit antiquitus de'episcopo Baiocensi et quod inde habet cartam Henrici, episcopi Baiocensis, que audita fuit in isto scacario, in qua continetur quod idem Henricus episcopus concessit Ricardo, filio comitis Gloecestrie, terram que visa fuit, quam tenuit Eudo senescallus, et concessit dicto Ricardo quod teneret jure hereditario sicut eam idem Eudo tenebat, salvis serviciis ducis Normannie et episcopi Baiocensis. Inde etiam habet cartam capituli Baiocensis confirmantem cartam episcopi prefati. Et unde dictus Ricardus peciit judicium scacarii per tenorem carte sue, dicens quod terram illam tenuerat in pace usque ad nunc post coronamentum Ricardi, quondam regis Anglie. Episcopus Baiocensis dixit et cognovit quod carta illa sigillata erat sigillo Henrici, quondam episcopi Baiocensis, et quod nolebat quod carta valere debeat, quoniam in carta illa continebatur quod idem Henricus episcopus illam concesserat prefato Ricardo ex precepto et precibus Henrici, quondam regis Anglie, de quo dictus Ricardus nullam habebat confirmationem. Judicatum est quod idem Ricardus terram illam teneat ad finem de episcopo Baiocensi per tenorem carte illius, faciendo servicia que inde dicto episcopo debentur, cum cognitum sit quod terra illa quam idem episcopus concessit dicto Ricardo non erat dominicum prefati episcopi, sed feodum quod de eo tenebatur, quod mutatum fuit de manu cujusdam hominis ad alium.

326. — Judicatum est quod Petrus de Juvigneio, filius primogenitus Roberti de Juvigneio, quem habuit de Haisia, filia Radulfi de Insula, sponsa sua, habeat saisinam escaete prefate Haisie per tenorem carte Henrici, quondam regis Anglie, quam inde habet et quam idem rex fecit dicto Roberto quando eam Haisiam duxit in uxorem, in qua continetur quod terram illam dedit prefato Roberto, sibi et heredibus suis de eadem Haisia. Judicatum est quod rectum fiat inter eumdem Petrum et W. de Angervilla, filium prefate Haisie, quem habuit de alio marito, si idem W. inde conquestus fuerit, et attornatus ejusdem W. in misericordia pro falso clamore.

327. — Judicatum est quod jus patronatus ecclesie de Lessause de Dijun remanet domino regi ad finem in baillia de Archis, de qua cognitum est quod in assisia recognitum fuit per legales milites et homines quod Audof de Gerrel injuste presentaverat quamdam personam ad ecclesiam illam vacantem, et quod jus patronatus ecclesie illius domino regi pertinebat ex parte Galteri de Cantelou, cujus terra est in manu domini regis per escaetam. Recordatum est etiam quod in assisia illa judicatum est prefato Audouf quod ecclesiam domino regi in pace deliberari faceret, cum persona illa injuste presentata fuisset. Modo vero in isto scacario cognitum est et recordatum quod prefatus Audouf mortuus est antequam illam deliberasset, sicut ei judicatum fuisset seu fuerat. Ideo judicatum est quod ille qui habet filium prefati Audouf in custodia, cum sit infra etatem, prefatam personam ejusdem ecclesie adducat coram domino rege, ut ei faciat fidelitatem suam sicut patrono.

328. — Ricardus de Rovestreia[1] dicit quod non vult respondere de mouta feodi sui quod tenet de episcopo Baiocensi, in quo feodo dictus Ricardus habet molendinum, sicut dicit, quam motam dictus episcopus exigit, cum dictus Ricardus molendinum habeat in feodo illo. Dixit autem procurator dicti episcopi quod dictus Ricardus in assisia Baiocensi cognovit quod in feodo illo non habebat molendinum nisi molendinum Henrici Blanque Cape quem[2] monstravit ad visionem que judicata fuit inter eos, et quod post visionem illam molendinum illud reliquit[3] in assisia, dicens quod in molendino illo nihil habebat. Et unde dictus procurator exigit recordationem illius assisie. Judicatum est quod recordationem illam habeat.

329. — Preceptum est baillivis quod teneant episcopis Rothomagensis archiepiscopatus et ecclesiis capitulum habentibus treugam,

---

[1] Il faut sans doute lire *de Rorecestria.* — [2] Il faut peut-être lire *quod.* — [3] *Relinquit,* dans le manuscrit.

sicut carta regis Ricardi quam inde habent testatur et sicut inde usi fuerunt.

———

330. — ITEM, IBIDEM, IN SCACARIO SANCTI MICHAELIS (A. 1222), CORAM PREDICTIS.

˙331. — Judicatum est quod Judeus Abrincensis reddat Christiano domum suam in qua Judeus manebat, cum cognitum sit quod domus illa combusta sit per ignem dicti Judei.

332. — Judicatum est quod Gervasius Rabare, qui ex parte uxoris sue sequebatur escaetam Roberti de Tribus Montibus, non debet responderi, cum cognoscat quod propinquior heres sit in Anglia.

˙333. — Judicatum est quod filia Thome de Periers in Constantino habeat saisinam escaete patris sui, non obstante hoc quod adversarii ejus dicunt eam esse bastardam.

334. — Judicatum est quod filius Symonis de Angovilla habeat in maritagio suo terciam partem terre prefati Symonis, et sit computata apud Angovillam, cum cognitum sit quod idem Symon et filius ejus, heres suus, dedissent eidem terram illam quando desponsata fuit, antequam dictus Symon forefecisset, et quod Ricardus de Harecort, dominus feodi, per forifactum dicti Symonis habeat residuum quod inventum erit ultra tercium.

335. — Judicatum est quod ille qui emet boscum Symonis balistarii deliberatus sit.

˙336. — Judicatum est quod Judei non possunt emere tenementa abbatis in elemosina Sancti Petri super Divam, nisi de voluntate ejusdem abbatis[1].

[1] Cf. 521.

337. — Judicatum est quod W. de Buc[cio] non habebit saisinam molendini sui, cum cognitum sit quod prostratus fuit quando erat in froco domini regis [1].

——

338. — ANNO DOMINI M° CC° XX° III°, FACTA SUNT HEC JUDICIA APUD CADOMUM, IN SCACARIO PASCHE, CORAM DOMINO GARINO, SILVANECTENSI EPISCOPO, DOMINO BARTHOLOMEO DE ROIA ET MULTIS ALIIS.

339. — Preceptum fuit Reginaldo de Villa Terrici, in scacario Sancti Michaelis preterito, quod ipse inquireret utrum Robertus de Corcellis dedit Thome Pouchin ad vitam suam decimam illam quam dominus rex tenet in manu sua, et quam cepit de manu Hais uxoris dicti Thome Pouchin, qui ivit in Angliam cum rege Johanne, nec rediit in Normanniam ad pacem domini regis cum aliis qui redierunt ad terminum sibi a domino rege assignatum, et quam decimam Herveus [2], filius Roberti predicti, exigit, dicens quod prefatus Robertus, pater ejus, dedit prefato Thome Pouchin ad vitam suam tantum. Dominus Reginaldus in isto scacario testificatus fuit quod ipse in assisia per legales milites et homines patrie certissime inquisivit quod prefatus Robertus prefato Thome decimam illam contulit ad vitam suam tantum. Et in isto scacario a Fulcone Paganelli et a multis aliis fide dignis testificatum fuit quod prefatus Thomas mortuus erat, et dominus Garinus, Silvanectensis episcopus, et dominus Bartholomeus de Roia in isto scacario dicto Herveo decimam illam reddiderunt.

'340. — Robertus Johannis de Coisneriis exigit terram suam per vadium et plegium, quam Thomas de Coisneriis miles ei detinet. Dictus

---

[1] A cette session de l'échiquier, la deuxième compilation rapporte les deux jugements suivants, qui n'existent pas dans la première : « Inquisitio currit utrum « terra data fuerit alicui ad vitam, vel non. » — « Johannes de Poleio et Margarita, uxor « ejus, fecerunt finem pro centum libris ad « duo scacaria pro terra Ricardi de Hosa « quam debebat habere de escaeta Johan- « nis de Hosa. Plegius Amauricus de Gaceio « et Fulco de Alneto. »

[2] *Heres*, dans le manuscrit.

Thomas dicit quod terram illam recuperavit super eumdem Robertum
tanquam forifactam, ad tenendam in dominico suo, et unde exigit
recordationem assisie. Dictus Robertus negat quod eam per judicium
assisie non amisit. Judicatum est quod inde habeant recordationem
assisie. Recordatio ista facta fuit in scacario isto per istos, scilicet per
Radulfum de Argenciis, Rogerum de Argenciis, abbatem de Fonteneto, Ricardum de Kaisneto, Osmundum de Arreio, Radulfum de
Tribus Montibus, Robertum de Veex, W. de Vax, Radulfum de
Guibervilla, W. de Buret, Rogerum Brasart, Robertum de Ouseriis,
W. de Id [1], W. de Chevrevilla, milites, qui dixerunt et recordave-
runt quod prefatus Robertus Johannis, in assisia Cadomi, presente
domino Thoma, ad diem sibi contra eumdem Robertum assignatum
proposuit quod dictus Thomas eum secutus fuerat de froco [2] mortali
et de latrocinio in assisia domini regis, et unde garantum non habuerat nisi vocem suam solam; dixit eciam quod per judicium assisie
super hoc facta fuit inquisitio et per inquisitionem inde factam dictus Robertus de secta illa quam dictus Thomas faciebat super eum
idem Robertus per judicium assisie remansit quietus, et idem Thomas in emenda domini regis, et propter hoc dictus Robertus de cetero nolebat tenere feodum suum de predicto Thoma quod prius
tenuerat, nisi judicium daret, et quod de omnibus istis dictus Robertus exigebat recordationem assisie si dictus Thomas istud negare
vellet. Recordatum e[s]t per istos milites suprascriptos quod ad omnia
ista in assisia illa statim dictus Thomas respondit et omnia negavit. Judicatum fuit in assisia illa quod dictus Robertus inde recordationem haberet. Preceptum fuit quod recordatores nominaret. Ipse
nominavit W[illelmum] Acarin, decanum Sancti Sepulcri Cadomi, et
duos milites tantum. Interrogatum fuit ei a baillivo et a curia utrum
amplius nominaret vel sciret nominare, vel nominandi terminum recordationem habendi [3] ad alium diem sibi terminum vellet assignari,

---

[1] Peut-être faut-il lire *de idem*.

[2] Ce mot paraît défiguré.

[3] Passage altéré. La phrase se constrai-
rait plus facilement si l'on supprimait les
mots *nominandi terminum recordationem* (le
manuscrit porte *record'*) *habendi*.

vel non. Ipse respondit quod alios nominare nesciebat, nec volebat, nec alium terminum exigebat, sed in istis tribus solis quos nominavit consentiebat. Super hoc autem Thomas de Corneriis, adversarius ejus, judicium assisie postulavit. Judicatum fuit quod dictus Robertus, qui recordationem assisie ad ejus instantiam habuerat et recordationem sufficientem nesciebat nec volebat nominare, inde incidebat in misericordia domini regis, et quod feodum quod tenebat de predicto Thoma dicto Thome remanebat sicut prius habebat. Postea incontinenti et in eadem assisia dictus Thomas super hoc judicium assisie postulavit secundum retroacta, dicens quod, sicut dictus Robertus volebat habere feodum quod tenebat de dicto Thoma tanquam forifactum in dominico suo, per recordationem quam exigebat et que pro nulla reputata fuit et unde dictus Robertus convictus erat per judicium, quod ipse eadem ratione feodum illud quod tenebat de dicto Thoma volebat habere in dominico suo tanquam forifactum, ita quod de cetero de eo non teneret, et ideo adjudicatum fuit in assisia illa quod per tenorem processus cause istius feodum quod tenebat dictus Robertus de dicto Thoma eidem Thome tanquam forifactum ad finem remanebat. Modo autem in isto scacario, per tenorem recordationis predicte, istud idem judicatum fuit, et sic dictus Thomas feodum habuit tanquam forifactum per judicium, et est in misericordia domini regis.

341. — Judicatum est quod homines Rogeri de Argenciis faciant predicto Rogero auxilium competens et servicium ad parandam motam suam sitam in feodo lorice sue, cum ipsi cognoscant quod mota illa sit in feodo lorice, et quod ipsi sint residentes in feodo illo, et homines illi in misericordia domini regis, quoniam hoc contradixerunt et judicium petierunt.

342. — Judicatum est quod Leticia, uxor quondam W. de Chahagniis defuncti, cujus terra est in manu domini regis per escaetam, habeat dotalicium suum de terra illa de qua dictus W. erat saisitus quando eam Leticiam duxit in uxorem.

343. — Preceptum est Renaldo de Villa Terrici quod inquirat utrum propinquior heres Roberti de Evrecheio defuncti sit in Anglia, ratione cujus dominus rex debeat habere escaetam dicti Roberti [1].

'344. — Preceptum est quod abbas de Barbereio, per tenorem carte quam habet de comite Mellenti, et per tenorem carte regis Henrici quam habet, habeat terram illam quam Robertus Marmion dedit domino abbati et monachis ibidem Deo servientibus in elemosinam, quoniam in cartis illis continetur quod comes Mellenti et rex Henricus confirmant donationes et elemosinas quas abbas et monachi poterunt facere in feodo Roberti Marmion, patris istius Roberti, defuncti, fundatoris ecclesie de Barbereio.

345. — Henricus de Port, miles, exigit W. de Port, fratri suo, quamdam portionem sue hereditatis quam possidet, et quam dictus Henricus ei detinet injuste, dicens quod feodum suum non est partibile, cum illud deserviat versus episcopum Baiocensem per servicium trium militum ad servicium episcopi et per servicium dimidii militis ad servicium domini regis. W. de Port respondit quod ipse per judicium scacarii habuerat portionem suam versus fratrem suum, et quod judicatum fuit quod tria feoda militum que Henricus frater ejus tenebat dividerentur, et quod dictus W. faceret portiones et feoda divideret, et dicit quod justicia ei jussit quod faceret portiones et afferret eas scriptas in assisia Baiocensi ad assisiam Baiocensem. Dicti Henricus et W. venerunt [2] ad terminum sibi positum. Idem W. tradidit Henrico tria scripta que fecerat de tribus feodis prescriptis. Henricus elegit unum de tribus scriptis, W. vero assumpsit aliud, et Henrico remansit ultimum scriptum cum primo, et unde W. exigit recordationem assisie Baiocensis [3].

346. — Judicatum est quod molendinum Roberti Bertran de Veez non potest nec debet assideri per consuetudinem Normannie Willelmo

Paganelli [1] in assisia xxxᵃ quinque libratarum terre redditus quas dictus Robertus tenetur assidere dicto Willelmo apud Veex per concordiam inter eos factam in scacario, et hac de causa quoniam cognitum
fuit per amicos qui terram debuerunt assidere, videlicet Johannem
de Porta, Johannem de Asneriis, quod moltarii molendini illius tenent per hominagium de militibus qui tenent feodum suum per feodum lorice de Roberto Bertran, et quedam pars feodorum quam
tenent de eodem Roberto est in villa de Veex, et quedam pars apud
Bolon et Tuierium et alibi, et cum hominagium non possit dividi
nec feodum lorice similiter, nec hominagium partis feodi lorice possit appreciari, dictus Willelmus non potest nec debet habere molendinum illud, cum non possit habere hominagium et moltam et justiciam molte, et quod amici nominati in loco competenti prope Veex
debent assignare et assidere dicto Willelmo illud quod deficit de assisia xxxv libratarum terre judicata [2].

347. — Judicatum est quod terra illa de qua contentio est inter
Nicholaum de Vilers, ex una parte, et Robertum le Bigot, ex altera,
que visa fuit per justiciam, capta sit in manu domini regis, cum cognitum sit quod procurator ad finem constitutus pro dicto Roberto
defecerit post visionem illius terre.

348. — Judicatum est quod molinum ad ventum Rogeri de Malpertus, de quo cognitum est quod antiquum non [erat], erit prostra-
tum, hac de causa quoniam Robertus de Rochela, qui de novo fecit
molendinum suum in feodo suo lorice, dicebat quod molinum dicti
Rogeri nullam moltam habebat, quoniam recognitum est quod nullum molinum ad ventum habet bannum. De hoc autem quod dictus
Rogerus dicit quod molinum Renaudi [3] sedet in terra campipartita,
quod idem Renaudus negat, fiat rectum inter eos, si inde contentio
fuerit.

---

[1] *Pagani*, dans le manuscrit. — [2] Cf. 137. — [3] *Renoudi*, dans le manuscrit.

349. — Judicatum est quod Rogerus Harenc, miles, habeat in pace custodiam terre Rogeri de Merlai, defuncti, qui tenebat terram suam per feodum lorice de Johanne de Tornebu, qui dicto Rogero dedit custodiam terre illius, nec remanebit quin in pace teneat donec pueri dicti Rogeri habeant etatem propter hoc quod dictus Rogerus quamdam partem [1] terre assignaverat Morello Judeo pro debito suo, quod ei debebat, quatuor annis jam elapsis ante obitum suum. Judicatum est etiam quod usura debiti illius non currit ex quo custodia venit in manu domini feodi illius et quamdiu erit in baillio suo pro etate pueri.

˙ 350. — Preceptum est abbati de Liserna quod ipse vendat infra annum unam domum de Abrincis [2], quam habuit ex dono Hugonis canonici, tali homini qui eam possideat in feodo laico et qui faciat domino [3] regi de ea quod facere debeat [4].

———

351. — ITEM, IBIDEM, IN SCACARIO SANCTI MICHAELIS (A. 1223), CORAM PREDICTIS.

352. — Judicatum est quod Hugo de Haia non debet responderi a Roberto de Fonteneio de terra Fincell. quam Garinus de Clapiun habuit ex dono regis, et quam dictus Garinus dedit dicto Ricardo de Fonteneio pro suo servicio et per cartam suam, et quam donationem suam dominus rex per cartam suam confirmavit nisi ipse respondeatur per preceptum domini regis.

˙ 353. — Judicatum est quod dominus rex potest facere inquisitionem suam pro jure suo a tempore coronationis regis Ricardi.

˙ 354. — Judicatum est quod attornatus Radulfi et Rogeri de Ar-

---

[1] A la rigueur, il faudrait lire *prepartem*.
[2] *Ebrinc'*, dans le manuscrit.
[3] *Domini*, dans le manuscrit,

[4] Le manuscrit porte *poss debat... faciebat... debebat*. La deuxième compilation m'a autorisé à rétablir le subjonctif.

genciis versus W. fratrem eorum, qui habuit terminum langoris, respondeat dicto W. non obstante cruce quam assumpsit, et Radulfus et
Rogerus poterunt alium attornare si voluerint, ita quod omnia erra-
menta prim[i][1] erunt computata[2].

———

355. — ANNO DOMINI M° CC° XX° IIII°, FACTA SUNT HEC JUDICIA APUD
CADOMUM, IN SCACARIO PASCHE, CORAM DOMINO GARINO, SILVANECTENSI
EPISCOPO, ET DOMINO BARTHOLOMEO DE ROIA ET MULTIS ALIIS.

356. — Judicatum est quod homines de Ysigneio, qui antiquitus
tenuerunt stalla in mercato de Ysigneio, qui est episcopi Baiocensis,
habeant stabiliam quam abstulerunt versus episcopum Baiocensem,
et omnes illi quos prepositus dicti episcopi post xxx[a] annos feodavit
non debent habere stalla illa, quoniam posuerunt se super W. Lehout, ad sciendum utrum essent noviter feodati vel non, et ille W.
juravit quod prepositus feodaverat illos unde trahebant episcopum ad
garantum, unde capitulum nec cartam habebant, et sunt in misericordia domini regis.

357. — Judicatum est quod episcopus Baiocensis potest sequi jus
suum[3] de Bolon si voluerit et de Sancto Vedasto, de quibus exigit
servicium duorum feodorum militum per legem terre in curia domini
regis, et quod cognitio quam Henricus de Novo Burgo fecit dicto
episcopo quod erant duo feoda militum non debet nocere dicto W[il-

———

[1] *Prioris attornati.* Deuxième compilation.

[2] Dans la deuxième compilation, à l'é-
chiquier de la Saint-Michel 1223, est rapporté un jugement dont le texte n'est pas
compris dans la première. Le voici :

« Quia jurati dixerunt quod nesciebant
« quis patronus presentasset personam
« mortuam, sed sciunt quod reddebat ab-
« bati Exaquii pensionem annuam a longo
« tempore, abbas Exaquii per judicium
« scacarii habet illam medietatem. »

[3] Je crois qu'il faut suppléer *versus
Willelmum Paganelli,* ou quelques mots
rendant cette idée.

lelmo], maxime cum idem Henricus feoda illa reliquit[1] dicto episcopo Baiocensi[2].

358. — Judicatum est quod Johannes de Mauxingneio, et ejus
uxor, que est soror Baudrici de Longo Campo antenata, habeat saisinam escaete dicti Baudrici defuncti, et quod faciat sorori postnate,
uxori Gaufridi de Blasru, portionem suam sicut debet facere.

359. — Judicatum est quod inquiratur per testimonium legalium
hominum utrum Johannes de Castro dedit Roberto de Campagneio
illud donum quod continetur in carta quam habet de eodem Johanne,
et utrum factum fuit loco et tempore quo posset et deberet[3] facere.

360. — Judicatum est quod mulieres de Amondevilla, crucesi-
gnate, que habuerunt recordationem duelli in curia abbatis Fiscannensis, non debent responderi propter crucem suam.

361. — Judicatum est quod si aliquis habeat filios, et si maritet
antenatum filium suum, si contigerit[4] quod antenatus ille habeat heredem de uxore sua desponsata et filius ille antenatus moriatur, heres
antenati filii habebit de hereditate avi sui hoc quod pater suus haberet si viveret, et si pater antenati filii illius[5] habeat aliquam portionem de terra patris sui, dum hoc cognitum fuerit, si sit infra etatem,
fratres patris illius heredis non respondebunt versus illum heredem
donce habeat etatem.

———

362. — Item, ibidem, in scacario Sancti Michaelis (a. 1224),
coram predictis[6].

———

[1] *Relinquit*, dans le manuscrit.
[2] Cf. 289.
[3] Le manuscrit porte *debent*.
[4] *Contingerit*, dans le manuscrit.

[5] *Et si antenatus ille habebat.* Deuxième
compilation.
[6] Le seul article que la deuxième compilation renferme pour cette session est

363. — Frater Ricardus de Escorcheio, de Persenia [1], constitutus pro abbate versus Johannam, uxorem Petri de Neaufle, viduam, sicut Bartholomeus Draconis discognoscit et negat quod non fuit constitutus; Johanna dicit quod fuit constitutus ad finem versus eam in querela quam monstravit super abbatem, et unde petit recordationem assisie. Judicatum est quod ipsa habeat recordationem utrum fuit constitutus vel non.

364. — Dominus rex, anno gratie millesimo ducentesimo [vicesimo] primo, mense septembri, concessit fratribus Hospitalis et fratribus de Templo quod teneant homines quos acquisierant tempore retroacto usque ad terminum predictum in ea libertate in qua eos habuerant, et quod a termino illo nullum hominem acquirere vel capere poterant nisi de voluntate domini regis, et quod non possunt nec debent habere in una domo nisi unum hominem tantummodo.

365. — ANNO DOMINI M° CC° XX° V°, FACTA SUNT HEC JUDICIA APUD CADOMUM, IN SCACARIO PASCHE, CORAM DOMINO GARINO, SILVANECTENSI EPISCOPO, DOMINO BARTHOLOMEO DE ROIA ET MULTIS ALIIS.

366. — Preceptum est Renaldo de Villa Terrici quod audiat testimonium militum et aliorum proborum virorum utrum illustris rex Philippus reddidit Bartholomeo de Osevilla terram de Sifretot, quando dominus rex Falesiam acquisivit, et utrum precepit domino Bartholomeo quod inde facere[t] hominagium comiti [2] Roberto de Alenchon, de cuius feodo terra illa movebat [3] et tenebatur.

367. — Judicatum est quod uxor W. l'Angevin non potest nec

ainsi conçu : « Burgenses Cadomi cognoscunt quod non debent capere talliam de septem servientibus abbatie facientibus sua ministeria in villa Cadomi; quam si fecerint pagabunt talliam. »

[1] *Personia*, dans le manuscrit. — Il faut probablement suppléer le mot *monachus* après le mot *Escorcheio*.

[2] *Coram*, dans le manuscrit.

[3] *Manebat*, dans le manuscrit.

debet recuperare dotalicium in terra illa quam Robertus l'Angevin per judicium scacarii perdidit versus fratres Templi, sicut continetur in registro, maxime cum ipsa in isto scacario cognoverit quod idem Robertus inde tunc erat saisitus quando judicium factum fuit [1].

368. — Preceptum est quod omnes carte Judeorum in quibus continetur terminus, si terminus sit de retro quatuor annis elapsis, quod inde Judeis non respondeatur, nisi cognitum fuerit quod de cartis illis placitaverint, et inde usi fuerint in loco qui recordationem habeat [2].

369. — Preceptum est quod Radulfus de Ponte Oilleii [3], de Falesia, sit quitus de omni tallagio per tenorem carte regis Ricardi quam fecit Odoni filio Vitalis de libertatibus suis, ita tamen quod pagabit tailliam exercitus quando dominus rex eam apud Falesiam capere voluerit.

370. — Judicatum est quod Henricus de Bella Fago reddat episcopo Abrincensi xxv libras turonensium de feodo quod tenet de eo, quas [4] pagavit domino regi pro fine servicii auxilii exercitus, cum cognitum sit quod idem episcopus illos denarios pagaverit per defectum dicti Henrici, et quod dictus Henricus in episcopi misericordia remanet.

[1] Cf. 34 et 48.
[2] Nous possédons de cette ordonnance un texte plus complet, que D. Martène a tiré de la bibliothèque du Mont-Saint-Michel. Je le reproduis ici, en corrigeant quelques fautes qui s'étaient glissées dans la première édition : « In scacario de termino « Pasche mccxxv, preceptum fuit a domino « Sylvanectensi episcopo quod Judeis non « respondeatur per cartam confectam tem- « pore retroacto ante quatuor annos elap- « sos ante predictum scacarium, nisi carta « cognita fuerit. Si vero carta negata fuerit, « et dicatur a Christiano quod Judeus car- « tam illam non monstraverit vel inde que- « rimoniam non fecerit in assisia que recor- « dationem habet, vel coram baillivo se « tertio militum, per justitiam domini re- « gis fiat recordatio, et si recordatum fuerit « quod Judeus cartam illam monstraverit « vel exinde querimoniam fecerit, tunc ei « per cartam respondebitur; si vero non « fuerit recordatum, tunc ei non respon- « deatur. »
[3] Le manuscrit porte de Ponte Sill'.
[4] Quos, dans le manuscrit.

`371. — Judicatum est quod pueri Petri de Viron[1] non respon-
debunt filio Rogeri de Evreceio[2] super maritagio uxoris quondam
prefati Rogeri, que fuit filia Petri de Viron, quoniam cognitum est
quod idem Petrus inde erat saisitus quando obiit, et ideo judicatum
est quod filii ejusdem Petri habeant saisinam patris sui, maxime cum
cognitum sit quod mater puerorum prefati Rogeri nunquam saisinam
habuit[3].

372. — Judicatum est quod escaeta Roberti de Evreceio, quam
Radulfus de Tribus Montibus et Robertus de Taissel habent de domino
rege per emptionem, partita sit per medium inter ipsos, ita quod
feodum de Campis Gouberti quod tenetur de episcopo Baiocensi remaneat integrum in una duarum portionum, et quod Radulfus de Tribus
Montibus, qui primus emit, primo eliget quamcumque voluerit de
duabus portionibus, quoniam primus emit, et Robertus de Taissel
faciet illas duas portiones[4].

`373. — Acordatum est per episcopos et barones quod si aliquis
alicui feodaverit vel dederit terram per redditum vel per servicium
et[5] per denarios, in assisia que recordationem habet, audiatur donum illud et feodatio illa, et si in feodatione illa retentus sit redditus
competens secundum valorem doni, debet teneri donum illud. Si
vero peccunia data fuerit pro dono illo, et parvus redditus sit retentus, si aliquis de genere illius qui donum fecerit mercatum illud
habere voluerit, illud habebit, salvis tamen [et] retentis donationibus
et feodationibus que facte fuerunt ante constitutionem[6] illam.

`374. — Judicatum est quod fratres de Grandi Monte et abbas

[1] *De Uron.* Deuxième compilation.
[2] *Non respondebunt nepotibus suis ex sorore sua defuncta de maritagio.* Deuxième
compilation.
[3] Dans la deuxième compilation, le jugement est motivé par ces mots : *Et hoc
quia erant infra etatem.*
[4] Cf. 343, 397.
[5] *Vel.* Deuxième compilation.
[6] *Accordationem.* Deuxième compilation.

Sancti Andree de Goufer per vadium et plegium habeant elemosinam quam W. de Tornebu ceperat in manu sua ratione heredis qui est in custodia sua de morte domine de Karroges[1], et quod rectum fiat inter eos.

'375. — Acordatum est per episcopos et barones quod si aliquis petat ab aliquo hereditatem, ille a quo hereditas exigetur non poterit petere super petentem denarios vel aliquod catallum, donec prima querela sit determinata, nisi petens secutus sit de multro vel de latrocinio.

376. — Dominus Silvanectensis episcopus precepit quod septem servientes abbatis Sancti Stephani Cadomi, qui faciunt servicia sua, de quibus burgenses Cadomi cognoscunt quod abbas debet habere ipsos quietos, quieti sint de equitatu et exercitu et omni taillagio, ita tamen quod si velint facere marchaa[n]diam in burgo domini regis, et exinde habere proventus ville, quod ipsi sint in costis et taillagiis cum aliis burgensibus ville. Abbas autem et c.[2]

———

377. — Item, ibidem[3], in scacario Sancti Michaelis (a. 1225), coram predictis.

378. — Judicatum est quod recordatio fiat utrum[4] Gaufridus de Montenaio fecit lotum hereditatis sue postnato suo, tanquam saisitus de toto, cum esset primogenitus, quod ipse negat.

379. — Homines de Argentonio negant quod non venerunt cum armis et violentia contra jus domini regis, videlicet in elemosina abbatisse de Monstervilers, in pastura Argentonii, ut dicunt, et contra usus

---

[1] *Karrages,* dans le manuscrit.
[2] Cf. 388. Voyez aussi le texte rapporté plus haut en note, sous le n° 362.

[3] *Item, in scacario ibidem Sancti,* dans le manuscrit.
[4] Le manuscrit porte *i't'ra Gauf'* de.

et consuetudines terre, et unde petunt inquisitionem quam dicta abbatissa concedit. Dicta vero abbatissa dicit quod ipsi cognoverunt ad visionem quod ipsi paverant blada terre illius de qua homines abbatisse se advocant ad eamdem abbatissam, quod homines de Argentonio negant. Abbatissa vero inde exigit recordationem illorum qui ad visionem interfuerunt. Judicatum est quod habeat[1] recordationem illam, et homines de Argentonio idem petunt; inde assignata est dies ad primam assisiam Oximensem.

'380. — Judicatum est quod si aliquis homo miles qui debeat servicium domino regi per manum episcoporum vel baronum[2] defecerit faciendi servicium ad submonitionem episcoporum vel baronum, ille miles qui inde convictus fuerit per judicium in curia domini regis vel in curia episcoporum vel baronum tenetur respondere de pena qua[m] incurrit versus dominum regem per defectum militis, et misericordia[3] debet judicari competenter per judicium in curia domini regis si in ea convictus fuerit[4].

381. — Judicatum est quod saisina ecclesie de Scranz remaneat abbati Sancti Martini Sagiensis versus Ricardum de Scranz, et rectum fiat inter eos de jure si inde conquestus fuerit dictus Ricardus.

'382. — Judicatum est quod dominus Feritatis qui querit divorcium versus uxorem suam in curia domini pape ei inveniet competenter necessaria uxori sue lite[5] pendente, donec celebratum fuerit divorcium inter eos[6].

383. — Judicatum est quod domino regi remanet saisina quarte partis de Goisbervilla per advocationem hominum illius ville, cum

---

[1] *Habeant*, dans le manuscrit.
[2] *Per manum episcopi vel baronis.* — Deuxième compilation.
[3] *Emenda.* Deuxième compilation.

Jug. de l'éch. de Norm.

[4] *Vel in curia episcopi vel baronis si in ea convictus fuerit.* Deuxième compilation.
[5] *Litte*, dans le manuscrit.
[6] Cf. 387, 401.

13

cognitum sit quod inquisitio que super hoc facta fuit de jure domini
regis posita sit in non scire.

´384. — Judicatum est quod duellum illud quod vadiatum fuit
inter Durandum de Karreria et Gaufridum de Sarragoce, de quo
cognitum est ex utraque parte quod nullus miles fuerit ad visionem
terre, quod visio illa nulla est, et quod duellum illud nullum est[1].

—

385. — Anno Domini m⁰ cc⁰ xx⁰ vi⁰, facta sunt hec judicia apud
Rothomagum, in scacario Pasche[2], coram Gaufrido de Capella, Renaldo de Villa Terrici et aliis multis.

386. — Judicatum est quod Nicholaus de Deppa habebit in foresta
de Tractu ignem suum ad costumam foreste quam potest vendere et
houssum ad clausturas suas et hominibus suis.

387. — Judicatum est per recordationem abbatis Sancti Stephani
Cadomi, Renaldum de Villa Terrici, Johannem de Porta, Berruerum
de Borron[3], W[illelmum] Akarin, Johannem de Moncheauz, Gaufridum Rossel, W. de Hommet, conestabularium Normannie[4], quod
Alicia, uxor domini Feritatis, qui querit divorcium versus eam, habeat competenter necessaria sibi et pueris suis lite pendente inter
eos, donec divorcium fuerit terminatum inter eos, sicut eciam judicatum fuit inter eos in ultimo scacario de termino Sancti Michaelis,
et W. de Feritate in misericordia pro difforciatione[5].

´388. — Dominus episcopus Silvanectensis precepit quod septem
servientes abbatis Cadomi quieti sint de exercitu et equitatu et omni

---

[1] Voy. une ordonnance rapportée plus
bas dans la note ajoutée à l'article 601.

[2] In octavis Pasche. Deuxième compilation.

[3] Bertruer' de Borto', dans le manuscrit.

[4] Il semble que tous les noms qui pré-
cèdent devraient être au génitif.

[5] Cf. 382, 401.

taillagio, ita tamen quod si marchaandias facere voluerint in burgo domini regis apud Cadomum, quod ipsi sint in costomentis ville cum aliis burgensibus, secundum quod operati fuerint in marchaandiis suis in burgo domini regis Cadomi [1].

———

389. — Item, apud Cadomum, in scacario Sancti Michaelis (a. 1226), coram domino Bartholomeo de Roia [2], domino Baldoino de Corbolio et multis aliis.

390. — Inquisitio utrum crassus piscis qui captus fuit apud Ois-trehan venit in terra abbatisse Cadomi per vim hominum vel per ductum aque maris. Jurati : Petrus de Hermenvilla, Johannes Passe-leiae, W. Fraisnel, Ricardus de Londel, Henricus filius Helie, Ricardus Bonus Panis, Robertus Helloin, Nicholaus filius Anfrie, Nicholaus Ansquetil, Ricardus Faber, Dyonisius filius Agnetis, Nicholaus de Perrella. Novem dicunt quod viderunt illum piscem in terra abbatisse ubi monstravit, sed nesciunt utrum ibi venit per violentiam hominum vel maris; et tres ex illis dicunt quod viderunt piscem illum ubi abbatissa monstravit viventem [3], et nullus erat ex alia parte piscis illius. Judicatum est quod abbatissa habeat saisinam suam.

391. — Preceptum est quod leprosi Sancti Nicholai Baiocensis per

---

[1] Cf. 362 n. et 376.

[2] La présence de Barthélemi de Roye à l'échiquier de la Saint-Michel 1226 est encore attestée par une charte, dont il importe de donner ici les passages les plus intéressants :

« Noverint universi.... quod ego Rober- « tus, filius Willelmi Silvestri, concessi « abbati et conventui Sancti Ebrulfi.... do- « num quod fecit eis magister Stephanus « de Gonnovilla de manerio sito inter vir- « gultum Willelmi Corteis et virgultum Os-

« berti Albi, etc. Ut autem hec omnia in « perpetuam et liberam elemosinam possi- « deant et absque omni reclamatione juris « vel dominii mei vel heredum meorum, « per presentem cartam, sigilli mei testi- « monio roboratam, confirmavi, et in sca- « cario domini regis apud Cadomum feci « inrotulari, presente domino Bartholomeo « de Roia et aliis ballivis regis. Anno Do- « mini m° cc° xx° sexto, mense octobris. » (Cartul. de Saint-Évroul, t. II, n° 1022.)

[3] Le manuscrit porte *fiten'*.

tenorem carte sue quam habent habeant unam quadrigatam lignorum de bosco mortuo in foresta Verneii singulis diebus[1].

392. — Judicatum est quod W. de Cavigneio habeat saisinam suam de auxilio exercitus quam recuperavit per judicium in assisia domini regis apud Grentemaisnillum[2] per novam dessaisinam versus Laurentium Benedicti[3].

393. — ANNO DOMINI M° CC° XX° VII°, FACTA SUNT HEC JUDICIA APUD ROTHOMAGUM, IN SCACARIO PASCHE, CORAM DOMINO BARTHOLOMEO DE ROIA, EPISCOPIS BAIOCENSI, LEXOVIENSI, CONSTANCIENSI, ABRINCENSI, EBROICENSI ET MULTIS ALIIS.

394. — Preceptum est quod non respondeatur[4] Judeis nisi de debitis de novo irrotulatis in novis rotulis.

395. — Preceptum est ex assensu episcoporum et baronum quod abbas Becci non respondeat versus Judeos super quadam carta quam Judei habent de predicto abbate et capitulo, cum carta illa non fuit allata ad irrotulationem factam de debitis Judeorum ex precepto domini regis nec etiam irrotulata, et quod Judeus justicietur tantum quod ipse reddat cartam predictam.

396. — Recordatum est quod judicatum fuit in scacario Pasche, anno xx° vi°, quod abbas Sancti Ebulphi non debeat respondere versus Robertum de Esmevilla, clericum, per breve recognitionis, ad sciendum quis advocatus presentaverat ultimam personam ad ecclesiam de Esmevilla, quoniam idem Robertus cognovit in eodem scacario quod persona que in prefata ecclesia est eam possederat viginti annis elapsis. Dictus Robertus in isto scacario proposuit contra dic-

---

[1] Cf. 480.
[2] *Crentemaisnillum*, dans le manuscrit.
[3] Cf. 406.
[4] *Respondeant*, dans le manuscrit.

tum abbatem quod procurator dicti abbatis in assisia Cadomi reco-
gnovit quod jus prefate ecclesie remanserat dicto abbati ad finem in
scacario Rothomagensi. Abbas et pro procuratore et pro se negavit
hoc. Dictus Robertus inde petiit recordationem assisie Cadomi. Et
judicatum fuit quod haberet recordationem, et assignata est dies
utrique parti de recordatione ad primam assisiam Cadomi.

397. — Robertus de Taissel exigit a Radulfo de Tribus Montibus
quamdam terram que visa est per justiciam, que remansit eidem Roberto in portione que facta fuit inter eos de escaeta Roberti de
Evreceio, ut dicit, que terra est de escactis que ei remanserant cum
feodo Sancti Georgii contra feodum lorice de Campis Gouberti, quod
tenetur de episcopo Baiocensi, quod remansit dicto Radulfo in portione; dicit etiam quod terra illa remansit in loco escaetarum, et visa
et lotita et signata per eos qui fecerunt portiones, quorum exigit recordationem. Dominus vero Radulfus cognoscit quod portiones facte
fuerunt ipso absente, et quod erat in prisonia domini regis, et quod
portiones ille per judicium assisie ad nichilum redacte fuerunt, quoniam cognitum fuit ex utraque parte quod non interfuerat ad portiones
faciendas. Dictus Robertus hoc negavit; Radulfus petit inde recordationem assisie Cadomi. Judicatum est quod habeat et preceptum est
Johanni de Porta quod teneat placitum illud[1].

398. — Judicatum est quod homo de Constantino qui petiit recordationem versus quemdam alium, de qua tres fuerunt scientes,
et quatuor nescientes, quod ille qui petiit amisit ad finem.

399. — Judicatum est quod dies assignetur Johanne la Trossele
et ejus adversariis ad primam assisiam Costentini[2] et ibi fiat jus.

400. — Judicatum est quod Galterus de Roosaio misit querelam
suam ad finem, quam dicebat se lucratam fuisse propter defectus

---

[1] Cf. 343, 372. — [2] Il faut probablement lire Constanciensem.

domini Roberti de Pessiaco[1], cum fuisset judicatum quod defectus nulli essent, cum esset in servicio domini regis apud Cadomum.

401. — Judicatum est quod W. de Feritate, miles, habebit recordationem assisie versus Aliciam, uxorem suam, in qua dicit quod dicta Aelicia illum in pace dimiserat de victu suo quod nullum petebat ab eo victum, quod negat[2].

402. — Judicatum est quod Robertus de Bosco reddat abbati Montis Sancti Michaelis finem quem abbas fecit versus dominum regem pro quodam feodo lorice per xxv libras turonensium, cum cognitum sit quod dictus Robertus defecisset de servicio suo nec etiam super [hoc] habuisset garantum nec de baillivo nec de conestabulario.

403. — Concordati sunt episcopus Baiocensis et Johannes de Bruecort, miles, ita quod predictus miles remisit episcopo penitus omnes querelas quas monstraverat contra ipsum, et in perpetuum Baiocensem ecclesiam quietavit, videlicet senescauciam de honore de Chambremer, custodiam Vaienne, misiam molendin[ari]orum et prepositorum, audienciam compotorum, tres robas de escalleta cum pennis variis, et ix libras ad expensam ad Natale, ad Pascha et ad Penthecosten[3]. Episcopo vero remanent tres magne cause ecclesiastice, videlicet de clerico verberato, de cimiterio violato, de matrimonio cum pertinenciis. Episcopus vero debet tenere alias causas ecclesiasticas apud Sanctum Paternum, per se vel per suum mandatum, presente aliquo misso a domino Johanne vel heredibus suis, quemcumque voluerit, et de illis causis emende habite taxate erunt per episcopum vel ejus mandatum et per dictum Johannem vel ejus mandatum, et erunt capellani capelle de Crevecore qui presentabitur dicto episcopo et successoribus suis a dicto Johanne et heredibus suis, et jurabit

---

[1] *De Pusiaco.* Deuxième compilation.
[2] Cf. 382, 387.

[3] Le manuscrit porte *ad Nat. et ad Pascha ad Pent.*

se fidelitatem servaturum et obedientiam ecclesie Baiocensi. Et ab utraque parte debent fieri carte secundum formam prescriptam.

404. — Judicatum est et preceptum quod persona ecclesie de Salan habeat decimam vente nemorum de Mot Aubof.

———

405. — ITEM, APUD CADOMUM, IN SCACARIO SANCTI MICHAELIS (A. 1227), CORAM DOMINO BARTHOLOMEO DE ROIA, FRANCIE CAMERARIO, DOMINO URSIONE CAMERARIO ET MULTIS ALIIS.

406. — Recordatum est quod servicium equi de tenemento quod Laurentius Benedicti tenet apud Lovigneium per judicium scacarii Cadomi remansit Johanni de Roboreto, militi, et auxilium ejusdem tenementi exercitus remansit W. de Cavingneio per judicium; unde judicatum est quod idem W. est in misericordia, quoniam petebat servicium equi [1].

407. — Judicatum est quod inquiratur in baillivia Costantini de quo pater puerorum Johanne la Trosselee, qui sunt infra etatem, erat saisitus quando obiit, et quod ipsi habeant saisinam de hoc quod recognitum fuerit, sicut judicatum fuit in scacario.

408. — Judicatum est quod homines illi quos W. de Bello Monte, miles, sequebatur de combustione domus, qui compromiserant se ad finem in amicis nominatis, per dictum amicorum faciant peregrinationes et alia que eis adjudicaverunt.

409. — Judicatum est quod inquisitio fiat utrum ecclesia illa apud Sanctum Martinum de Casto [2] juxta Castaingners, quam [3] Robertus

---

[1] Cf. 392.

[2] Il faut probablement lire *de Gasto*. — Nous avons une charte du xiie siècle par laquelle Guillaume de Ducé donne à l'abbaye de Savigny « presentationem ecclesie

« Sancti Martini de Guasto. » (*Cartul. de Savigny*, n° 55.) — Cette donation fut confirmée par Richard, évêque d'Avranches. (*Ibid.* n° 57.)

[3] *Quod*, dans le manuscrit.

de Bosco Yvonis, attornatus pro W. de Huecon, debet monstrare, sit de episcopatu Abrincensi et de donatione antecessorum prefati W. et de feodo suo [1].

—

410. — Anno Domini m° cc° xx° viii° [2], facta sunt hec judicia apud Rothomagum, coram domino Bartholomeo de Roia, Francie camerario, Ursione camerario et multis aliis.

411. — Judicatum est quod relicta Petri Malvesin, que traxit in causam in curia ecclesiastica dominum Robertum de Cortona [3] de feodo suo laico, de quo ipsa petit dotalicium, ex parte domini regis debet moneri quod de placito illo cesset in prefata curia, cum dictus Robertus paratus sit stare juri in curia domini regis; quod si ipsa facere recusaverit, dominus rex debet eam cogere per terram suam et catalla, ita quod eum in pace dimittat super hoc in curia ecclesiastica, et terram dicti Roberti faciat absolvi.

412. — Judicatum est quod dominus rex faciat inquisitionem

[1] A l'échiquier de Saint-Michel 1227 se rattache un acte relatif aux dîmes de Courseulles, dont le texte mérite d'être publié : « Noscant omnes, presentes et futuri, quod ego Herveus de Curcellia dimisi et omnino quietavi Willelmo Acarin, decano Sancti Sepulchri Cadomensis, absque ulla reclamatione mei vel heredum meorum, omne jus quod habebam et habere poteram in decimis de Curcellia, de quibus trahebam ipsum in causam coram domino episcopo Baiocensi, et hoc ore proprio cognovi apud Cadomum in pleno scacario de termino Sancti Michaelis, anno gratie millesimo ducentessimo vicesimo septimo. Ad cujus rei testimonium et securitatem plenio-

rem, presentem cartam sigilli mei munimine roboravi. Actum in assisia apud Falesiam, in crastino beati Luce evangeliste, eodem anno (*19 octob.*). Testibus hiis : abbatibus Sancti Andree de Goufer et de Barbereio, Johanne de Porta, tunc domini regis baillivo; Roberto de Fontibus, Ranulfo fratre suo, Radulfo de Milloel, Thoma Belejambe, clerico, et pluribus aliis. » (Orig. aux Archives de la Manche, fonds de Montmorel.)

[2] « Scacarium Pasche apud Rothomagum, anno Domini m cc xxviii. » — Deuxième compilation.

[3] *De Corteneio.* Deuxième compilation. Je crois que c'est la bonne leçon. Robert de Courtenai était seigneur de Conches.

super relictam Petri de Totes de morte ipsius Petri, mariti sui, et inquisitione facta dominus rex exinde faciat voluntatem suam.

413. — Preceptum est quod respondeatur Anglice de Ostarvilla de maritagio suo, quod nepos suus diffortiat ei, et omnes alii de quibus conquesta fuerit respondeant ei, non obstante hoc quod fuerit in Anglia.

414. — Judicatum est quod Nicholaus Carbonnel non respondebit erga Cornemole de secta quam faciebat super eum de prodicione domini regis, qui dicebat quod ipsum invenerat cum aliis quos ignorabat in cimiterio Beati Nicholai Cadomi loquentes insimul de prodicione domini regis, sicut dicebat.

415. — Preceptum est quod inquisitio non fiat de molta quam Eustachius de Cosanciis, miles, tenet de dono Philippi regis, quam Nicholaus de Hernevalle exigit ab hominibus de Virensi, de assensu et voluntate domini regis.

416. — Judicatum est quod inquiratur per homines de visineto Falesie quod infans ille qui extractus fuit de ventre uxoris Vastinet de Falesia usus fuit vita postquam exivit de utero matris sue.

———

417. — ITEM, IN SCACARIO SANCTI MICHAELIS (A. 1228), APUD CADOMUM, CORAM PREDICTIS.

418. — Preceptum est quod Radulfus de Mellenc habeat talem costumam in portu de Mevana qualem habebat in portu de Graeio, vel quod naves non applicent ultra.

419. — Judicatum est quod recordatio debet fieri in assisia Valoniarum, coram baillivo domini regis, utrum abbas Cadomi et W. de

Undefontaine presbiter recesserunt de assisia Valoniarum assensu curie et baillivi, ut venirent ad scacarium, ad recipiendum judicium in scacario utrum breve quod dictus presbiter attulerat versus dictum abbatem debeat currere ad usus et consuetudines Normannie, vel non [1].

'420. — Judicatum est quod Hugo de Bovilla, miles, non respondebit de hereditate sua versus Nicholaum de Bovilla, militem, quamdiu fuerit secutus de membris suis.

421. — Judicatum est quod tercia essonia quam Mauricius de Uxeio, miles, misit erga Hugonem de Berengervilla et ejus uxorem de recordatione scacarii non recipiatur, sed breve suum currat quamvis ipsa sit maritata.

422. — Judicatum est quod recordatio currat inter W[illelmum] Paganelli, militem, ex una parte, et homines de Kahaimdole, ex altera, per milites illos quos homo de Kahaimdole nominavit, cum milites in assisia essent presentes, non obstante hoc quod baillivus qui fuerat baillivus non erat presens.

423. — Judicatum est quod inquisitio fiat utrum Ingerrannus Osson cepit in domo Hurtandi catalla in feodo suo, vel aliquis ex parte sua, non obstante hoc quod dictus Ingerranus neget illud.

424. — Judicatum est quod homines de Briquevilla amittant pasturam illam quam petebant a domina de Columberiis, pro defectu cujusdam attornati sui post visionem.

'425. — Judicatum est quod Alanus de Locellis tenetur dicere utrum ille qui se facit heredem magistri Ricardi, fratris sui, sit filius dicti Ricardi vel non.

[1] Cf. 455, note.

426. — Item, apud Rothomagum, in scacario Sancti Michaelis (a. 1228), coram predictis.

427. — Preceptum est quod inquiratur de etate Johannis Croc, utrum habeat etatem vel non, quod debeat habere terram suam, que est in manu domini regis per custodiam.

428. — Judicatum est quod terra Avicie la Guillerre, bastarde, que obiit sine herede, remaneat domino regi, per juream que facta fuit in assisia Rothomagi, que ultimo facta fuit apud Pratum, quam Rogier Peletat expectabat tanquam heres, et idem Rogier in misericordia pro falso clamore.

429. — Judicatum est quod terra illa quam Hugo de Sancto Albino petebat a W. de Limogiis apud Mesnillum super Varclive remaneat eidem W. per emptionem illam quam fecit seu de qua cartam habet de patre et matre dicti Hugonis et de dicto Hugone.

430. — Preceptum est quod Petrus de Novo Mercato, unus ex septem servientibus domini abbatis Sancti Audoeni, non utatur mercennaria infra villam Rothomagi, nisi ipse costamenta ville et expensas pagare voluerit, sicut alii mercennarii ville, sed extra villam pro voluntate sua poterit ducere merces suas.

431. — Adjudicatum est quod attornatus domini Roberti Porquet non potest se essoniare per langorem erga dominam de Bello Monte de suo quod petit a dicto Roberto vel ejus procuratore.

———

432. — Anno Domini m° cc° xx° ix°, facta sunt hec judicia apud Rothomagum, in scacario Pasche, coram domino Bartholomeo de Roia, domino Ursiano et multis aliis.

433. — Judicatum est quod heres domini Evradi[1] de Torvilla

[1] Il faut sans doute lire *Ernaudi*, comme aux n°³ 448 et 468.

faciet excambium prioratui leprosorum Pontis Audemari de dote
quam fecit matri heredis per judicium, non obstante hoc quod est
in custodia domini regis.

434. — Concordatum est de decima ecclesie quam Robertus Barbote difforciat [quod] capiatur in manu domini regis quousque inquiratur per inquisitionem inter ipsum et dominum episcopum Sagiensem utrum sit feodum laicale vel elemosina.

`435. — Judicatum est quod heres W. de Augervilla[1] faciet ex-
cambium prioratui de Guerarvilla de dote quam Aeles Dest'[2], non
obstante hoc quod tenetur in manu domini regis pro custodia.

436. — Judicatum est quod terra quam Golafre reddidit domino
Roberti de Monasteriis remaneat domino Roberto de feodo Aelardi
qui ivit contra regem in Anglia, salvis tamen corciis que Aelardus
habebat in eadem terra que remanent domino regi.

———

437. — Item, ibidem, in scacario Sancti Michaelis (a. 1229),
coram predictis.

438. — Preceptum est baillivo de Gisorz quod nullo modo se
intromittat de placito spade nec de aliis pertinentibus ad dominum
regem tocius terre Pontis Sancti Petri, et preceptum est Johanni de
Vineis quod teneat omnia jura pertinentia ad dominum regem de tota
illa firma et de omnibus feodis et rebus aliis eidem firme pertinentibus.

439. — Judicatum est quod homines de Sancto Macito facient et
reddent auxilium exercitus domino W. de Barris de quodam feodo
lorice, sicut dominus rex dat et quale dominus rex dabit illud per
terram suam communiter[3].

[1] Il faut peut-être lire de Augervilla.
[2] De dote quam uxor patris ejus recuperat a priore. Deuxième compilation. —

Dest' est peut-être une altération de def[f],
c'est-à-dire defforciat.
[3] Cf. 740.

440. — Judicatum est quod Hugo de Kenel habebit saisinam patris sui versus neptes suas de illa terra unde contentio mota erat inter eos.

441. — Judicatum est quod homines de Macheio reddent auxilium exercitus domino Nicholao de Montigneio, secundum portionem quam tenent.

´442. — Judicatum est quod si aliquis dissaisiat aliquem de terra et exit[ib]us terre et hoc sciatur per inquisitionem, exitus debent reddi per sacramentum[1] juratorum.

´443. — Judicatum est quod nulla etas potest nocere quin omnis vidua mulier habeat recognitionem de maritagio suo[2] si petierit ipsa infra diem et annum, et si non petierit infra diem et annum non respondebitur.

´444. — Judicatum est quod W. Prepositus, de baillia Baiocensi, non debet forsbaniri, cum fuerit redditus officiali per crucem, donec redierit de peregrinatione, et tunc fiet jus de morte hominis unde secutus est.

445. — Judicatum est quod[3] de filiabus domini W. de Bloxevilla quod antenata pagabit avenantum suum de omni auxilio exercitus, de medietate videlicet xx librarum.

446. — Judicatum est quod dominus Henricus de Cruce habebit res suas cum vadio et plegio, et suos defectus emendabit, et visio curret inter ipsum et Robertum de Praeriis sicut de nova dessaisina.

---

[1] Sacramentorum, dans le manuscrit.
[2] De maritagio suo emcombrato. Deuxième compilation.

[3] Le mot quod doit sans doute être supprimé.

447. — Judicatum est quod domino Henrico de Nonnant remanebit saisina de foleria pannorum in sua terra.

448. — Judicatum est quod inquiratur qualem saisinam dominus Ernaudus de Torvilla habebat quando obiit de terra visa, de qua contentio erat inter ipsum et dominum W. de Mineriis et heredem dicti Ernaudi, et talem habebit heres per inquisitionem factam[1].

' 449. — Judicatum est quod si aliquis petierit ab aliquo mercatum de venditione hereditatis ratione propinquioris linee, quod ille qui propinquior est venditori habebit mercatum per denarios reddendos illi qui primo mercatum fecerit si petierit infra annum[2].

450. — Preceptum est quod omnes res que invente fuerint de verenco maris in terra domini Anselli de Cabore capientur in manu domini regis, quousque facta fuerit inquisitio quis habebat majus jus in verenco[3] illo, dominus rex an dominus Ansellus de Cabore.

' 451. — Judicatum est quod recognitio de feodo et vadio non curret nisi depost coronamentum regis Ricardi.

' 452. — Judicatum est quod nova dessaisina pasturagii de Tobervilla inquiretur, non per illos qui sunt adjacentes pasturagio, sed per propinquiores et viciniores illis adjacentibus.

' 453. — Judicatum est quod Robinus[4] de Novo Burgo, qui est in custodia domini regis, non debet habere dampnum in querelis que erant inter se et dominum Fulconem Paganelli, cum ipse in jure

---

[1] Cf. 468.
[2] Pour cet article, le texte de la deuxième compilation est peut-être plus clair que celui de la première : « Adjudi-catum est quod si quis ratione generis « ventam retraxerit, si quis eo propinquior « infra annum reddere voluerit denarios, « ventam habebit. »
[3] *Verengo*, dans le manuscrit.
[4] *Robertus*. Troisième compilation.

nulla die comparuisset versus eumdem Fulconem, unde illa hereditas capietur in manu domini regis[1].

454. — Judicatum est quod Hasculfus de Nova Villa, miles, nihil potest capere in terra illa quam reclamabat versus fratres suos, que exciderat ex morte cujusdam fratris sui, pro XXVI libris turonensium redditus quas dictus Hasculfus habebat[2].

455. — Judicatum est quod W. de Gardino, miles, habebit in salva custodia terram Mathei de Pompanvilla quousque ipse Matheus ipsi deliberaverit feodum de Borcinguevilla[3].

456. — Anno Domini m° cc° xxx°, facta sunt hec judicia apud Rothomagum, in scacario Pasche, coram domino Bartholomeo de Roia, domino Ursiano camerario et multis aliis.

457. — Preceptum est quod cruces removeantur de super domos Pontis Episcopi in quibus Hospitalarii petebant juridictionem suam tanquam in elemosina sua propria, cum nullam habeant ibi dominationem, nisi tantummodo duodecim denarios vel duos solidos vel circa annui redditus; et quia propter hoc Hospitalarii nolebant eos garantizare versus omnes, preceptum est quod cruces removeantur[4].

458. — Item, ibidem, in scacario Sancti Michaelis (a. 1230), coram predictis.

459. — Judicatum est quod Robertus Malet habebit res suas per

---

[1] Cf. 525.

[2] Cf. 142.

[3] Dans la deuxième compilation, à l'échiquier de la Saint-Michel 1229, sont rapportés les deux jugements suivants : « Preceptum est quod Matildis habeat dotem de terra mariti sui, non obstante hoc « quod obiit in Anglia. — Dominus Guillelmus presbiter dimisit totum clamorem « quem faciebat versus abbatem de Cadomo de patronatu ecclesie de Unde- « fonteine. » (*Videfontainne.* Version française.) Cf. 419.

[4] Cf. 464.

vadium et plegium et post respondebit quare non reddidit nanna domini Mathei de Montmorence precepto domini regis.

'460. — Judicatum est quod episcopus Lexoviensis habebit auxilium exercitus quale dominus rex illud[1] dedit, et residuum quod petit a suis militibus qui versus eumdem episcopum placitabant per jus terminetur[2].

'461. — Judicatum est quod dominus rex habebit custodiam heredum de Gerponvilla, nam pater eorum tenebat in capite apud Rothomagum de ducatu terram et masuram, de quibus matertere sue fuerunt maritate, et apud Fiscanni villam unam masuram, quam antecessores sui dederunt in elemosina [monachis] Sancti Georgii de Bauquervilla, de qua pater ejus erat garantus.

462. — Judicatum est quod dominus rex habebit et tenebit in manu sua terram W. de Gardigno, de Costentino[3], in tali puncto quali ipse tenebat eam.

463. — Judicatum est quod Nicholaus de Montigneio debet garantizare monachis de Bello Becco contra omnes et defendere propriis expensis suis terras et boscos et ea de quibus eidem reddunt singulis annis xxv libras, sicut in cartis suis continetur.

464. — Preceptum est quod cruces removeantur de domo Hugonis Anglici de Ponte Episcopi et Kaisnelli[4].

465. — Preceptum est quod judicium factum in assisia Falesie inter abbatem Turonensem[5] et Nicholaum de Habloivilla, clericum, super jure patronatus ecclesie de Hablovilla, per quod judicium dictus

---

[1] *Illi.* Troisième compilation.
[2] Cf. 491, 500, 527, 536, 538, 550.
[3] Il faut peut-être lire *de Constanciis.*

[4] Cf. 457.
[5] Suppléez *Sancti Juliani.*

abbas et conventus Turonensis contra dictum clericum optinuit ad finem teneatur, et hoc idem mandavit rex per litteras suas in isto scacario.

———

466. — Anno Domini m° cc° xxx° 1°, facta sunt hec judicia apud Rothomagum, in scacario Pasche, coram domino Bartholomeo de Roia, Ursiano camerario et multis aliis.

'467. — Judicatum est quod abbas de Pratellis a modo non respondebit erga Rogerum de Brottona vel heredes suos de feodo de Spineto, de quo contentio erat inter eos, cum dictus abbas dictum feodum tenuerit triginta annis et amplius[1].

468. — Preceptum est quod relicta Ernaudi de Torvilla de cetero non respondeat erga dominum W. de Mineriis de terra filii sui qui est infra etatem, quam dicit jus suum esse, que terra est in manu regis ratione custodie[2].

469. — Preceptum est domino Th. de Capella et Johanni de

---

[1] Le *Cartul. de Préaux* (f. 148, n° 478) contient un acte relatif à ce jugement; comme il fait connaître les noms de ceux qui assistèrent à l'échiquier de Pâques 1231, je crois utile d'en donner le texte : « Bartholomeus de Roia, Ursio camera-« rius, Gaufridus de Capella, magister « Albericus le Cornu, Johannes de Vineis, « Johannes de Friscans, Berruier de Bor-« run, Willelmus, episcopus Lexoviensis; « Ricardus, episcopus Ebroicensis; Willel-« mus, episcopus Abrincensis; Hugo, epi-« scopus Sagiensis; Henricus, abbas Bec-« censis; Reginaldus, abbas Sancti Audoeni; « Safridus, abbas Troarnii; Odo, abbas de « Cadomo; Ricardus Marescallus, Radulfus

« de Milloel, Gaufridus Rosseil, Rogerus de « Planes, Theobaldus de Capella, Robertus « de Bello Monte, vicecomes de Caleto; « Andreas Quarrel, Willelmus de Wasme-« nil, Willelmus de Cambremer, Petrus de « Briona, Petrus Recuchun, Robertus [de] « Raveton. Isti interfuerunt in scaquario « domini regis apud Rothomagum, anno « Domini m° cc° xxx° 1°, kalendis aprilis, « quando lecta fuit et concessa karta regis « Henrici, filii Matildis imperatricis, per « cujus tenorem liberati fuimus ab impeti-« cione Rogerii de Brothona super omnibus « his que apud Esturvillam clamabat contra « ecclesiam de Pratellis. »

[2] Cf. 448.

Vineis quod inquirant in bailliviis suis utrum dominus Nicholaus de Montigneio, dum viveret, tenebat aliquid de ducatu, quare terra sua deberet esse in custodia domini regis.

470. — Preceptum est quod inquiratur utrum terra quam Johanna de Belloet petit a domino rege esset maritagium Azire, sororis sue, quam sponsus ejusdem Azire forefecit, quia contra regem fecit.

471. — Judicatum est quod W. de Britavilla [1] respondebit de hereditate sua Gervasio, fratri suo, non obstante hoc quod jurea facta fuit versus dominum capitalem, et W. de Britavilla in misericordia pro judicio expectato.

472. — Judicatum est quod Johannes de Veilli habeat saisinam suam de jure patronatus ecclesie de Veilli, non obstante hoc quod tres presbiteri dicebant in verbo veritatis quod debebat pertinere domino episcopo Sagiensi, et episcopus in misericordia pro difforciatione.

'473. — Judicatum est quod non cognoscetur quis ultimam personam presentasset ecclesie de Beidervilla [2] donec persona erit mortua, quam dominus episcopus Lexoviensis dicit vivere.

474. — Judicatum est quod burgenses Rothomagi habeant placita de terra Bernardi Comin, sicut rex haberet [3].

475. — Judicatum est quod burgenses Rothomagi, etc. sicut antea immediate [4].

---

[1] Ou bien de *Bricavilla*.

[2] Le nom de l'église paraît altéré. Il est omis dans les manuscrits de la deuxième compilation. Le manuscrit 10390. 2, porte *de Surevilla*, et la version française, *de Kuenneville*. Je crois qu'il s'agit de Bener- ville (Calvados), arrondissement de Pont- l'Évêque, dans l'ancien diocèse de Li- sieux.

[3] Cf. 475.

[4] La deuxième compilation donne pour cette session le jugement suivant : « Domi-

476. — Item, ibidem, in scacario Sancti Michaelis (a. 1231), coram predictis.

477. — Preceptum est quod Robertus de Hotot, miles, faciat molendinum suum in terra sua ubi cepit ; et si forte alicui injurietur occasione illius molendini, super hoc rectum fiat prout de jure debebit.

478. — Judicatum est quod ex quo dominus B[erruerus] de Borrone [1] garantizat quod dominus Galter[us] Pipart [2] habebat custodiam filiarum Philippi Pantof, quando inceperunt litigare de portione, cum sint infra etatem, quod nichil possint facere de illa hereditate quod valeat domino Galtero Pipart absente, cum sint in custodia sua, et quod omne illud quod factum fuerat est irritum et inane [3].

———

479. — Anno Domini M° CC° XXX° II°, facta sunt hec judicia apud Rothomagum, in scacario Pasche, coram domino Bartholomeo de Roia, Ursiano camerario et multis aliis.

480. — Preceptum est quod leprosi Sancti Nicholai Baiocensis

« nus Guillelmus de Mellent in misericordia « regis pro eo quod implacitabat dominam « de Cailleio in curia ecclesie de misia « facta in curia regis, et faciet eam absolvi. » L'article suivant est fourni par la troisième compilation : « Preceptum est quod « homines milicie Templi quiti sunt de « tailliis domini regis. » — Le catalogue des manuscrits de Clairambault indique, dans un volume qui parait ne plus exister, une pièce intitulée : *Compotus scacarii de [termino] Pasche, anno 1231.*

[1] *Hermerius de Borron, domini regis baillivus.* Deuxième compilation.

[2] *Piraut.* Deuxième compilation.

[3] La troisième compilation donne, au chapitre de la Saint-Michel 1231, l'article suivant, qui manque dans la première : « Abbatissa de Mostervillor atornat Thomam « le Cosin in Caleto, et unam monialem « suam [in] Normannia ultra (*circa* dans le « ms. 10390. a) [Secanam], ubi non pote- « rat interesse. » La version française m'a permis de rétablir le texte latin, qui est très-défectueux dans le ms. 10390. a. Le procureur de l'abbesse est appelé *Thomas le Clerc* dans la version française.

habeant costumas suas in foresta Baiocensi, sicut continetur in suis cartis[1].

481. — Judicatum est quod Margareta, uxor quondam Petri Martini, habeat terciam partem cujusdam domus apud Cadomum in ...nuo stallo, possidendam in dotalicio, quamdiu ipsa vixerit.

'482. — Judicatum est de recognitione nove dessaisine, que jurata fuit in Costentino[2] inter duos homines, quorum tres cognati petentis[3] juraverunt super defensione ballivi[4], teneatur sicut ix juraverunt, et illi cognati qui juraverunt in misericordia domini regis eo quod super defensione juraverunt.

'483. — Judicatum est quod abbas Savigneiensis[5] habeat quitanciam de pasnagio porcorum suorum ad proprios usus domus sue in foresta de Buro et in aliis forestis domini regis, per cartam suam, ita quod non potest emere causa vendendi.

'484. — Judicatum est quod homines Sancti Vigoris et banleuce Baiocensis sint quiti de omnibus consuetudinibus et faisanciis apud Baiocas, sicut solent esse, nisi fuerint mercatores.

485. — Judicatum est quod homines Engerrandi de Marigneio habebunt stabiliam versus eumdem de superdemanda servicii, vel erunt in pace.

'486. — Judicatum est quod nullus potest facere molendinum venti vel aque vel equorum nisi habeat vel habere debeat moltam, et si ille qui habet vel habere debet moltam, et non habeat molendinum,

---

[1] Cf. 391.
[2] Peut-être faudrait-il lire in Constanciis.
[3] Petentes, dans le manuscrit. La leçon petentis est fournie par la deuxième compilation.
[4] Suppléez quod.
[5] Sagiensis. Troisième compilation.

vendiderit alicui suam moltam hominum suorum, vel dederit ad hereditatem vel ad firmam, idem ille potest facere molendinum sicut dominus posset, per redditum quem domino suo inde reddet singulis annis.

487. — Judicatum est quod Robertus Alis, miles, habeat saisinam de escaeta fratris sui Gaufridi de feodo lorice apud Spinetum.

˙488. —Judicatum est quod Petrus de Peniteouvilla[1] infra etatem habeat saisinam matris sue, sicut ei jurata fuit coram B[erruero] de Borrane, et si dominus capitalis feodi vult habere custodiam in feodo illo, acquirat eam sicut melius poterit acquirere de jure.

˙489. — Judicatum est quod abbas Ardene habeat saisinam duarum garbarum decime Sancti Mandovei per tenorem cartarum quas habent dictus abbas et monachi de domino Radulfo Taisson et Rogero vicecomite, fratribus defunctis, quibus donatio dictarum garbarum jure hereditagii pertinebat, versus heredem prefati Radulfi Taisson et heredem prefati Rogeri, quoniam non contradixerunt cartas quando audierunt eas legi, sed recesserunt pro judicio expectando sine contradicere cartas illas seu negare seu cognoscere eas, et quod saisina decime quam dominus Willelmus Paganelli petebat nulla erat.

490. — ITEM, IBIDEM, IN SCACARIO SANCTI MICHAELIS (A. 1232), CORAM PREDICTIS.

˙491. — Judicatum est quod episcopus Lexoviensis habebit saisinam exercitus militum suorum per recognitionem eorumdem, non obstante hoc quod ipsi ab eo petebant conreia que negabat, et prosequantur suum jus versus eumdem.

---

[1] *Paucovilla.* Ms. 10390. 2. — *Painteville.* Version française.

492. — Preceptum est quod homines de Villandevilla habeant saisinam tocius terre de qua domina habuerat dotem in baillia Costentini, et teneant eam bone et in pace et dotem[1] quousque heres veniat ad excambium dotis faciendum.

493. — Preceptum est quod Th. filius bone memorie Roberti de Freschenis, clericus, habeat per manum domini regis xx libras quolibet anno, videlicet ad scacarium Pasche x libras et ad scacarium Sancti Michaelis x libras, pro victu suo quousque heres qui est in custodia regis venerit ad etatem.

494. — Judicatum est quod heredes bone memorie[2] W. de Argenciis non respondeant de portione versus cognatos suos, cum heredes sint in custodia, donec sint in etate.

495. — Judicatum est quod filius antenate filie Roberti de Londa habebit saisinam serjanterie et faciet materteris suis illud quod debebit.

496. — Judicatum est quod dominus Zacharias de Revers non potest essoniare se [de] recordatione scacarii petita super breve nove dissaisine si[3] prius fecerit essonias et defectus[4].

———

497. — Anno Domini m° cc° xxx° iii°, facta sunt hec judicia apud

[1] Ce passage paraît altéré.
[2] Le manuscrit porte *homines memorie bone.*
[3] Le manuscrit de Rouen porte *nisi.* La leçon *si* est fournie par la deuxième et la troisième compilation.
[4] Un jugement de l'échiquier de Pâques 1233 (plus bas, n° 498) renvoie à une décision qui avait été prise, à l'échiquier de Saint-Michel 1232, en faveur de Jeanne du Homme. Cette décision, dont le manuscrit de Rouen ne présente aucune trace, nous a été conservée dans les termes suivants par l'auteur de la troisième compilation : « Preceptum est quod Johanna de « Homme habeat saisinam tocius terre de « qua disaisita fuit coram Johanne de Fris-« camp, adversario suo absente. »

ROTHOMAGUM, IN SCACARIO PASCHE, CORAM DOMINO BARTHOLOMEO DE ROIA, MAGISTRO ALBERICO LE CORNU ET ALIIS MULTIS.

498. — Judicatum est quod Johanna de Homme habeat saisinam tocius terre quam habebat Johannes de Homme, nepos suus, sicut recognitum fuit quod saisitus erat quando obiit, et W. de Argentiis, miles, donum sequatur quod ei fecit, sicut dicit, si illud vult habere, prout etiam preceptum fuit in scacario precedenti [1].

'499. — Preceptum est quod venditores domini regis eant videre boscos per totam Normanniam et reddant hominibus pasturagia et costumas suas quas ibi debent habere, nisi viderint quod boscus non poterit crescere de cetero vel ubi non poterit se defendere, ad usus et consuetudines Normannie, de boscis domini regis.

'500. — Judicatum est quod Ricardus de Croleio potest se essoniare semel versus dominum episcopum Lexoviensem de recordatione scacarii quam petiit in assisia Baiocensi [2].

'501. — Judicatum est quod mater filie Tatin habeat custodiam filie sue cum omni redditu suo quousque habeat septem annos, et postea poterit [ire] ubi voluerit vel morari cum matre sua, et interim mobilia ejusdem filie in salva custodia pona[n]tur.

'502. — Judicatum est quod Hospitalarii non habeant catalla usurarii mortui in domo sua, si ita sit quod recessit a residentia domini regis et manserit in predicta domo post pactionem factam inter ipsos et regem.

503. — Judicatum est quod relicta Radulfi Bordon habeat primo dotem de tota terra de qua maritus ejus erat saisitus quando eam

[1] Voyez la note ajoutée à l'article 496. — [2] Cf. 527, 536.

duxit in uxorem, si poterit probare per testimonium illorum qui
fuerunt ad sponsalia, et postea relicta Jordanis Bordon habeat dotem
suam de saisina dicti Jordanis, prout debebit.

'504. — Judicatum est quod serjanteria Roberti de Londa, defuncti, sit quedam portio per se, et tota alia terra que fuit domini
Roberti in tres portiones parciatur, et antenatus eligat portionem
quam melius voluerit [1].

505. — Judicatum est quod homines Baiocenses, conquerentes
de domino episcopo Baiocensi de molta molendinorum suorum,
quam ab eis feodaliter exigebat, habeant stabiliam contra dominum
episcopum, maxime cum nunquam fuerit saisitus de illa molta, sicut
dicunt.

506. — Acordatum est quod dominus Radulfus de Mellent habeat
talem saisinam de placitis in honore Corcellie qualem solet de feodis que tenentur ab episcopo Baiocensi et que prefatus episcopus
exigebat ab eo, quousque dominus rex exinde precipiat suam voluntatem.

'507. — Judicatum est quod inquiratur utrum terra quam Fulco
de Cantelupi, pater[2] Roberti de Cantelou, tenebat erat feodum lorice
quando obiit vel escaeta.

508. — Judicatum est quod misia facta inter fratres de Hosa super
dominum episcopum Ebroicensem et Johannem de Porta remaneat,
et W. de Hosa escaetam fratris sui prosequatur tanquam de nova
escaeta [3].

---

[1] L'auteur de la deuxième compilation
ajoute : « Hoc est dubium nisi essent qua-
« tuor fratres. »

[2] *Presbiter,* dans le manuscrit.
[3] Cf. 534, 555.

´5og. — Judicatum est quod inquiratur utrum pater pueri qui est in custodia abbatisse Lexoviensis fuit in custodia ejusdem abbatisse ratione feodi lorice, sicut dicit, de quo feodo homines sui difforciant auxilium ad materteram suam maritandam de Coudreio.

´51o. — Preceptum est quod homines de Longa Villa juxta Vernonem, qui tenent quemdam boscum a domino rege pro centum modiis vini annuatim ad mensuram de Vernone et de quolibet igne ardente[1] debent annuatim duos denarios, possunt quamdam portionem mittere in defensum ad faciendum marranna dictarum vincarum, non obstante contradictione unius vel duorum.

———

511. — ITEM, IBIDEM, IN SCACARIO SANCTI MICHAELIS (A. 1233), CORAM DOMINO BARTHOLOMEO DE ROIA, ALBERICO DECANO TURONENSI ET MULTIS ALIIS.

51 2. — Preceptum est quod abbas de Cerasiaco et conventus teneant et possideant in pace patronatum ecclesie de Traceio, prout in cartis suis quas habent super eadem ecclesia continetur.

513. — Judicatum est quod ecclesia Sancti Audoeni de Evremout remanet abbacie Becci ad finem per cartam regis Henrici, cum omnibus pertinenciis dicte ecclesie.

´514. — Judicatum est quod Morellus Judeus afferat ad assisiam Falesie recordationem assisie in qua habuit saisinam terre Fromundi de Pontibus, militis, per judicium assisie, sicut dicit[2].

´515. — Preceptum est de hominibus qui secant proprias segetes suas vel per denarios suos, qui volunt capere locagia sua ante-

[1] *Argento*, dans le manuscrit. — [2] Cf. 542.

quam decima donata sit, quod fiat ad consuetudines et usus loco-
rum.

516. — Preceptum est de interfectoribus hominum, et de illis qui
per vim uxores capiunt, quod de eis fiat secundum quod de ipsis hac-
tenus est usitatum.

517. — Judicatum est quod mulier vidua non potest revocare
venditionem[1] suam quam consanguineus suus fecerit anno venditionis
elapso, nec infans quando venit ad etatem suam.

518. — Judicatum est quod Rogerus de Antunat' habebit saisinam
svam et Eudo[2] de Buivilla sequatur jus suum.

519. — Judicatum est quod mulier vidua potest dare terciam
partem hereditatis sue cuicunque voluerit, vel tradere in vadimo-
nium ad maritandam filiam suam, si ei placuerit, ad valorem tercie
partis[3].

———

520. — Anno Domini m° cc° xxx° iiii°, facta sunt hec judicia apud
Rothomagum, in scacario Pasche, coram domino Bartholomeo de
Roia, Johanne de Bello Monte et multis aliis.

521. — Judicatum est quod Judei non possunt tenere domos et
tenementa que emerunt in terra abbatis Sancti Petri super Divam,
que acquisierunt sine assensu abbatis [post] judicium in scacario
factum, et ea que acquisierunt interim vendantur et ponantur extra
manum eorum[4].

---

[1] *Revocare ventam consanguinei*. — Deuxième compilation.

[2] Le manuscrit porte *Eundo*.

[3] La deuxième compilation rapporte à l'échiquier de Saint-Michel 1233 l'arrêt suivant, qui manque dans la première : « Judicatum est quod maritus potest attornare uxorem suam ad petendum terram et ad sequendum querelam. »

[4] Cf. 336.

522. — Recognitio inter dominum regem, ex una parte, et abbatem de Ulteriori Portu, ex altera, quis advocatus presentavit ultimam personam mortuam ad ecclesiam de Basochis[1]. Juratores : Gervasius de Ree, Gaufridus de Culaio, Rogerus Pelecoc, Ricardus de Roenaio, presbiter [i]; W. Malerbe, Ph. le Bouchier, W. de Culaio, Robertus de Cordaio, milites. Dicunt omnes quod jus dicti abbatis et conventus est, et quod ultimam personam mortuam presentaverunt ad dictam ecclesiam. Judicatum est quod abbas et conventus habeant patronatum dicte ecclesie.

523. — Preceptum est quod emptores victualium monachorum Becci et eorum summarii non capiantur in foro nec extra nec distrahentur nec exhonerentur pro aliqua causa, sed eam libertatem habeant ac si essent domini regis, prout continetur in carta domini regis Henrici, quondam regis Anglie, quam ab eo habent.

524. — Judicatum est quod domina de Costentino que remansit in saisina mariti sui habeat proventus dotis sue post mortem viri sui[2].

525. — Judicatum est quod archidiaconus Paganelli respondebit versus Robertum de Novo Burgo, non obstante sententia judicum et episcopi Sagiensis, cum episcopus Ebroicensis, cujus residens est, ipsum non habeat pro excommunicato[3].

526. — Judicatum est quod infans infra etatem non respondebit versus cognatum patris sui de saisina patris sui, quousque dictus infans habeat etatem sufficientem.

527. — Judicatum est quod episcopus Lexoviensis debet habere auxilium exercitus a domino Ricardo de Croleio, quod pagaverat do-

[1] *Vasechis,* dans le manuscrit. — [2] *A morte viri sui.* Deuxième compilation. — [3] Cf. 453.

mino regi pro dicto Ricardo de quodam feodo militis, et hoc est judicatum pro defectibus dicti militis[1].

'528. — Judicatum est quod Perrinus de Noion habeat saisinam Mazeline de Andeliaco talem qualem habebat quando vadiavit legem quam non fecit, sed prius mortua fuit[2].

'529. — Judicatum est quod Theobaldus Bonaignel[3] potuit se essoniare quadam vice de judicio versus W., fratrem suum; et dictus W. in misericordia pro judicio expectato.

530. — Judicatum est quod Alemannus de Aubigneio habebit saisinam dominii terre quam petebat, et Symon, cui terra data fuerat a crucesignato, habebit proventus terre illius.

'531. — Judicatum est quod presbiter de Varavilla habeat decimam pratorum parrochie sue que lucrata fuit[4] et culta temporibus transactis, et de quibus alia vice habuit decimam.

'532. — Judicatum est quod filii Johannis Bordon habeant victum suum de terra patris sui, de qua mater eorum est dotata.

'533. — Judicatum est quod quedam carta saisita probatur per una[m] solam cartam saisitam.

534. — Judicatum est quod W. de Hosa habebit recognitionem de saisina fratris sui versus heredem de Hosa, nepotem suum[5].

———

535. — ITEM, IBIDEM, IN SCACARIO SANCTI MICHAELIS (A. 1234),

---

[1] Cf. 460, 500, 536.
[2] « Quam non fecit quia ante terminum « mortua fuit. » Deuxième compilation.
[3] Lisez Burgueaignel, comme plus bas,

n° 664. (Voy. aussi Catalogue des actes de Philippe-Auguste, p. 358, n° 1575.)
[4] Il faut probablement lire fuerunt.
[5] Cf. 508, 555.

CORAM DOMINO G., ARCHIEPISCOPO SENONENSI, DOMINO BARTHOLOMEO DE ROIA ET MULTIS ALIIS,

536. — Preceptum est quod misericordia levetur a Ricardo de Croleio, milite, idcirco quod non persolvit episcopo Lexoviensi auxilium exercitus, sicut in alio scacario fuit adjudicatum, et ipse est in altera misericordia quoniam ipse dicebat contra judicium scacarii quod factum fuerat[1].

537. — Judicatum est quod terra donata in maritagio, de qua hominagium non est retentum, ad heredes donatoris non potest reverti si forifacta fuerit.

538. — Recordatum est per magistros scacarii, per episcopos et barones et milites presentes in scacario quod, cum contentio esset inter dominum episcopum Lexoviensem, ex una parte, et milites suos, ex altera, super auxilio exercitus quod dictus episcopus a dictis militibus exigebat, et milites dicebant et cognoscebant quod ipsi tenebant de dicto episcopo et debebant eidem servicia militum, sed episcopus debebat eis invenire ad manducandum in tentorio suo dum esset in exercitu, et alia etiam petebant, que omnia dictus episcopus negabat, quod adjudicatum fuit quod dicti milites pagarent auxilium et jus suum prosequerentur si vellent erga eumdem dominum episcopum, et adhuc acordant quod dictus episcopus habeat auxilium sicut adjudicatum fuit in scacario, et ipsi milites in misericordia remanent pro judicio expectato[2].

539. — ITEM, APUD CADOMUM, DE TERMINO EODEM (SANCTI MICHAELIS) ET DE EODEM ANNO (1234), CORAM DOMINO G., ARCHIEPISCOPO SENONENSI, ET ALBERICO, DECANO TURONENSI, ET MULTIS ALIIS.

540. — Preceptum est quod divisio fiat per milites et probos ho-

[1] Cf. 460, 500, 527. — [2] Cf. 460, 550.

mines inter feodum Radulfi le Vavassor et feodum Ricardi Agnelli, militis, utrum sit ducatus vel comitatus.

541. — Acordatum est quod verecum custodiatur in manu domini regis per annum et diem, et si infra annum aliquis illud requisierit et probaverit esse suum, justicia domini regis ei reddet; si autem infra annum requisitum non fuerit, reddatur ei cui debebat [1] de jure reddi.

542. — Acordatum est quod si Morellus Judeus per recordationem assisie probaverit quod Fromundus de Pontibus, miles, vendidisset ei terram suam de Pontibus, terra illa domino regi loco dicti Judei remanebit; si autem venditio recordata non fuerit, dicta terra dicto Fromundo remanebit [2].

543. — Preceptum est quod Johannes de Verdun habeat terram suam quam filius Morelli Judei emerat ab eodem, et dictus Johannes debet eidem Judeo reddere xviii libras turonensium.

544. — Preceptum est quod prior Auree Vallis habeat decimam omnium essartorum boscorum de Luthehara [3].

545. — Judicatum est quod homines domini W. de Revers habebunt recognitionem de superdemanda versus dominum W. si voluerint, et idem W. interim in saisina sua remanebit [4].

---

[1] *Debeat.* Deuxième compilation.
[2] Cf. 514.
[3] *Luthehaia,* dans le manuscrit.
[4] Ce jugement est ainsi noté dans la deuxième compilation : « Judicatum est « quod homines domini Guillelmi de Re- « vers possunt contra eum capere breve de « superdemanda, et idem interim in sai- « sina sua erit. » De plus, la deuxième com- pilation se termine par cette note, qu'il faut certainement rapporter au même jugement : « Scacarium apud Cadomum. « Guillelmus de Reviers, miles, peciit ab « hominibus suis quedam servicia. Ipsi « dixerunt se fecisse illa servicia, sed nec « feodaliter nec per costumam. Miles ha- « buit saisinam illorum serviciorum. Pe- « tebant homines estabilitatem. Miles tan-

546. — Judicatum est quod Jacobus de Boulingueham [1], miles, habeat auxilium exercitus tanquam antenatus et postquam Alemannus de Albigneio eidem difforciabat [2].

547. — Preceptum est quod inquiratur de usu quo modo vavassores et residentes in eis usi sunt transactis temporibus in mercato Constanciensi, et secundum hoc eis faciat [3].

« quam saisitus se volebat defendere per « duellum, Tantum inde est quod homines « debebant et poterant habere breve de « sordemanda. »

[1] *Boulingueham*, dans le manuscrit.

[2] Cf. 556, 628, 637. A ce jugement se rapporte le passage suivant des *Querimoniæ Normannorum* (f. 10) : « Jacobus de Boni-« gaham, miles, de Tilleriis, conqueritur « quod non potest habere redevancias et « auxilium exercitus de terra bone memorie « Nicholai Malemains, militis, que sita est « in parrochiis de Tilleriis, de Bariz, de « Boort ceterisque parrochiis pertinentibus « ad feodum de Tilleriis sitis in Ebroicensi « et Lexoviensi diocesibus, que omnia de-« beret habere de dicta terra sicut ante-« natus, cum pro toto feodo de Tilleriis « domino regi fecerit homagium, propter « quod dampnificatus fuit annis sex elapsis « in cccc xx libris turonensium, exceptis « expensis quas fecit in prosequendo jus « suum, quod tantum prosecutus fuit quod « judicatum fuit in scacario Cadomensi « quod debebat habere sicut antenatus re-« devancias supradictas, quando exercitus « domini regis de Pontorson remeavit, et « sicut anno transacto recordatum fuit in « scacario Cadomensi ; et hoc totum fuit « positum in registro. »

[3] C'est probablement à une session de l'année 1234 qu'il faut rapporter deux jugements de l'échiquier mentionnés dans la compilation des assises de Normandie. Je rapporterai ici les passages relatifs à ces jugements :

« Robertus in vita sua a prefatis pueris « dixit super portione terre quam patri de-« derat eorum, sicut in ejus cartis conti-« nebatur, dixit se non debere respondere « minoribus, sicut minores ei respondere « non tenebantur, si eos conveniret. Judi-« catum fuit pro Roberto in alio scacario. » (Ms. lat. 4651, f. 56 ; sup. lat. 1016, fol. 9 v°; sup. lat. 1290, fol. 61 v°; ms. lat. 4653 A, p. 288. Léchaudé, p. 145. Warnkœnig, p. 51.)

« Attornari non potest aliquis etiam in « scacario ante terminum in curia assigna-« tum, sicut vidi in scacario de domino « Yvone de Veteri Ponte, qui fecit citari « dominum Johannem de Bruecourt in sca-« cario, et statim voluit facere attornatum, « quod facere non potuit. » (Ms. lat. 4651, fol. 56 v°; sup. lat. 1016, fol. 10 ; sup. lat. 1290, fol. 62 ; ms. lat. 4653 L, p. 282. Léchaudé, p. 145. Warnkœnig, p. 52.)

Le registre auquel renvoie l'article suivant de la même compilation est peut-être aussi le registre de l'échiquier :

« Mulier, mortuo marito, non potest re-« trahere venditionem quam propinquus « ejus fecit vivente marito qui tacuit per « annum. Queritur utrum idem sit in mi-

548. — Anno Domini M° CC° XXX° V°, facta sunt hec judicia apud Rothomagum, in scacario Pasche, coram domino G., Senonensi archiepiscopo, Alberico, decano Turonensi, et multis aliis.

'549. — Preceptum est autem quod Judei nullum accipiant vademonium nisi per testimonium bonorum hominum et fide dignorum. Si autem vadia inventa fuerint penes ipsos de quibus garantum non habuerint, per jus tanquam Christiani ducantur. Et pro hiis omnibus fideliter adimplendis, baillivis preceptum est quod nichil capiant, et mandatum hoc nullo modo excedant sicut cara habent corpora sua et hereditates suas et mobilia sua.

550. — Preceptum est quod dominus episcopus Lexoviensis habeat auxilium exercitus omnium feodorum militum que Henricus Louvet tenet de eo, et eciam de omnibus aliis feodis que tenentur ab eo, quia sic judicatum fuit in alio scacario, prout magistri scacarii et alii recordantur. Si autem voluerint, jus suum versus dictum episcopum prosequantur, ita tamen quod dictus episcopus habeat plenariam saisinam antequam respondeantur[1].

551. — Judicatum est quod Radulfus Chal'. potuit dare Templariis terciam partem terre sue, dum tamen illam terciam partem ante ea non dedisset aliis nec vendidisset, non obstante contradictione heredis sui.

'552. — Judicatum est quod domina Katerina de Cadros habebit terram suam quam maritus suus impedivit et tradidit Caloto Judeo, non obstante hoc quod maritus suus eam attornasset loco sui.

‹ nore, finita custodia. Theobaldus Cornet ‹ dicit quod revocabit. In registro autem « contra Theobaldum. » (Ms. lat. 4651, fol. 57 v°; sup. lat. 1016, fol. 10 v°; sup. lat. 1290, fol. 63; ms. 10390, 2, fol. 218 v°; ms. lat. 4653, fol. 75; ms. lat. 4653 A, p. 286. Léchaudé, p. 146. Warnkœnig, p. 55. Cf. Marnier, p. 95.)

[1] Cf. 460, 538.

`553. — Judicatum est quod filia suspensi non habebit escaetam patris sui nec matris suc.

`554. — Judicatum est quod heredes alicujus hominis sequentis alium de membris sive [1] de furto, et ipse victus fuerit et suspensus, ipsi habebant hereditates suspensi, non obstante judicio quod factum fuit per episcopos et barones et milites de illis qui sequebantur alios de membris, quia judicium non fuit factum de hereditatibus, sed de membris [2].

`555. — Judicatum est quod filius W. de Hosa habebit portionem suam de escaeta avunculi sui versus filium Henrici de Hosa [3].

556. — Judicatum est quod feoda militum videantur in honore de Teleriis, de quibus dominus Jacobus de Boullinguehan petit auxilium exercitus versus dominum W. de Feritate et quemdam alium [4].

557. — Judicatum est quod filius antenati fratris habebit saisinam avunculi sui defuncti et faciet avunculo suo postnato hoc quod debebit ad usus et consuetudines Normannie.

`558. — Judicatum est quod uxor domini Stephani de Sacro Cesare non habebit dotem nisi de illa medietate de qua Galeranus de Yvriaco, maritus suus defunctus, habuit saisinam, et uxor Goelli de Yvriaco habebit dotem suam de omni saisina quam dictus Goellus habebat, tam ex parte patris quam ex parte matris, quando eam duxit in uxorem [5].

---

[1] *De membris suis de f.* Ms. de Rouen.

[2] « Habebunt hereditatem suspensi patris sui, non obstante quod acordatum « per regem et barones fuit quod talis appellator si victus esset suspenderetur, quia « de membris tantum dixerunt. » Deuxième compilation.

[3] Cf. 508, 534. La deuxième compilation porte : « Judicatum est quod filius fratris antenati habebit saisinam avunculi « sui deffuncti et faciet avunculo suo postnato quod debebit. »

[4] Cf. 546, 628, 637.

[5] De cet article, il convient de rappro-

559. — Item, apud Cadomum, de eodem termino (Pasche) et eodem anno (1235), in festo beati Marci evangeliste, coram predictis.

560. — Judicatum est quod burgenses de Honnefluctu debent prius negare vel cognoscere injuriam quam faciunt burgensibus domini regis quam habeant diem competentem ad respondendum, et sunt in misericordia quoniam nolebant respondere et pro judicio super hoc expectato [1].

561. — Judicatum est quod recognitio non fiet super ecclesia Sancti Laudi de Orvilla in Costentino, de qua contentio erat inter abbatem Exaquiensem, ex una parte, tenentem, et Th. de Orvilla, ex altera, petentem, recognitio quis advocatus presentasset ultimam personam mortuam ad prefatam ecclesiam, quia dictus abbas habet cartas omnium donatorum, et maxime cartam regis Henrici de confirmatione et litteras episcoporum et officialium [2] de testimonio cognitionis ultime persone que recepta [3] fuit ad presentationem antecessoris sui.

562. — Judicatum est quod Petrus Ruaut, miles, non potest revocare terram quam Robertus de Chinon elemosinavit prioratui de Moustons, xvii annis elapsis.

cher un autre jugement relatif à la succession de Galeran d'Ivry. Il se trouve sans date d'année à la fin de la deuxième compilation : « In scacario apud Rothomagum. Vicecomitissa Meleduni, que fuit « uxor Galeranni de Ybriaco, primogeniti « defuncti Roberti de Ybriaco, petebat a « rege, qui terram Roberti defuncti tenebat « in manu sua, dotalicium tocius terre, se- « cundum quod continebatur in carta Ro- « berti defuncti. Goellus, frater postnatus « dicti Galeranni et filius Roberti, petebat

« saisinam patris sui defuncti. Filii Gale- « ranni, infra etatem constituti, petebant « victum suum a rege. Judicatum fuit quod « Goellus haberet saisinam. » (Voy. plus bas, n° 567.)

[1] Cf. 566.

[2] Peut-être *officialis*. Le manuscrit porte *offic.* avec un signe d'abréviation.

[3] Le manuscrit de Rouen porte « de tes- « timonio ultime persone cognitionis, qui « receptus fuit. » J'ai suivi la leçon de la deuxième et de la troisième compilation.

563. — Judicatum est quod serjanteria non potest nec debet partiri cum sit feodata.

———

564. — Item, apud Rothomagum, in scacario Sancti Michaelis (a. 1235), coram Alberico, decano Turonensi, et Johanne de Bello Monte, et multis aliis.

565. — Preceptum est Reginaldo de Triecoc quod reddat Symoni de Fornevilla saisinam suam de terra quam habet ex dono Goelli de Yvriaco, militis, ita quod heres dicti Goelli reclamet si voluerit cum ipse ad etatem sufficientem pervenerit.

566. — Preceptum est quod mercatores possint emere pisces insalsatos[1] apud Honnefluctum, sicut mercatores ville, sine contra- dictione[2].

567. — Acordatum est quod terra quam W. de Yvriaco, miles, petit a nepote suo, de qua petit saisinam, et unde habet cartam a fratre suo, videatur, et postea inquiratur utrum habeat talem por- tionem de terra patris et matris sue qualem debet habere, et quantum terra valet, et [in] quali statu terra data fuit ei[3].

568. — Acordatum est quod molinum J. de Nova Villa, militis, quod habet de dono domini regis, videatur et hoc quod pertinet ad molinum.

569. — Judicatum est quod dominus rex habebit custodiam terre que fuit Amici de Cauvincort, quam tenebat a domino Johanne de Clera, ea ratione qua[4] ipse habebat usagium suum in foresta de

---

[1] *Salsatos.* Ms. 10390. 2. — *Poissons frès.* Version française.
[2] Cf. 560.
[3] Cf. 558.
[4] *Quam,* dans le manuscrit. La leçon *qua* est fournie par la troisième compilation.

Lyons ex dono Henrici, regis quondam Anglie, et dictus Johannes, qui petebat custodiam, remanet in misericordia pro judicio expectato.

570. — Acordatum est quod Robertus Bertran justicietur pro defectu suo versus abbatem de Becco, et dictus abbas sit iterum in saisina sua sicut prius erat.

571. — Preceptum est quod maritagium Ysabellis, filie Roberti Louvet, deliberetur, non obstante pactione quam fecit pater suus domino Matheo de Poteria.

⸺

572. — Item, apud Cadomum, in scacario Sancti Michaelis (a. 1235), coram domino Johanne de Bello Monte, J. de Curia et multis aliis [1].

573. — Judicatum est quod W. de Planeto et uxor sua, filia W. Fabri de Fuilleia, habeat ad finem hereditatem que fuit W. patris sui absque aliqua contradictione [2].

574. — Judicatum est quod Alexander Gueroudi faciet compotum Gocelino Calvo de firma de Treveriis de dimidio anno, et Alexander in misericordia pro difforciatione.

575. — Judicatum est quod terra quam Johannes de Homme dedit generi suo adhuc videatur et quod dicti Johannes et gener sint ad visionem.

576. — Judicatum est quod mulier que petit portionem suam a cognato suo habebit eam, non obstante cruce quam ultimo sumpsit [3].

---

[1] Dans la troisième compilation, ce chapitre commence par le jugement suivant :

« Dominus Guillelmus Murdac est in « misericordia pro malefacto hominis sui « quem homines sui ligaverunt et multa « propria (l. opprobria) tulerunt. »

[2] Cf. 579 et 599.

[3] Quam secundo acceperat. Troisième compilation.

' 577. — Judicatum est quod episcopus Sagiensis non potuit essoniare se propter ordines suos versus marescallum Francie de die sibi assignata a domino rege, et quod est in misericordia pro defectu, et res interim sint in statu in quo erant ante diem assignatam [1].

' 578. — Judicatum est quod misia quam episcopus Abrincensis et abbas Cadomi fecerunt non remanebit propter litteras capituli Abrincensis, sed oportet quod teneat misiam quam fecit sine assensu capituli sui, et est in misericordia.

' 579. — Judicatum est quod infans qui fuit filius W. Fabri de Fuilleia habeat maritagium matris sue, non obstante hoc quod pater suus fecit occidere patrem suum de nocte [2].

' 580. — Judicatum est quod avunculus suus non respondebit versus nepotem suum de saisina patris sui.

' 581. — Nova constitutio [3] facta a domino rege de Judeis quod vivant [4] de propriis laboribus sive mercatura sine usura; de lupanaribus et meretricibus abiciendis; quod in tabernis non recipiantur nisi transeuntes; de servientibus Judeorum Christianis, qui excommunicati sunt, ut dimittant eos; de redditibus qui debentur a domino rege ecclesiis vel locis religiosis, ut perfecte solvantur; de bladis domini regi debitis, ut in terminis assignatis recipiantur [5].

———

582. — Anno Domini M⁰ CC⁰ XXX⁰ VI⁰, facta sunt hec judicia [6] in

[1] Cf. 6o5, 6o6.
[2] *Fecit occidi matrem suam.* Troisième compilation. Cf. 573 et 599.
[3] *Institutio.* Troisième compilation.
[4] La leçon *quod vivant de p.* est fournie par la troisième compilation. Le ma-

nuscrit de Rouen porte *qui vivant propriis.*
[5] L'article 581 de la première compilation a été publié par D. Bessin, *Conc.* I, 142.
[6] Il faut sans doute suppléer ici les mots *apud Rothomagum.*

SCACARIO PASCHE, CORAM DOMINO [1] CORNUTO DECANO TURONENSI, DOMINO JOHANNE DE BELLO MONTE ET MULTIS ALIIS.

' 583. — Judicatum est quod heredes Petri de Prato habeant domum apud Andeliacum quam filia Gaufridi de Caprivilla, defuncta, tenebat ab eis ideo quod bastarda erat.

' 584. — Acordatum est quod primogenita filia Garnerii Trossel [2] habebit per usus et consuetudines Caleti capitale masuagium, ita quod faciet de terra excambium sororibus suis.

' 585. — Judicatum est quod heredes cujusdam hominis de Longa Villa prope Vernonem, qui erat secutus de morte cujusdam hominis, habeant catalla patris sui fugitivi, ideo quod mortuus fuit antequam fuisset forbanitus.

' 586. — Judicatum est quod Robertus de Willequir poterit sequi breve de saisina versus homines suos de Esquevilla, non obstante hoc quod est infra etatem et quod teneat quitanciam quam pater suus fecit abbati et conventui de Cornevilla, videlicet de x solidis Turonensium redditus, et de stramine quod capiebat in granchia [3] eorumdem, et de octo acris terre quas predictus pater quietavit et reddidit cuidam mulieri in lecto egritudinis sue.

587. — Judicatum est quod fratres J. de Bouvilla habebunt portionem suam de terra quam pater ecrum tenebat a comite Ebroicensi apud Tractum.

' 588. — Judicatum est quod cruce signati debent respondere super [4] breve de feodo et vadio non obstante cruce sua, et quod non habebunt terminum nisi [5] unius anni et diei.

[1] Sous-entendu *Alberico*.

[2] Le manuscrit porte *primogenita Ganerii filia Trossel*.

[3] *Manchia*, dans le manuscrit.

[4] Le manuscrit paraît porter *apud*.

[5] Le mot *nisi* n'est pas dans la troisième compilation. La version française porte : *Il n'auront pas terme d'un an et d'un jor.*

589. — Preceptum est a magistris quod domina Cecilia, uxor Ricardi de Rouvres, habeat dotem suam apud Rouvres de terra que in manu regis est, de qua Ricardus de Rouvres erat saisitus quando eam duxit in uxorem.

———

590. — ITEM, APUD CADOMUM, DE EODEM TERMINO (PASCHE, A. 1236), CORAM JOHANNE DE BELLO MONTE, DOMINO ALBERICO, DECANO TURONENSI, ET MULTIS ALIIS.

591. — Preceptum est quod Johanna de Collandon habeat terram que data fuit ei in maritagio quando Reginaldus de Collandon duxit eam in uxorem, que terra est in manu domini regis occasione forifacti dicti Reginaldi, mariti sui, et dicta terra est apud Collandon.

592. — Judicatum est quod Gerardus de Guerartot, miles, non respondebit versus dominam Agnetem de Sancto Egidio de dote sua versus eam; sed, si voluerit, prosequatur dotem suam versus relictam Thome de Karquingneio, que detinet dotem predictam.

593. — Judicatum est quod milites qui sunt residentes in baillia Petri Jumel non erunt remoti de recordatione quam idem Petrus petit versus Stephanum de Sicca Villa, militem, et dictus Stephanus remanet in misericordia pro judicio expectato.

594. — Judicatum est quod Nicholaus de Taillia et uxor sua non habebunt portionem de terra quam petunt a Radulfo de Bosco Gaucherii et uxore sua, quam petebant ratione escaete fratris sui, qui eam vendidit prefato Radulfo, tribus annis jam elapsis, ex quo ita est quod dictus Nicholaus non reclamavit.

595. — Judicatum est quod pater qui maritavit duas de filiabus suis de catallo suo potuit dare filie sue tercie in maritagio terciam partem terre sue, et quod filius suus non poterit hoc revocare.

596. — Judicatum est quod homines de Luthehare habebunt stabiliam versus molendinarium de Luthehare de operationibus et serviciis molendinorum quas petit ab eis.

597. — Judicatum est quod Th. Gilleberti, clericus, et fratres
sui sunt bastardi, et hoc bene probatum est, prout continetur in litteris officialis Rothomagensis.

598. — Judicatum est quod inquiratur utrum terra heredis de
Neaufle[1] sit partibilis, vel utrum sit feodum lorice quod non debeat
partiri[2].

599. — Judicatum est quod primogenitus frater illius qui occidit
Fabrum de Foilleia habebit terram suam tanquam antenatus, et quod
terra iterum videbitur, et inquisitum erit de quo ille qui forefecit
erat saisitus[3].

600. — Judicatum est quod filii Philippi de Agnellis non habebunt victum de terra quam pater eorumdem vendidit, sed habebunt
tantum de saisina quam pater eorum habebat quando decessit.

601. — Judicatum est quod terra de qua contentio est et unde
requiritur recordatio inter homines de Crues, ex una parte, et dominum Henricum, ex altera, prius videatur quam recordatio inde fiat[4].

[1] *Neaulfre*, dans le manuscrit.
[2] Cf. 611, 617.
[3] Cf. 573 et 579.
[4] Dans la deuxième compilation, l'ordonnance qui suit est rapportée à un échiquier tenu à Caen, en 1236 : « Preceptum
« est quod visio posset fieri sine militibus
« in omni placito de quo bellum non pos-
« sit exire. » (Cf. 384.)
Je crois devoir aussi rattacher à l'année
1236 le jugement suivant de l'échiquier,
qui nous a été conservé par la compilation
des assises :
« Abbas Fiscanni petebat ab hominibus
« suis de Argenciis in curia sua quedam
« jura et petebat per unum garantum con-
« tra omnes. Dictum fuit in scacario quod
« bene poterat usque ad visionem. » (Ms.
lat. 4651, f. 59; sup. lat. 1016, fol. 11, v°;
sup. lat. 1290, fol. 64. Léchaudé, p. 147.
Warnkœnig, p. 59.)
L'article correspondant de la version

602. — Item, apud Rothomagum, in scacario Sancti Michaelis [1] (a. 1236), coram domino Johanne de Bello Monte, J. decano Turonensi, et multis aliis.

603. — Judicatum est quod P[etronilla] de Ravel habeat saisinam vinee de qua contentio erat inter ipsam et Valenguerum le Saquart, salvo jure neptis dicte Petronille.

604 [2]. — Judicatum est quod moniales monasterii Villaris respondebunt versus heredes Barbatoris et de nova escaeta de facto suo, non obstante hoc quod non habent abbatissam [3].

605. — Judicatum est quod episcopus Sagiensis, qui negat se non habere diem versus marescallum Francie, nisi solum de judicio habendo utrum [debet] habere duos dominos de uno feodo, non respondebit versus ipsum nec legem faciet propter hoc quod dictus marescallus non habuit garantum contra ipsum [4].

606. — Judicatum est iterum quod marescallus Francie non habebit saisinam nannorum nec averiorum que capta fuerunt in terra dicti episcopi, unde contentio est inter ipsos, sed erunt in manu domini regis quousque recognitum fuerit utrum potuit dicta nanna capere in terra predicta, et est dies assignata dicto episcopo ad primam assisiam Argentonii ad probandum quod dictus marescallus cepit ea ubi non potuit nec debuit [5].

607. — Judicatum est quod inquiratur qualem saisinam et quo-

francaise que M. Marnier (p. 102) a publiée est ainsi conçu : « Li abes de Fescam « demandoit à ses homes d'Argences unes « droitures en sa cort et les demandoit 'ar- « rierres par un garant; li homes disoient « que il ne pooit sivre par un garant contre « toz. Il fu dit en l'eschiquier que si pooit « bien jusqu'à la veue. »

[1] Scacarium circa festum beati Dyonisii apud Rothomagum. Troisième compilation.

[2] Cet article manque dans la version française.

[3] Quod habent abbacium, Ms. 10390. 2.

[4] Cf. 577, 606.

[5] Cf. 577, 605.

modo erat saisitus pater cujus[dam] Campiun, infra etatem, de terra quam ille petit, qui diu moram fecerit in peregrinatione sua, et dicit quod terra illa erat sua quando ivit in peregrinatione.

608. — Judicatum est quod infantes filii antenati habebunt saisinam avi sui ante materteras suas.

609. — Judicatum est quod W. de Argenciis habeat talem saisinam qualem dominus rex habuit ratione custodie de morte patris sui.

610. — Judicatum est quod boscus unde contentio erat inter decanum Baiocensem et abbatem et conventum de Cadomo teneatur in manu domini regis quousque cognitum sit utrum decanus habuit in pace vel cepit per vim.

611. — Judicatum est quod terra quam heres de Neaulle [1] tenet partita sit, cum alia vice partita fuerit, sicut judicatum est, et quod mater heredis dotem in parte sponsi sui habeat [2].

612. — Anno Domini M° CC° XXX° VII°, facta sunt hec judicia apud Rothomagum, in scacario Pasche, coram domino Johanne de Bello Monte, domino J. decano Turonensi, et multis aliis.

613. — Preceptum est quod Gillebertus de Quentevilla habeat terram suam integre, sicut eam habebat quando habuit licentiam a domino rege in Angliam transfretandi, et etiam omnes proventus ex ea, et omnes illi qui falso probaverunt quod mortuus erat sint in misericordia domini regis.

614. — Judicatum est quod dominus W. de Torvilla [3] habeat

[1] Neauffe, dans le manuscrit. — [2] Cf. 598, 617. — [3] Tornevilla. Ms. 10390. 2.

terminum unius anni et dici per crucem suam [1] versus dominam
Evam de Augervilla a die martis proxima post octabas Pasche.

615. — Judicatum est quod dominus J[ohannes] de Tornebu
habeat redevancias et auxilia de feodis que dominus Robertus de Corceio reddit eidem Johanni apud Amfrevillam, Urvillam et Alodia,
non obstante contradictione et contentione rusticorum.

———

616. — ITEM, APUD CADOMUM, IN SCACARIO DE EODEM TERMINO (PAS-
CHE, A. 1237), CORAM PREDICTIS.

617. — Preceptum est a magistris scacarii quod terra heredis de
Neaufle videatur, et inquisicio fiat ad scacarium Sancti Michaelis
utrum terra sit partibilis vel membrum lorice, et interim terra illa sit
in manu regis [2].

618. — Acordatum est quod frater occisi sive propinquior de affi-
nitate illius poterit sequi de morte illius, ita quod inde non faciat
pacem, et si ille qui secutus fuerit poterit se defendere, quod exinde
remaneat quitus ad finem; hoc factum est si placuerit domino regi.

619. — Acordatum est quod domicele de Yvriaco et sorores sue
maritate habeant partem tocius terre de Yvriaco, salvis forestis et pro-
ventibus forestarum, ita quod videatur quantum prime habuerunt, et
de residuo habebunt partem suam.

620. — Judicatum est quod ille qui natus fuit ante sponsalia, sive
post, est propinquior heres ad habendum hereditatem patris et duobus tradatur in maritagium [3], si sancta ecclesia approbet maritagium.

———

[1] *Per crucem suam* manque dans la troisième compilation.
[2] Cf. 598 et 611.

[3] *In maritagio*. Troisième compilation.
Il faut peut-être retrancher le membre de
phrase *et duobus tradatur in maritagium*,

˙621. — Judicatum est quod filius Thome de Gorgis non respondebit [1], antenato suo absente, qui est contra regem.

˙622. — Judicatum est quod Eufemia Anglice non respondeat [2] a
morte W., Th. de Bello Monte, milite, fratre suo, absente, quamvis
non habeat pacem domini regis.

˙623. — Acordatum est a magistris scacarii quod relicta Thome
de Gorgis non habebit dotem de terra dicti Thome, cum ipse Thomas, qui erat ligius homo domini regis et in garnisione, tradidit castrum domini regis in manu inimicorum suorum, et abiit [3] in Angliam
contra dominum regem, et hoc factum fuit ad consilium.

——

624. — ITEM, APUD ROTHOMAGUM, IN SCACARIO SANCTI MICHAELIS [4]
(A. 1237), CORAM PREDICTIS.

˙625. — Judicatum est quod Robertus de Monte Forti cognoscet
prius cartam patris sui vel negabit versus W. de Mortuo Mari, militem, antequam breve vadii currat.

˙626. — Judicatum est quod major Rothomagi non respondebit
versus attornatum comitis Augi, nisi dominus comes habeat recordationem assisie vel litteras domini regis quod mater sua dederit ei terram suam.

627. — Judicatum est quod avunculi domine de Chesneto habebunt victum suum secundum valorem terre.

dont l'équivalent n'est pas dans la version
française.

[1] *Respondebitur*, dans le manuscrit.
[2] *Respondeatur*, dans le manuscrit.
[3] *Obiit*, dans le manuscrit. *Abiit*, dans

la troisième compilation. *S'en ala en En-
gleterre*, dans la version française.

[4] *Scacarium circa festum beati Mathei
apostoli apud Rothomagum*. Troisième compilation.

628. — Concordati sunt Jacobus de Boulinguehan[1], miles, dominus[2] de Teleriis, W. de Feritate, Guillebertus de Essartis, Rogerus de Mineriis, W. le Drocis, super auxilio exercitus quod ab eis exigebat de feodis suis, ita quod ipsi persolvent de cetero de feodo franco duos solidos, pro vancia[3] duodecim denarios, pro bordagio octo denarios, et debent colligi per manus eorum quorum[4] colligi solebant, ᴗ nihil debet ab eis plus exigere pro exercitu ullo tempore, et ad hoc confirmandum debet adducere uxorem suam ad assisiam Vernolii; et hoc pro se et hominibus suis concedunt[5].

629. — Judicatum est quod terra quam Rogerus le Page et Johannes de Botcilles et Robertus, filius suus, emerunt a Roberto de Hotot apud Hotot le Vauqueis remaneat eidem ad finem.

630. — Acordatum est quod Roberto de Bosco non respondebitur de terra que fuit fratris sui, quam petit, licet ipsum traheret super hoc in causam, antequam forisfecisset eam.

631. — Judicatum est quod dominus Ricardus de Corci habebit saisinam suam de honore de Escaiol per plegium, salvo jure domini regis et fratrum suorum, et habet diem coram domino rege ad instantes octavas Omnium Sanctorum.

*632. — Judicatum est quod abbas [Montis Sancti Michaelis][6] non tenetur afferre litteras conventus sui versus Taissonnet ad habendum hominagium suum, et Taisson in misericordia pro judicio expectato.

---

[1] *Bonlinguehan*, dans le manuscrit.
[2] Le manuscrit porte *domini*.
[3] Peut-être pour *vavassoria*.
[4] Sous-entendu *per manus*.
[5] Cf. 546, 556, 637.
[6] L'abbé dont il est question dans ce jugement n'est indiqué par aucune des compilations; il n'est pas non plus désigné dans la version française. Les Taisson étaient vassaux de l'abbaye du Mont-Saint-Michel.

633. — Judicatum est quod misia Galteri Postel et Radulfi Postel teneatur, et amici cogantur ad dicendum dictum suum.

634. — Acordatum est quod filius Thome de Gorgis postnatus habebit portionem suam de terra matris sue.

635. — Acordatum est a magistris scacarii et eorum consilio quod uxor Thome de Gorgis non habebit dotem de terra quam maritus suus forisfecit per traditionem domini regis quam fecit [1].

———

636. — Anno Domini m° cc° xxx° viii°, facta sunt hec judicia apud Rothomagum, in scacario Pasche, coram domino Johanne de Bello Monte, J. decano Turonensi, et multis aliis.

637. — Judicatum est quod Nicholaus Malesmains, miles, colliget auxilium exercitus in portione sua, et quod Jacobus de Boulinguehan [2] habeat dictum auxilium per manum domini Nicholai [3].

638. — Judicatum est quod avunculus pueri qui habet custodiam nepotis sui de propria voluntate sua habebit saisinam custodie illius, et post fiet jus et curret inter dictum avunculum, ex una parte, et W. de Ansevilla, ex altera, qui petit custodiam supradictam.

639. — Judicatum est quod inquiratur de saisina patris W. Poucin, infra etatem, super presentatione ecclesie de Gasalis [4], de qua

---

[1] Le jugement suivant, consigné dans la compilation des assises, paraît se rapporter à une des sessions de l'échiquier de l'année 1237. « Si dampnatus per judicium « tradiderat dimidio anno elapso terram « suam cuidam colono ad medietatem, num- « quid habebit colonus pactionem suam? « Determinatum est in scacario quod rex « habebit totum. » (Ms. lat. 4651, fol. 60 : sup. lat. 1016, fol. 12 v°; sup. lat. 1290, fol. 65 v°. Léchaudé, p. 148. Warnkœnig, p. 63.)

[2] *Hontinguehan*, dans le manuscrit.

[3] Cf. 546, 556, 628.

[4] *De Glisariis*. Troisième compilation *Glisales*. Version française. — Il s'agit probablement de Glisolle. (Voy. Le Prevost, *Dict. des anc. noms de lieu de l'Eure*, p. 139.)

contentio erat inter decanum et capitulum Ebroicense, ex una parte, et dominum W., ex altera; et inquisitio fiat in curia domini regis.

'640. — Judicatum est quod misia que acordata fuit ad finem inter, abbatem Sancti Audoeni et homines de Cailliaco durabit, et quod ipsi ponent amicos loco eorum qui mortui sunt, et dominus baillivus dabit eisdam tercium amicum legalem de novo[1].

'641. — Judicatum est quod Robertus de Bosco non habebit saisinam de dono patris sui de quo numquam fuit saisitus, et quod frater suus forisfecit dum habuit saisinam terre.

'642. — Judicatum quod Rogerus de Pratellis non potest revocare dotem quam Gaufridus de Sarnai fecit matri sue ipso vivente, licet heres dicti Gaufridi sit in custodia.

---

643. — ITEM, APUD CADOMUM, IN SCACARIO DE EODEM TERMINO (PASCHE, A. 1238), CORAM PREDICTIS[2].

644. — W. Bacon, miles, dimittit abbati de Ardena ad finem jus patronatus ecclesie Sancti Nicholai de Moleio.

---

645. — ITEM, APUD ROTHOMAGUM, IN SCACARIO SANCTI MICHAELIS (A. 1238), CORAM PREDICTIS[3].

646. — Preceptum est quod ecclesia de Saceio resaisita sit de de-

---

[1] *Li bailliz lor dorra terme de novel.* Version française.

[2] *Li eschequiers à Quaam à cel meisme terme et en cel an meisme. De celui n'avons nos riens.* Version française.

[3] Sous ce titre la troisième compilation contient les deux articles suivants : « Præ- « ceptum est quod filius Mansel » (*Maisel*, dans le manuscrit 10390. 2; *Mansel*, dans la version française) « de Ponte Audemari,

cima, et postea teneatur in manu regis, quousque inquiratur utrum sit decima[1] dicte ecclesie vel feodum laicale Gervasii de Saccio, laici.

‘ 647. — Acordatum est quod precipiatur episcopo Sagiensi ut teneat in prisonia sua crucesignatos qui vulneraverunt Fulconem de Vieta[2] quousque malefactum fuerit emendatum.

‘ 648. — Judicatum est quod dominus episcopus Ebroicensis non habebit saisinam cujusdam hominis qui captus fuit in domo dicti episcopi a servientibus domini regis, quia ipse interfecerat quemdam hominem in villa dicti episcopi.

649. — ITEM, APUD BRIONNAM[3], IN SCACARIO DE EODEM TERMINO (SANCTI MICHAELIS, A. 1238), CORAM DOMINO JOHANNE DE BELLO MONTE, DOMINO G[AUFRIDO] DE CAPELLA ET MULTIS ALIIS.

650. — Judicatum est quod Robertus de Fonteneto et frater suus et nepos eorum habeant saisinam suam de portionibus suis, et postea si domina de Fonteneto, neptis sua, voluerit de ipsis conqueri, poterit, et currat jus inter eos.

‘ 651. — Acordatum est quod dominus rex debet habere custodiam lilii Th. Portarii de Cadomo ratione serjanterie sue, videlicet pro custodia porte.

« qui tenetur in prisone propter debitum « domini Novi Burgi deliberetur. — Preceptum est quod quedam portio foreste « Belli Montis tradatur coustumariis ad « capiendum coustumam suam. »

[1] *Decime*, dans le manuscrit.

[2] *Fouque de la Mole, chevalier.* Version française.

[3] Le manuscrit de Rouen porte : *Item apud Abriornou.* — On lit dans la troisième compilation : *Scacarium circa festum beati Dyonisii;* et dans la version française : *Li eschiquiers entor la feste saint Denis, à Roem.* — La tenue d'un échiquier à Brionne est attestée par l'article 659 des jugements de l'échiquier.

652. — Preceptum est quod dominus W. de Vernone habeat saisinam de venda nemoris sui, sicut ipse et antecessores sui antiquitus habuerunt.

˙ 653. — Judicatum est quod Johannes Filius Hamonis, miles, qui fuit primogenitus filius W. Hamonis, habebit omnes escaetas in portione sua quam elegit, et quatuor fratres sui habebunt duo feoda lorice in portionibus suis, et nullus eorum habebit partem in escaeta sua, nec recuperabit aliquid in eis, sed illi[1] remanebunt quitte omnino tanquam antenato.

˙ 654. — Judicatum est quod dominus de Corciaco habebit excambium in portionibus fratrum suorum pro dotalicio quod domina[2] habet totum in baronia sua, valore ad valorem reddituum et terrarum que ipsa percepit in portione·dicti domini de Corciaco.

---

655. — Anno Domini m° cc° xxx° ix°, facta sunt hec judicia apud Rothomagum, in scacario Pasche[3], coram domino Johanne de Bello Monte, J. decano Turonensi, et multis aliis.

656. — Judicatum est quod Colinus Heres habebit recordationem assisie versus patrem suum, in qua saisinam suam habuit per juramentum proborum hominum.

657. — Judicatum est quod recordatio Radulfi Caisnel currat versus Basle de Yvretot[4] super serviciis que petebat ab eo.

[1] Ibi, dans le manuscrit de Rouen et dans le manuscrit 10390. 2. La version française porte ainz li remaindront.

[2] Suppléez mater eorum. La leçon du manuscrit 10390. 2 et la version française sont conformes au texte du manuscrit de Rouen.

[3] Scacarium circa festum beati Martini, apud Rothom. anno Domini m° cc° xl° iii° (l. m° cc° xxx° ix°). Troisième compilation.

La version française porte : Li eschiquiers à Roem entor la feste Saint-Martin en l'an de grace m et cc et xxxix.

[4] Sans doute pour Yvetot, comme plus bas, n° 671.

658. — Inquisitio utrum pater Robini Bertran saisitus erat, die et anno quando obiit, de vicecomitatu inter aquam de Touqua vel non. Juratores W. de Reuvilla, miles, Ansellus de Cabore, Andreas le Portier, Ricardus de Bergici, Robertus de Alneto, Johannes de Bosco, Radulfus Monachus, Johannes le Parmentier, Anquetillus Rusticus, Johannes Prentol, W. de Reuvilla, Radulfus de Miloel, Robertus le Gregi, Ricardus de Torvilla. Dicunt omnes quod nunquam habuit saisinam de dicto vicecomitatu. Judicatum est quod dominus rex habeat saisinam suam in pace, et dictus Robinus remanet in misericordia pro superdemanda sua.

659. — Recordatum est a magistris scacarii quod judicatum fuit in scacario apud Briornam quod Radulfus de Miloel, miles, non poterat removeri a compromissione que facta fuit inter abbatem Sancti Eb[r]ulfi, ex una parte, et Robertum de O, militem, ex altera, super patronatu ecclesie de O, ad quam fuit de consensu dictarum partium nominatus, et est in misericordia dictus Radulfus pro recordatione expectata.

660. — Preceptum est a magistris scacarii quod terra Rogeri de Argenciis et Henrici de Argenciis, militum, capiatur in manu domini regis et teneatur, nisi dimiserint in pace W. de Argenciis a pena quam petunt ab eo ratione feodi sui laicalis coram archiepiscopo Rothomagensi.

661. — Preceptum est quod homines genestas in campis suis habentes possint vendere genestas suas absque licentia et tercio domini regis, nisi fuerint infra metas alterius bosci.

662. — Preceptum est quod Judei non respondeantur super aliquibus debitis nec super aliquo assignamento nisi de assignamentis

que habebant et tenebant quando capti fuerunt per preceptum domini
regis.

˙663. — Judicatum e͏   ͏od breve W. de T. L.,[1] non curret versus abbatem Sancti Taurin ͏broicensis super patronatu ecclesie de
Milleriis, et quod abbas habeat saisinam suam de predicta ecclesia ad
finem, per tenorem carte regis Ricardi quondam Anglie, quam dominus abbas inde habet[2].

664. — Recordatum est per magistros scacarii et alios milites
multos quod feodum de Glanvilla, in quo Theobaldus Burgueaignel,
miles, apponebat contentionem versus W., fratrem suum, est partibile, si placet domino regi, prout Ricardus de Hotot, Johannes de
Vineis, Johannes de Tornebu, milites, amici inter eos nominati, per
inquisitionem factam ab ipsis, per dictum suum promulgaverunt. Quare
judicatum est quod W. Burgueaignel teneat in pace portionem suam,
et Theobaldus in misericordia pro recordatione expectata[3].

˙665. — Judicatum est quod Reginaldus Faber de Baamvilla[4] non
faciet portionem Helyot, filio fratris sui, super escaeta patris sui, de
qua dictus Helyot petebat portionem suam.

˙666. — Judicatum est quod filio Radulfi Guiton non respondebitur[5], [qui placitat] versus dominum Willelmum Paganelli super
hereditate sua, propter crucem domini Fulconis Paganelli antenati sui.

---

[1] Ainsi lit-on dans le manuscrit de
Rouen. Le manuscrit 10390. 2 porte :
Breve W. non curret, et la version fran-
çaise : *Li bries Guillaume ne corra pas.*

[2] La charte de Richard Cœur-de-Lion,
citée dans cet article, est publiée dans
Gall. christ. XI, inst. 138-141. Elle contient cet article : « Ricardus de Milleriis...
« dedit Deo et Sancto Taurino quidquid

« habebat vel habere debebat in ecclesia
« de Milleres. »

[3] Cf. 529.

[4] *Rogerus Faber de Banivilla.* Manuscrit 10390, 2. — *Rogiers li Fèvres de Baion-
ville.* Version française.

[5] *Respondebit*, dans le manuscrit de
Rouen. — Dans le manuscrit 10390. 2,
ce passage est très-altéré. C'est à l'aide

' 667. — Judicatum est quod marescallus Francie non respondebit versus homines suos de Argentonio per breve quod attulerant contra eumdem Johannem, quia breve suum non erat de cursu[1].

' 668. — Judicatum est quod escaeta domine Ale de Almanachiis partita erit per medium inter dominum Hamericum, vicecomitem Castri Eraudi, et dominum Robertum Malet, eo modo quo esset si matres eorum viverent, et quod dominus Robertus faciet portiones, et dominus Hamericus capiet portionem illam quam maluerit, et baillivus ei eam deliberabit, et alia portio eidem Roberto remanebit.

' 669. — Judicatum est quod domina Ala non poterat dare aliquid alicui de prefatis Roberto et Hamerico neque filio dicti Roberti quod non sit partitum per medium inter eos. Preterea judicatum est quod prefatus Robertus habebit lxxᵃ libras redditus in excambium assisas in locis in quibus carta quam habet dicta Ala testatur, et pro excambio terre quam ipse assedit comiti parvi[2] in propria hereditate sua loco supradicte Ale; et residuum illius terre que fuit predicte Ale inter eos partietur; et ad predictas lxxᵃ libras terre assidendas dictus Hamericus constituit loco sui Johannem Belvesin, militem, et dictus Robertus Hugonem de Roe, militem, loco sui, et magistri scacarii dominum W. de Teilleio desuper constituerunt inter eos.

670. — Judicatum est quod Robertus de Fontibus et fratres ejus et nepos eorum habeant saisinam suam de portionibus suis et hominagiis suis, et quod ipsi non respondeant versus neptem suam.

---

de la version française que nous avons rétabli la bonne leçon : « Il fu jugié que l'en « ne respondra pas au filz Raol Guiton, qui « plède à Guillaume Paienel, de son heri « tage, por la croiz Foque, son ainz né. »
[1] Cf. 737, 738.

[2] Le texte est peut-être altéré en cet endroit. La troisième compilation ne fournit pas le moyen de l'améliorer, car elle ne contient que la première phrase de cet article.

671. — Judicatum est quod Johannes de Estoutevilla non potuit deatornare atornatum suum quem fecerat coram Johanne de Vineis in baillivia Caleti, nec faceret alium ibidem super querela quam habebat in baillivia Pontis Audemari versus Galterum de Bosvilla, militem, et est in misericordia pro deattornatione. Et idem Galterus trahebat ipsum Johannem ad garantum versus Galterum de Yvretot[1], militem, et ejus uxorem, et terra fuit visa sufficienter. Quare judicatum est quod Valterus de Yvetot habeat saisinam terre illius.

672. — Preceptum est quod Oliverus de Sancto Audoeno, miles, assideat rationabile maritagium filiabus suis; quod nisi fecerit, baillivus domini regis assideat illud, prout judicatum fuit in assisia coram ipso.

673. — Judicatum est quod Robertus Forestarius non habebit aliam juream super terra quam frater uxoris sue forisfecit.

674. — Judicatum est quod recognitio fiat inter abbatem Cadomi, ex una parte, et capitulum Baiocense, ex altera, super presentatione ecclesie de Averneio, non obstante hoc quod capitulum non, habet episcopum in ecclesia Baiocensi.

675. — Judicatum est quod homines de Haia Tilye non debent auxilium heredi de Haricuria maritandi sororem suam, quia tenent per burg[ag]ium tenemen[ta sua[2]].

675ª. — Judicatum est quod marescallus Francie tailliabit homines burgenses Argentonii quando rex tailliabit villas suas Normannie.

---

[1] Deux lignes plus bas, le même personnage est appelé *Valterus de Yvetot*.

[2] Ici, dans le manuscrit de Rouen, manque un feuillet qui contenait la fin de l'échiquier de Pâques 1239, l'échiquier de Saint-Michel 1239, l'échiquier de Pâques 1240 et le commencement de l'échiquier de Saint-Michel 1240. J'insère ici, en plus petit caractère, sous les n° 675ª-675⁶⁶, la partie de la troisième compilation qui correspond à la lacune du manuscrit de Rouen.

'675[b]. — Judicatum est quod sorores Guillelmi Amelavi [1], militis, non habebunt portionem de boscis dicti Guillelmi, sed habebunt portionem de herbagiis et pasnagiis boscorum predictorum [2].

'675[c]. — Judicatum est quod Calothus Judeus probabit cartam suam versus heredem Sicat per bonas cartas christianorum saisitas et tenentes, sigillo eodem sigillatas.

'675[d]. — Judicatum est quod Guillelmus de Houmeto, miles, habebit terram que fuit Stephani de Argenceis, militis, quam tenebat de eo quando per judicium [3] fuit forbanitus.

'675[e]. — Judicatum est quod Stephanus de Tovilla [4], miles, non potuit se exoniare de judicio suo audiendo versus matrem suam, cum presens esset in assisia ad judicium expectandum versus eamdem; et dictum amicorum, si dictum fuit in illa assisia, teneatur.

'675[f]. — Judicatum est quod fratres Gavani de Rauvilla [5], militis, habeant proventum suarum portionum a die qua cognovit eos ad fratres coram domino rege, ubi preceptum fuit quod faceret eis porciones.

'675[g]. — Judicatum est quod Lucas Tollaut [6] non faciet portionem fratribus suis postnatis de escaeta fratris sui primogeniti, que accidit ei antequam dicti fratres fuissent nati.

———

'675[h]. — SCACARIUM SANCTI MICHAELIS APUD ROTHOMAGUM, ANNO DOMINI M° CC° XXX° IX° [7].

'675[i]. — Judicatum est quod Johannes Pichot, qui habet sororem [Guil-

[1] *Guillaume Emolant.* Version française.

' Le ms. 10390. 2 porte : « De heredi-« tagiis et pasnagiis porcorum predicto-« rum. » J'ai rétabli le passage à l'aide de la version française : « Ainz auront partie « des herbages et des pasnages des bois. »

[3] *Pro judicio*, dans le manuscrit.

[4] *Ou peut-être Covilla.*

[5] *Garnier de Ravale.* Version française. Je crois que la véritable leçon est *Gauvani de Vauvilla.*

[6] *Il fu jugié que Ruâlant ne fera...* Version française.

[7] Le ms. 10390. 2 porte : MCCXXXVIII; mais on lit dans la version française : « Li « eschequiers de la Saint Michiel à Roem, « en cel an meisme (1239). » — A cette session de l'échiquier se rapporte l'article suivant d'un rouleau de l'année 1239, conservé en original à la Bibliothèque impériale (suppl. lat. 1437, 6°) : « Pro sca-« cario Sancti Michaelis, xxx libras. »

lelmi] de Manenvilla[1] in uxorem non revocabit terram quam Johannes de Domibus, baillivus domini regis, emit a dicto Guillelmo de Manenvilla in baillia
de Costentin per medietatem, nec exinde audietur nisi totam terram quam emit
integre voluerit revocare.

'675[j]. — Judicatum est quod Guillelmus Belsvilains[2] habebit auxilium militie sue ab hominibus suis qui tenent de eo per hommagium.

'675[k]. — Judicatum est quod crucesignati qui persecuti sunt iter[3] suum
ante visionem terre sue sint in pace[4] in saisina sua quousque de obitu suo vel
de reditu suo cognoscatur, et quod jus fiat de illis qui visionem sustinuerunt
antequam arriperent iter suum.

'675[l]. — Acordatum est quod domus que fuit Thome le Borguegnon, que
est apud Castrum Novum, de[bet] partiri, et unus ex ipsis habebit quitanciam
pertinentem ad domum.

———

'675[m]. — SCACARIUM SANCTI MICHAELIS APUD CADOMUM, ANNO DOMINI
M° CC° XXX° IX°[5].

'675[n]. — Judicatum est quod filie Tyebout de Carnoto[6] non habebunt
portionem in Normannia[7] versus filios ejusdem Tyebout de escaeta dicti
Tyebout[8].

---

[1] *Magneville.* Version française.

[2] Ce mot est assez confusément écrit
dans le ms. 10390. 2. La version française
porte *Guillaume Bianvilain.* — *Willelmus
Beauvilain* est cité comme témoin dans un
acte de 1223. (*Petit cartul. de Jumièges,*
n° 70.) Sur la liste des chevaliers présents
à l'assise de Pont-Audemer, le 14 mars
1259 (n. s.), on remarque le nom de
Guillelmus Belvilain. (*Grand cartul. de Jumièges,* n° 522 *bis.*)

[3] *Inter.* Ms. 10390. 2.

[4] *Terre que fuit in pace.* Ms. 10390. 2.

[5] *Anno Domini* MCCXLIIII. Ms. 10390. 2.
La version française porte : « En cel an
« meisme. »

[6] *Carnoto.* Ms. 10390. 2. — *De Chartres.*
Version française.

[7] *Portionem minorem versus.* Ms. 10390. 2.
— *Partie en Normandie envers.* Version
française.

[8] La version française rapporte ce jugement à l'échiquier de Pâques 1240.

*675°. — SCACARIUM CIRCA[1] FESTUM APOSTOLORUM PHILIPPI ET JACOBI, APUD ROTHOMAGUM, ANNO DOMINI M° CC° XL°[2].

*675p. — Judicatum est quod abbas Exaquii habebit saisinam av[er]iorum que cepit in bosco suo, et postea reddet ea per vadium et plegium, et quod faciat jus illis quorum averia sunt que cepit in bosco supradicto[3].

*675q. — Judicatum est quod Johannes de Vasquirvilla[4], miles, non habebit auxilium de hominibus suis ad maritandam secundam filiam suam de escacta [que] accidit ei post maritagium filie sue primogenite.

*675r. Judicatum est quod filius primogenitus Tyeboudi de Carnoto eliget in portionem suam in terra quam Philippus rex dedit patri suo[5] si[6] voluerit, vel firmam feodalem quam Ludovicus rex tradidit dicto Tyebodo; et inveniat duabus sororibus filiabus noverce sue, si voluerint venire cum eo cum terris suis et mobilibus que[7] habent, propter victum sufficientem, salva custodia quam mater earum tenet ratione ballii.

*675s. Judicatum est quod Johannes de Ferreriis[8], miles, habeat venditionem quam Johannes, cognatus suus, vendidit ei, non obstante clamatione quam fratres militie Templi faciebant de dicta venditione versus eundem, qui dicebant quod erat garantie eorum, [ita quod faciat predictis fratribus militie Templi quod per hoc] feodum fuerit faciendum[9].

*675t. Judicatum est quod Guillelmus de Maisiaco, miles, non habebit maritagium quod petebat apud Suriacum de uxore sua quam sponsavit apud Pictavis sine assensu domini regis, cum heres sit in custodia regis.

[1] *Contra.* Ms. 10390. 2. Une fois pour toutes, je fais observer que le copiste de ce manuscrit substitue partout *contra* à *circa.*

[2] *A. D. MCCXLIIII.* Ms. 10390. 2. — L'an de *grasce M et CC et XL.* Version française.

[3] La version française rapporte ce jugement à l'échiquier de Saint-Michel 1239.

[4] *Jordains de Waliquiervile.* Version française. Cette leçon est probablement la meilleure. En 1225 et 1230, *Jordanus de Walikervilla* fit des donations à l'abbaye de Jumiéges. (*Grand cartul. de Jumiéges,* n°s 345 et 350.)

[5] Voy. *Catalogue des actes de Philippe-Auguste,* n°s 1875, 1927, 2173.

[6] *Sed.* Ms. 10390. 2.

[7] *Qui.* Ms. 10390. 2.

[8] *Ferneriis.* Ms. 10390. 2. — *Ferrières.* Version française.

[9] J'ai rétabli la fin de cet article à l'aide de la version française.

'675ᵘ. Judicatum est quod dominus rex habebit releveium de heredibus Stephani de Villariis[1] ratione homagii quod habuit a parte dicti Stephani, quod Dyonisia de Chinea[2] petebat, ea ratione quod ipsa[3] percepit annuatim iiii parisienses census[4] in feodo illo.

'675ᵛ. Judicatum est quod filie Galteri de Barneville[5] non amittent[6] quin habeant portiones suas de terra que fuit patris sui propter hoc quod soror sua primogenita fuit desponsata cuidam Galtero[7] qui est infra etatem.

———

'675ʷ. SCACARIUM APUD CADOMUM, CIRCA FESTUM SANCTI JOHANNIS ANTE PORTAM LATINAM (A. 1240).

'675ˣ. Judicatum est quod Guillelmus de Louvers non respondebit versus Guillelmum Durventre, antenato dicti Guillelmi absente.

'675ʸ. Judicatum est quod conestabularius Normannie habebit saisinam fratris sui et post faciet dotalicium uxori[8] fratris sui.

'675ᶻ. Judicatum est quod Cecilia de Villa Mortua[9] habebit porcionem suam de saisina quam pater suus habuit quando obiit, sicut unus de fratribus suis, salvo capitali masnagio; sed non habebit porcionem de emptionibus quas dicti fratres fecerunt post mortem patris sui de catallis suis neque de retractis, cum ipsi non essent simul ad unum [catallum].

'675ᵃᵃ. Judicatum est quod Guiot de Hamelinei[10] non habebit breve de escaeta patris sui versus homines de Hamelinez, quia dictus Guiot habuit fratrem primogenitum in etate, qui tacuit post mortem patris sui per annum et diem et non reclamavit.

'675ᵇᵇ. Judicatum est quod abbas Sancti Salvatoris non responde[bi]t per

[1] *De Villanis.* Ms. 10390. 2. — *De Villers.* Version française.

[2] *Dyonise de Chamugne.* Ms. 10390. 2.

[3] *Quod pro ipsa.* Ms. 10390. 2.

[4] *IIII per census.* Ms. 10390. 2.

[5] *De Warneville.* Version française.

[6] *Non admittent.* Ms. 10390. 2.

[7] Il faut peut-être lire *cuidam valleto.* La version française porte *à un valeit.*

[8] *Uxoris.* Ms. 10390. 2.

[9] *Cecille de la ville de Morte-Fontaine.* Version française.

[10] Ici et plus bas la version française porte *de Hamewes.*

breve domino Radulfo Taisson super patronatu ecclesie Sancte Marie de Columba, cum dictus abbas habeat cartas fundatorum [1] sue abbatie qui ei prefatam ecclesiam obtulerunt, et maxime cartam regis Henrici de confirmatione predicte donationis, cum primo debeat inquiri de jure utriusque quam de saisina; et Radulfus Taisson in misericordia pro judicio expectato.

`675ᶜᶜ. Judicatum est quod abbas Montis Sancti Michaelis non respondebit versus cartas abbatis Cadomi quas [habet] super piscatoria de Veim.

`675ᵈᵈ. Cum Rogerus Bacon, miles, peteret escaetam vel saisinam [2] de dotalicio matris sue apud Planquerie, ratione cujusdam carte quam [3] habet a Guillelmo, fratre suo primogenito, defuncto, cujus heres est in custodia domini regis, quod dotalicium dictus Guillelmus concesserat ei in portionem suam habendum post mortem matris sue per tenorem carte dicti Guillelmi, cum alia terra quam dictus Rogerus possidet; judicatum est quod dominus rex detineret prefatum heredem in saisinam quam pater suus habebat quando obiit, qui erat garantus a dotalicio illo, et sicut garantus.

———

`675ᵉᵉ. SCACARIUM CIRCA FESTUM SANCTI DYONISII APUD ROTHOMAGUM, ANNO DOMINI Mᵒ CCᵒ XL.ᵒ [4].

`675ᶠᶠ. Judicatum est quod Guillelmus de Augevilla [5], miles, non habebit terminum exercitus versus Guillelmum, nepotem suum, qui petit saisinam patris sui, et quod inquiratur qualem saisinam pater suus habebat de terra illa quam Guillelmus petit.

`675ᵍᵍ. Dictum est quod vicecomites aque nihil habent in justicia Judei.

676. — ..... [6] de Baulonc habeat totam annuatam suam de terra quam dominus suus cepit ad firmam, et quod habeat valorem terrarum de quibus mortuus habuit blada.

---

[1] *Fundatoris.* Ms. 10390. 2.

[2] *Peteret vel escaetem saisinam.* Ms. 10390. 2. — *Demandoit l'eschcoite.* Version française.

[3] *Quas.* Ms. 10390. 2.

[4] *MCCXLV.* Ms. 10390. 2. — *En cel en meisme.* Version française.

[5] *D'Aiguevile.* Version française.

[6] Le commencement de cet article se trouvait dans le manuscrit de Rouen sur

677. — Preceptum est quod mulier de Portu Sancti Audoeni habeat portionem suam, quoniam fuit recordatum quod ipsa non posuit se in misia versus participes suos.

˙678. — Judicatum est quod attornatus abbatis Sancti Michaelis de Monte habeat res suas et respondebit, non obstante defectu assisie Abrincate[1], maxime autem cum esset longe a baillivia illa.

679. — Judicatum est quod homines de Fricboiz reparabunt motam de Friebois, et ipsi sunt in misericordia pro expectato judicio.

˙680. — Judicatum est quod neptis Ricardi de Glanvilla habeat talem portionem terre avunculi sui versus antenatum suum qualem antenatus haberet de illa si esset ad pacem regis.

˙681. — Judicatum est quod relicta Th. de Novilla[2] defuncti non habebit dotalicium nisi tantum modo de tercio XL librarum[3] redditus unde Th. sponsus suus erat saisitus quando eam desponsavit, et ipsa in misericordia pro judicio expectato.

˙682. — Judicatum est quod abbas Fiscannensis habebit custodiam heredis Roberti de Novilla[4], cum ipse cognoscat quod teneat de dicto abbate per feodum lorice, et quod vavassorie ibunt cum puero ad dictum abbatem, salvo jure domini regis.

˙683. — Judicatum est quod homines Roberti de Terrart[5] persol-

---

le feuillet perdu. Cet article n'étant point compris dans la troisième compilation, je ne puis en compléter le texte.

[1] Il faut peut-être lire *Abrincarum.* — Le ms. 10390. 2 porte *Abreviate.*

[2] *Thome de Ameruvilla.* Ms. 10390. 2. — *Thomas de Verville.* Version française.

[3] *Nisi tantummodo de XL libris.* Ms.

10390. 2. — La version française est conforme à cette leçon, qui me paraît mauvaise.

[4] *Vernvilla.* Ms. 10390. 2. — *Neville.* Version française.

[5] *Tirac.* Ms. 10390. 2. — *Cerat.* Version française.

vent sex denarios pro dimidio relevio de morte conestabularii, et quod breve de stabilia non curret, et ipsi in misericordia pro judicio expectato.

———

684. — Anno Domini m° cc° xl° i°, facta sunt hec judicia apud Ro-, thomagum, in scacario Pasche, coram domino episcopo Silvanectensi, J., decano Turonensi, et multis aliis [1].

685. — Homo qui datus fuit abbati Blesensi apud Moretaneam remanet quitus eidem abbati, cum recordatum sit quod dictus homo positus sit ibi per assensum justicie domini regis sex annis jam elapsis.

686. — Homines W. Berengeri, militis, sunt in misericordia pro harella cognita versus eumdem.

687. — Preceptum est baillivo Rothomagensi quod ipse faciat teneri dictum amicorum nominatorum inter heredem de Friardel, ex una parte, et filium W. de Revilla, militis, defuncti, et sororium suum, ex altera, de denariis quos ipsi acceperunt de domino Johanne de Friardel ad portandum filio suo, qui est in custodia domini regis.

688. Judicatum est quod si Nicholaus de Montigneio, miles, dimittit se de feodo quod pater suus dedit Engerrano de Montigneio in manu domini capitalis [2], homines illius feodi non possunt se defendere quin faciant hominagium eidem Engerranno.

---

[1] Sous ce chapitre la troisième compilation donne l'article suivant, qui manque dans la première : « Preceptum est quod « alaudarius Pontis Audemari utatur sicut « solet antiqu[it]us, et quod feodum alau-« dariorum non est serganteria, immo debet « partiri sicut usitatum est semper. » — La version française porte : « Il fu com-« mandé des Alaudans del Pont-Audemer « que l'en en use si comme l'en seut an-« cianement, et que li fieuz des Alaudans « n'est pas sergenterie.... »

[2] *Qui est in manu.* Ms. 10390. 2. — *Et il est pris en la main le roi.* Version française.

689.—Item, apud Cadomum, in scacario Sancti Michaelis (a. 1241), coram domino episcopo Silvanectensi, episcopo Baiocensi et multis aliis.

690. — Judicatum est quod qui fecerit omnes exonias rectas et ipse aliam exoniam postquam comparuit voluerit facere, non potest nec de via curie nec alibi[1].

691. — Judicatum est quod omnes illi qui tenent per paragium et alii qui debent servicium militis dominis suis reddent auxilium tale quale [domini eorum reddent domino regi; et illi qui tenent per homagium reddent tale auxilium quale[2]] dominus rex dabit, nisi domini habuerint saisinam de fine predicto facto[3] erga dominum regem.

692. — Judicatum est quod quando duo fratres sunt simul [ad unum[4]] et idem catallum [et] acquirunt simul, de quibus unus habet uxorem[5], illo mortuo uxor illa non habebit nisi de parte hereditatis mariti sui dotalicium, videlicet terciam partem de hoc quod est extra burgagium de parte mariti sui, et de acquisitione in burgagio facta habebit dicta uxor medietatem partis mariti sui.

693. — Preceptum est baillivo Costentini quod faciat habere magistro W. Hasle saisinam suam de XL solidis Turonensium redditus quos domina de Gaceio dedit ei ad vitam suam tempore viduitatis sue.

---

694. — Anno Domini M° CC° XL° II°, facta sunt hec judicia apud

---

[1] *Nec in via curie nec aliter.* Ms. 10390. 2.

[2] Les mots imprimés entre crochets ont été suppléés à l'aide de la troisième compilation.

[3] Ici la troisième compilation ajoute les mots qui suivent : *de partem uxorum.*

[4] Les mots entre crochets ont été rétablis d'après la troisième compilation.

[5] Ici le manuscrit de Rouen place la conjonction *et,* qui doit être supprimée.

Rothomagum, in scacario Pasche, coram domino episcopo Silvanectensi, decano Turonensi et multis aliis.

695. — Preceptum est quod Johannes de Bruccort et [1] ....
pagent redditus quos debent, scilicet bronum ad mensuram Sancti
Vandregisili, sicut judicatum fuit in assisia apud Rothomagum.

———

696. — Item, ibidem, in scacario Sancti Michaelis (a. 1242),
coram decano Turonensi, fratre Egidio et multis aliis.

' 697. — Judicatum est quod pax que fuit facta in scacario domini regis inter Domum Dei Sagiensem, ex una parte, et patrem
Normandi de Novilla, ex altera, videlicet de xx sextariis bladi ter-
cionarii dicto hospitali assignatis et adjudicatis annuatim reddendis,
tenebitur [2], sicut judicatum fuit, et quod dictus Normandus tenebit
dictam pacem per judicium, et est in misericordia pro judicio expectato.

' 698. — Judicatum est quod feoda que sunt in Caleto [3] remanent antenato filio camerarii de Tanquarvilla quieta, et omnia que
sunt extra Caletum debent partiri per manum ultimo nati, et antenatus debet eligere quamcumque partem voluerit per consilium amicorum suorum.

699. — Judicatum est quod inquiratur quo modo heres Radulfi
de Banunos tenet terram quam ab eo exigit Jordanus de Britingneio
ratione receptionis mercati, et utrum Jordanus revocavit dictum mercatum infra annum quo mercatum illud factum fuit.

' 700. — Judicatum est quod filia W. de Saucheio, militis, non

---

[1] Ici manque un nom.
[2] Le manuscrit porte *tenebitur reddendis*.
[3] Le manuscrit de Rouen et le manuscrit 10390. 2 portent *in custodia*. On lit
dans la version française *en Caux*, et c'est
incontestablement la vraie leçon.

habebit mercatum quod ipsa revocabat de quodam bosco quod dictus W., pater ejus, vendidit W. le Vignon, preposito de Barefluctu, quia ipsa non est forifamiliata de patre suo, ratione cujus ipsa revocabat dictum mercatum, et quia non est in etate sufficienti, et dictus prepositus remanet in saisina sua de dicto mercato.

701. — Judicatum est quod Gervasius de Mesnillo Rogeri habebit saisinam suam de terra illa quam dictus baillivus detinet in manu domini regis per plegios.

702. — Preceptum est quod inquiratur qualiter camerarius de Tanquarvilla quando[1] levabat auxilium exercitus domini regis de hominibus suis in baillivia Argentoni, et sicut inquisitum fuerit teneatur.

703. — Judicatum est quod Thomas Haguet habebit saisinam suam de quadam terra quam Renaldus Louvel, miles, petebat ab eo, et rectum fiat inter eos, et remanet in misericordia pro judicio expectato[2].

——

704. — Item, apud Rothomagum, in scacario Pasche, anno Domini m° cc° xl° iii°, coram domino Johanne de Bello Monte, Johanne, decano Turonensi, et multis aliis[3].

705. — Preceptum est quod fratres Engerranni de Vivario ha-

---

[1] Le mot *quando* est peut-être à supprimer, ou bien à remplacer par *quondam*.

[2] Les fragments des *Querimoniæ Normannorum* (f. 1) font allusion à un acte de l'échiquier de 1242 qui ne nous est pas connu d'ailleurs : « Willelmus de Petra, « presbyter de Boseval, conqueritur quod, « cum ipse miserit, de mandato scacarii « anno Domini m° cc° xl° ii°, in misiis cu- « jusdam molendini, in quo dominus rex « habet quartam partem, lx libras, nichil « postea potuit habere pro portione domini « regis; impeditus enim fuit per mortem « domini Johannis de Vineis, qui hoc se « inquirere promiserat, et non fecit. »

[3] La charte suivante, que je publie d'a-

bca[n]t victum sufficientem secundum valorem terre quam frater
eorum tenet.

' 706. — Judicatum est quod Agnes, filia Michaelis [1] de Sancto
Sansone, defuncti, postquam matrimonium fuit probatum et cognitum [2] in quo ipsa fuit genita, non amittet sed tenebit terram que fuit
patris et matris sue quasi heres, quia ipsa non est bastarda, nec,
[quoniam] terra ista sita est apud Sanctum Sansonem super Rillam,
processus coram archidiacono Augi [3] valet de bastardia.

' 707. — Judicatum est quod auxilium exercitus domini regis

près l'original conservé aux Archives de la
Seine-Inférieure, et qui se trouve aussi
dans le grand cartulaire de Jumiéges,
p. 68, n° 108, fait connaître le nom des
principaux personnages qui assistèrent à
l'échiquier de Pâques 1243 :
« Universis Christi fidelibus ad quos
« presens scriptum pervenerit, Henricus
« de Pissiaco, miles, salutem. Noverit uni-
« versitas vestra quod, cum contentio esset
« inter me, ex una parte, et viros religiosos
« abbatem et conventum Gemeticenses, ex
« altera, super usuagio et alio jure quod
« dicebam me habere in bosco suo de
« Creine juxta Joinacum, de bonorum et
« prudentum virorum consilio, dictum
« usuagium et quicquid juris habebam et
« habere poteram in supradicto bosco dic-
« tis abbati et conventui ad finem dimisi
« et omnino quietavi absque aliqua recla-
« matione mei vel heredum meorum de
« cetero facienda. Pro hac autem quieta-
« tione et dimissione facienda, dicti abbas
« et conventus, de bonis ecclesie sue, qua-
« draginta libras turonensium michi con-
« tulerunt. Quod ut ratum sit et stabile,
« presenti scripto et sigilli mei munimine
« confirmavi. Actum apud Rothomagum,

« in scacario domini regis, anno Domini
« M° cc° xL° tercio, in crastino apostolorum
« Philippi et Jacobi, coram domino Jo-
« hanne de Bello Monte, Johanne, decano
« Turonensi, domino Gaufrido de Capella,
« domino Theobaldo de Capella, domino
« Roberto de Bello Monte, Johanne de Vi-
« neis, tunc baillivo Rothomagensi, et mul-
« tis aliis. »
Au commencement et à la fin du chapitre de l'échiquier de Pâques 1243, la
troisième compilation donne deux articles
qui ne sont pas dans la première : « Pre-
« ceptum est quod terra Marie filie la Ca-
« lengie (la terre au filz Marie de Chalenge.
« Version française) sit in pace omnino
« versus Galterum Postel, militem, donec
« garantus ejus habeat etatem. — Precep-
« tum est quod heres G[i]rardi de Mau-
« quendi (Mauquanci. Version française)
« eat ad assisiam Gysorcii francesiam, ad
« faciendum vitrice sue judicium militum
« patrie. »

[1] Nicolas de Saint Senson. Version française.

[2] Le manuscrit de Rouen porte : Cognitum quod in quo.

[3] Peut-être pour Augie.

debet colligi in feodis comitatus Ebroicensis que sunt in baillia Gisortii et sita circa Ebroicense de centum solidis Turonensium et non
amplius, et hoc inquisitum fuit per milites et probos homines et fide
dignos, qui omnes unanimiter juraverunt et hoc dixerunt.

708. — Judicatum est quod Limare, miles, faciet adjornare dominum Johannem de Tornebu ad assisiam; et si ipse non potest assignare quatuor libras terre Renaudo Burnel pro morte fratris sui sine
licentia ejusdem Johannis et de jure de terra quam tenet de feodo
suo, ipse assidebit dictum redditum eidem alibi in terra meliori.

709. — Judicatum est quod Robertus de Trenchervilla, miles,
remanebit in saisina sua de quadam molta apud Gouvillam, quam
eidem difforciabat Emmelina, domina de Gonnevilla.

710. — Preceptum est quod monachi de Mortuo Mari habeant
pasnagium quitum porcorum suorum de manerio suo quod vocatur
Vax in foresta de Portmort, sicut in carta sua continetur, quam eisdem
fecit Rotroudus, archiepiscopus Rothomagensis.

711. — Judicatum est quod terra quam difforciat domina comitissa de Augo Johanni de Baillol, militi, sicut ipse dicit, tenebitur in
manu domini regis donec inquisitio facta fuerit. Isti fecerunt judicium :
W. Malet, W. de Bulleio, Rogerus de Brilleio, Robertus de Normanvilla, Michael de Patervilla, W. de Crota, Johannes de Mont-Paignant,
Robertus de Frequcingnis, W. de Vado, Johannes de Bosevilla, Henricus de Trublevilla, W. Talebot, Gaufridus Martel, et multi alii.

712. — Judicatum est quod Robertus Hamelin et Matillis, ejus
uxor, remanebunt in saisina sua versus Valterum Cainun et Roma-
nam, uxorem suam, et ipsi possunt sequi per legem terre. Et hoc
idem judicatum fuit pluries in aliis scacariis.

713. — ITEM, APUD CADOMUM, IN SCACARIO DE EODEM TERMINO (PAS-CHE 1243), CORAM PREDICTIS.

714. — Preceptum est baillivo Costentini quod heres et filius uxoris Guilleberti Bernart de Tinchebreio [1] habeat saisinam suam de quadam serjanteria in bosco et foresta, et quod viridarius non habet potestatem removendi eum seu ponendi sine baillivo domini regis.

715. — Preceptum est quod domina Agnes de Rosolla [2] habeat in excambio quod [3] maritus ejus fecit de maritagio suo [sic]ut haberet in maritagio supradicto.

716. — Recordatum est quod judicatum fuit in alio scacario quod Cecilia Marion de Cost[entino [4]] haberet quartam partem terre patris sui contra tres fratres suos, et de revocatione terre quam frater ejus fecerat, qui erat forifamiliatus de patre suo, ipsa [5] habebit quartum, solvendo partem suam de precio. Et hoc idem judicatum fuit in pluribus scacariis; de quo episcopus Abrincensis, episcopus Baiocensis et episcopus Sagiensis et magister Johannes de Bello Monte, decanus Turonensis, et multi alii milites bene recordantur.

717. — ITEM, APUD ROTHOMAGUM, IN SCACARIO SANCTI MICHAELIS (A. 1248), CORAM PREDICTIS [6].

718. — Judicatum est quod abbas Gemeticensis remanebit in sai-

[1] Trinchebeio. Manuscrit de Rouen. — Cintebrayo. Ms. 10390. 2.

[2] De Rosella. Ms. 10390. 2. — De la Rosselle. Version française.

[3] Le manuscrit de Rouen porte : In excambio dotem quam maritus. La leçon de la troisième compilation m'a paru préférable.

[4] Peut-être faut-il de Constanciis.

[5] Ipse, dans le manuscrit de Rouen.

[6] Sous cette rubrique, le manuscrit de Rouen donne des jugements qui ne se

sina sua de quadam terra et pratis versus homines de Hartauvilla, sicut ipse remansit alia vice in assisia Rothomagensi, et dicti homines possunt sequi jus suum secundum usus et consuetudines patrie, si voluerint.

'719. — Sciendum est quod comiti Roberto remanet molinum quod Radulfus de Montigneio tenebat de comite Roberto in vadium super VII^{xx} libras Turonensium, apud Bernaium, ut dicebat, et comes Robertus dicebat quod molinum illud erat in vadium super LXX libras, et inde posuerunt se super abbatem Sancti Andree et super Radulfum Barbe et alios, qui dixerunt quod comes Robertus finem fecerat de vadio illo de LXX libris, et ideo judicatum fuit quod comes haberet molinum suum et rex haberet LXX libras. Dixit etiam predictus Radulfus quod perdiderat cartam suam quam de vadio illo habuerat [1].

'720. — Recordatum est quod Ricardus de Harecort dixit in assisia apud Pontem Audemari quod non debebat dare auxilium exercitus nec facere servicium exercitus in exercitu, de feodo suo, unde castellanus de Gaillon exigebat auxilium de quinque militibus; dixit preterea idem Ricardus quod debet facere servicium quinque militum apud Bellum Montem per XL dies ad costum domini de Bello Monte ad custodiam castri, et inde exigit stabiliam domini regis; inde autem judicatum fuit quod haberet stabiliam [2].

rapportent pas à l'année 1243. Les actes de l'échiquier de la Saint-Michel 1243 ne sont connus que par la troisième compilation. On en trouvera le texte plus bas, sous les n°s 741-750.

[1] Dans la deuxième compilation, au chapitre de l'échiquier de Pâques 1208, immédiatement après le jugement relatif à Galeran Louvel (voy. plus haut, n° 37), on lit : « Radulphus dicebat quod habebat « molendinum quoddam in vadium a Ro- « berto comite per VII^{xx} libras Turonen- « sium, et comes dicebat quod per LXX. « Unde posuerunt super abbatem Sancti An- « dree et quosdam alios, qui dixerunt quod « comes fecerat finem pro LXX libris de illo « vadio. Judicatum est quod comes haberet « molendinum suum et rex LXX libras. »

[2] La deuxième compilation donne le même jugement, avec quelques variantes de rédaction, au chapitre de l'échiquier de la Saint-Michel 1208.

21.

721. — Recordatum est utrum Radulfus Taisson dissaisiavit Robertum, filium Erneis, de cursu aque quam obstruxit post ultimum augustum, quia queritur quod firmavit unam piscariam in aqua, per quam idem Robertus perdidit firmam cujusdam piscarie sue per desuper post ultimum augustum, quia pisces non possunt venire ad piscariam suam pro paleura piscarie predicti Radulfi, et dicit quod habebat communiam piscandi in aqua et ibi et ubi pali fixi sunt inibi, circa, et dusuper, et desubtus. Juratores : Hugo de Clincamp, Rogerus de Bulleio, Sello de Escorchebof et multi alii. Dicunt omnes quod Radulfus non dissaisiavit predictum Robertum de predicta piscaria post ultimum augustum. Judicatum est quod qui tenet teneat, et Robertus Erneis in misericordia[1].

722. — Recordatio facta fuit coram Bartholomeo Draconis inter W. de Mineriis[2] et Robertum de Taillol super quadam terra que visa fuit per justiciarium; et dixerunt juratores quod W. de Mineriis majus jus habebat in terra illa quam Robertus, et ita consideratum fuit quod predicto W. remaneret terra illa sicut jus suum, et Robertus in misericordia. Post judicium, ipso die, redierunt juratores, et dixerunt quod non bene dixerant, quia Robertus majus jus habebat in terra illa quam W.; et ideo judicatum fuit quod juratores redderent predicto Roberto valorem predicte terre, et W. de Mineriis haberet predictam terram[3].

723. — Conestabularius Normannie est in misericordia, quia dixit quod baillivus domini regis non debet manum mittere in terram suam.

724. — Recordatio inter Hugonem de Rotis versus Herveium de

---

[1] Ce jugement est antérieur à l'année 1214. Voy. mon Mémoire sur les recueils des jugements de l'échiquier.

[2] *Guill. de Riveriis*, dans la plupart des manuscrits de la deuxième compilation.

[3] La deuxième compilation donne le même jugement avec quelques variantes de rédaction au chapitre de l'échiquier de Saint-Michel 1209.

Rotis, nepotem suum, infra etatem, utrum Ricardus de Rotis, pater ejus, fuit saisitus'de terra illa quam predictus Hugo ei difforciat quando iter suum arripuit in Jerusalem et quo modo. Juratores : Gaufridus de Bretevilla, Ricardus de Bretevilla, W. de Mara et multi alii. Dicunt omnes quod Ricardus de Rotis erat saisitus de illa predicta terra quando iter suum arripuit in Jerusalem sicut de propria hereditate sua. Judicatum est quod dictus Herveus habeat saisinam suam, et Hugo de Rotis in misericordia pro difforciatione [1].

725.—Recordatio utrum pater Petri, filii Henrici de Sancto Petro, infra etatem, erat saisitus anno et die quo obiit de bosco illo quod visum est per justiciarios et quod Fulco Paganelli ei difforciat. Juratores : Gauterus de Serlanz, W. de Sancto Petro, Eudo Grimaut et multi alii. Dicunt quod pater predicti Petri non erat saisitus de predicto bosco. Judicatum fuit quod Fulconi Paganelli remaneat saisina sua, et mater predicti Petri, ductrix ejus, in misericordia pro falso clamore [2].

726. — Recordatum est quod Rogerus Suhart et Th[omas] de Veilleio [et] Gaufridus le Danciz habuerunt saisinam suam in foresta de Nulleio versus episcopum Baiocensem de herbagio suo et calphagio suo et herbergagio suo sine denariis, et idem Rogerus est in misericordia quoniam exigebat in illa usum suum ad molinum suum, quod non est recordatum [3].

727. — Recordamentum scaccarii inter Willelmum Paganelli, ex una parte, et Robertum Bertran, ex altera, per comitem Robertum de Alenchon, Cadocum castellanum Gaillonis et multos alios; qui dicunt omnes quod Willelmus Paganelli, sicut saisitus de escaetis, posuit se ad finem in scacario versus Robertum Bertran et versus dominum de

Hairecort super amicos qui nominati fuerunt ad separandam baroniam de escaetis et ad tenendum se pagatum ad finem de hoc quod amici nominati sibi donarent de escaetis per legittimam inquisitionem suam et per juramentum suum, nec ibi facta fuit aliqua mentio de electione portionum, et ideo posuit se idem Willelmus in misa ista, quoniam querebatur quod non habebat omnes escaetas sicut lotus suus dicebat et Robertus Bertran querebatur quod Willelmus Paganelli occupaverat de baronnia sua cum escaetis. Judicatum est quod recordamentum illud remaneat ad finem; et Willelmus Paganelli, qui electionem portionum exigebat, in misericordia, quoniam recordamentum agit contra ipsum [1].

728. — Recordamentum assisie de Constanciis [2] inter dominum W. de Miliaco, ex una parte, et Willelmum Paganelli, ex altera, per Petrum de Teilleio, Ricardum de Fonteneto, Milonem de Leviis et multos alios. Dicunt omnes quod in assisia Constanciensi, quando duo loti equales facti fuerunt, de quibus atornatus domine Matillidis de Landa debuit unum accipere, quod ibi nulla facta fuit mentio de castro Roche. Judicatum est quod inquiratur utrum castrum illud sit de villa Roche, vel non; si sit de villa Roche, quod dominus W. de Miliaco illud habeat per lotum suum, et si non sit de villa Roche quod parciatur [3]; et Willelmus Paganelli remanet in misericordia, quoniam dicebat quod castrum Roche positum fuerat extra lotos per communem assensum.

729. — Recordatum est per episcopum Baiocensem, episcopum Lexoviensem, episcopum Constanciensem, episcopum Abrincensem, Robertum de Mesnillo, Milonem de Leviis, Petrum de Teilleio, quod W. de Altaribus, atornatus loco uxoris sue ad finem, nullam saisinam dotalicii uxoris sue de Chavreriis recuperavit in scacario versus W. de

[1] Cf. 136, 137, 138, 212, 298, 346. L'article 727 ne peut être de l'année 1243.

[2] Ici et plus bas le manuscrit porte Costent avec un signe d'abréviation.

[3] Percipiatur, dans le manuscrit.

Pirou, quam idem W. dicebat se recuperasse versus eum per judicium scacarii, sed recordatum est per predictos quod in scacario fuit preceptum baillivo loci illius quod eidem W. inde rectum teneret; judicatum est quod qui tenet teneat, et rectum fiat inter eos, et W. de Altaribus in misericordia pro falso clamore.

730. — Inquisitio facta per preceptum domini regis de jure quod Ricardus Pigache de se habere dicit in serjanteria ballie Cadomi. Juratores: abbas Cadomi, abbas Alneti, baillivus Sancti Audoeni Rothomagensis, W. Capellanus, Th. de Evrecheio et multi alii; qui omnes dicunt quod serjanteria ville Cadomi usque ad aquam Olne et usque ad aquam Seule et a monte de Lenque usque ad mare jure hereditario pertinebat dicto Ricardo ab antecessoribus suis.

731. —W. de Cathehoula exigit Nicholao de Ponte, atornato pro quadam muliere, antenata sua, unam terram quam monstravit super eum per justiciam, dicens quod terra illa que visa fuit est de terra de qua quoddam duellum vadiatum fuit in curia domini regis in tempore Petri de Teilleio, tunc baillivi domini regis, et que per finem duelli partita fuit per medium inter patrem dicti W. et Nicholaum, et unde exigit medietatem per finem duelli quam non habet. Nicholaus respondet quod terra illa que visa est cum alia terra fuit in vadio duelli, et per finem duelli terra partita fuit per medium, et per justiciam domini regis et per sacramentum militum et hominum patrie partita fuit querela, et unde pater dicti W. habuit unam medietatem et Nicholaus alteram. Dicit etiam Nicholaus quod inde contentio fuit inter ipsum et predictum W. in assisia Falesie, et post visionem terre quam inde habuerat in assisia illa apud Falesiam, sicut dicit Nicholaus, idem W. petivit medietatem sicut modo exigit. Justicia et curia interrogaverunt dictum W. utrum dictus Nicholaus aliquid occupaverat in medietate que remansit patri prefati W. per finem duelli, et utrum idem Nicholaus medietatem quam possidebat habuerat per partem que facta fuit per servientem domini regis et per homines et milites

patrie et quam ei tradiderant vel non, et utrum pater W. aliam
medietatem habuerat per eosdem vel non, et si medietatem illam habuisset quid inde fecerit postea de sua medietate. Dictus W.[1] de
Cathehola, sicut Nicholaus dicit, ad hoc respondit quod verum erat
quod Petrus de Teilleio, tunc baillivus domini regis, partes illas precepit fieri per servientem suum et per milites et homines patrie illius,
et quod terram illam per medium partiti fuerunt, et quod Nicholao
tradiderunt medietatem suam, et patri W. aliam medietatem; sed
quam cito pater dicti W. habuit medietatem suam, tam cito Petrus
de Teilleio saisivit eam et inde fecit excambium hominibus quibus
pater dicti W. feodaverat et quos[2] garantizare debebat de terra
quam eisdem tradiderat, de qua dictus Nicholaus unam recuperavit
partem per finem duelli, et quam prefatus Nicholaus ad visionem
terre ante vadium duelli monstraverat super eos. Cognovit etiam
dictus W. in assisia illa, sicut dicit Nicholaus, quod dictus Nicholaus
in medietate quam justicia tradidit patri dicti W. nichil occupavit
super eumdem W. postquam tradita fuit; et de omnibus istis prescriptis dictus Nicholaus exigit recordationem assisie. Judicatum fuit
in scacario quod recordationem illam haberet. Recordatio illa facta
fuit per istos, videlicet per Renaldum de Villa Terrici et per Robertum de Corci, Nicholaum, abbatem Sancti Johannis Falesie, Paganum
de Mehendine et multos alios, qui dicunt et recordant quod in assisia
Falesie acta fuerunt et dicta omnia prescripta et cognita ab eodem
W., et verum est, sicut Nicholaus adversarius ejus[dem] W. dicit et
asserit, sicut superius scriptum est, et quod per cognitionem dicti
W., que talis fuit qualis prescripta est, judicatum fuit in assisia Falesie quod idem W.[3] nichil poterat nec debebat recuperare in medietate prefati Nicholai quam habuerat, et quod medietas illa ad finem
remanebat prefato Nicholao, et prefatus W. in misericordia domini
regis. Recordatum est etiam quod dictum est dicto W. a baillivo et

---

[1] Et non pas *Nicholaus*, comme porte
le manuscrit.

[2] *Quod*, dans le manuscrit.

[3] Et non pas *Nicholaus*, comme porte
encore ici le manuscrit.

curia quod ipse jus suum, si vellet, sequeretur super illos quos vide-
bat tenere illam medietatem que tradita fuit patri suo, sicut cognoscit, et que tradita fuit illis qui eam possident per baillivum domini
regis, sicut ipse in assisia Falesie cognovit. Modo vero in isto scacario
judicatum est quod dictus Nicholaus medietatem suam quam possidet teneat ad finem, sicut judicatum est in assisia Falesie, et W. in
misericordia domini regis remanet[1].

732. — Recognitio utrum Rogerus de Clanvilla presentavit ultimam personam mortuam ad ecclesiam de Torgisvilla tanquam ad jus
suum vel ad jus Rogeri de Monte, qui erat in custodia sua. Juratores : Robertus de Rueta, Petrus Espet, Rogerus de Willervilla et
multi alii; dicunt quod Rogerus de Clanvilla presentavit ultimam
personam mortuam ad prefatam ecclesiam ad jus Rogeri de Monte
ratione custodie. Judicatum est quod Petrus de Monte, filius dicti
Rogeri, habeat saisinam de patronatu ecclesie prefate.

733. — Adjudicatum est quod nullus carnifex vendat carnes in
parrochia Sancti Audoeni preter xii[cim] carnifices et dimidium qui sunt
domini abbatis Sancti Audoeni.

734. — Preceptum est quod Robertus, homo de Monte Auberti,
de parrochia Saucceii, habeat saisinam suam sicut in alio scacario judicatum fuit ei.

735. — Sciendum est quod dominus rex, pro salute anime sue et
anime patris sui et antecessorum suorum, quietavit omnibus christianis qui debebant Judeis, quando ultimo capti fuerunt, nec rotula fuerunt debita, terciam partem tocius debiti quod debebant Judeis, ita
etiam quod tercia pars redderetur illis qui totum persolverunt, et
illis qui adhuc debent tercia pars quita erit, et de duabus partibus
remanentibus habebunt terminum de medietate usque ad instans

---

[1] Cf. 153.

festum Omnium Sanctorum, et de alia medietate usque ad Purifica-
tionem Beate Marie proximo sequentem.

736. — Preceptum est etiam omnibus baillivis ne corpora Christianorum capiantur de cetero pro debito Christiani contra Judeum, et
quod Christiani non cogantur propter hoc vendere suas hereditates.

737. — Pacificati sunt marescallus Francie et homines sui de Argentonio super taillia quam ipse ab eis petebat ad voluntatem suam
singulis annis, ita quod quitat eis dictam tailliam, et quod de cetero
non levabit eam nisi quando dominus rex tailliabit homines suos et
villas suas Normannie pro exercitu, et tunc dominus marescallus homines suos tailliabit competenter, et propter hoc dicti homines po-
nunt se in dictum marescallum persolvendi eidem usque ad ducentas
libras turonensium ad presens si sue sederit voluntati, et inde habebunt cartam domini regis et confirmationem, si poterunt eam impe-
trare [1].

738. — Recordatum est per magistros scaccarii quod pax fuit facta
tali modo inter marescallum Francie et homines suos [2] de Argentonio,
quod quietabat homines suos de Argentonio super quadam taillia
quam a dictis hominibus singulis annis petebat et exigebat, per ducentas, libras turonensium, quas eidem persolvere tenebantur, ita tamen quod eos non poterat tailliare nisi quando dominus rex suos homines apud Cadomum et Falesiam tailliaret, et tunc competenter, et
si forte contingeret quod dominus rex peteret [3] uni de predictis villis
propter combustionem vel aliam causam, non remaneret propter hoc
quin dictus marescallus villam Argentonii tailliaret competenter [4].

739. — Cum contentio esset inter dominam de Barnevilla, ex una
parte, et abbatem et conventum Fonteneti, ex altera, videlicet quod
domina dicebat quod bene volebat quod abbas haberet usagium suum

[1] Cf. 667, 738.
[2] Sui, dans le manuscrit.
[3] Il faut sans doute lire parceret.
[4] Cf. 667, 737.

in foresta de Cingueleiz bene et pacifice, sicut in cartis suis continebatur, et sicut inde usus fuerat, sed si serviens abbatis qui ducebat
asinos vel equos aliquid extra usuagium forifaceret, sibi emendaretur
consilio bonorum virorum, ita pacificatum est inter ipsos quod dictus
serviens coram domino vel mandato suo jurabit quod bene et fideliter
servabit se ne aliquid forifaciet usuagium, et iiiᵒʳ forestarii domine et
unus viridarius jurabunt coram domino vel precepto suo quod bene
et pacifice uti permitteret abbatem de usuagio suo, nec disturbabunt
servientem ejus nec accusabunt eum sine jure; et si forte dictus serviens aliquid forifecerit, ipse non potest arrestari nisi per unum quinque supradictorum; et si ille illorum per quem arrestabitur dictum
servientem ad forifactum invenerit, ipse non potest eum arrestare nec
asinos sive equos nec summas eorum, sed detinebit leve vadium vel
fidem servientis de emend[and]o sive veniendo ad prima placita foreste; si vero dictus serviens non venerit ad placita supradicta, serviens
supradicte domine qui tenebit ea faciet scire abbati quod habeat servientem suum ad subsequentia placita; et si dictus abbas vel ejus serviens non venerint, quidam quinque servientium supradictorum poterit arrestare servientem, deinde asinos vel equos et summas eorum,
donec dicte domine vel ejus mandato emendetur foreffactum memo-
ratum; et hoc factum fuit salvo omni testimonio et libertate et tenore
cartarum abbatis, sicut usi fuerunt vel fuerint; et sciendum quod si
serviens abbatis venerit in curia domine accusatus de forifacto, ipse
poterit deraisnare se per se vel per alium. Ita actum fuit et declara-
tum in presenti scacario.

740. — Recordatum est per magistros scacarii et barones quod
judicatum fuit altera vice quod homines de Sancto Machuto facient
et reddent domino W. de Barris auxilium exercitus de quodam feodo
lorice, sicut dominus rex dabit et quale communiter solvitur per terram suam, et iterum judicatum est, et homines in misericordia pro
recordatione expectata [1].

[1] Cf. 439.

22.

' 741 [1]. — Scacarium apud Rothomagum, in festo Sancti Dyonisii, anno Domini m° cc° xl° iii° [2].

' 742. — Judicatum est quod heredes [3] Guillelmi de Montcignio, militis, nati [de] filia Guillelmi de Mortuo Mari, non habebunt victum suum de terra antenatorum suorum fratrum, ratione illa quod pater eorum dedit terciam partem terre sue matri eorum [in] dotem, que ad eos revertetur, et dicta mater fecit finem in vita sua cum fratribus antenatis, ita quod post decessum ejus dotalicium suum ad eos revertetur.

' 743. — Adjudicatum est quod quedam mulier que sequebatur Johannem de Burdeguins, militem, de morte mariti sui non potest habere sectum [4], cum ille non velit se ponere in inquisitione.

' 744. — Adjudicatum est quod ex quo mulier est maritata ipsa non habebit custodiam heredum suorum in quacumque etate sint.

———

' 745. — Scacarium apud Cadomum, in festo Beati Luce, anno Domini m° cc° xl.° iii° [5].

' 746. — Preceptum est quod homines Amundeville in Costentino reddant abbati Montisburgi et persone Amundeville decimas suas secundum antiquam consuetudinem, et non aliter.

' 747. — Judicatum est quod homines de Lore [6] in Costentino facient auxilium relevcii [7] domino de Curceyo de morte conestabularii Normannie ratione quod dominus de Sac, dominus eorum, tenebat de dicto conestabulario per paragium quasi postnatus.

' 748. — Preceptum est quod donum quod Robertus Malet fecit hominibus suis pro serviciis suis apud Sanctum Jacobum de Bevron teneatur.

[1] Je donne ici, en plus petit caractère, sous les n° 741-750, les deux chapitres que la troisième compil. (ms. 10390. 2) consacre à la session de Saint-Michel 1243. (Voyez, plus haut, la note que j'ai placée sous le n° 717.)

[2] m cc l. Manuscrit 10390. 2. — En cel en meisme (1243). Version française.

[3] Quod homines sive heredes. Ms. 10390. 2.

[4] Peut-être pour sectam.

[5] Anno Domini m cc l. Ms. 10390. 2. — En cel en meisme. Version française.

[6] Homines dolore. Ms. 10390. 2.

[7] Relevei. Même manuscrit.

' 749. — Judicatum est quod heres forbaniti alicujus non habebit terram matris sue, sed propinquior heres mulieris.

' 750. — Judicatum est quod uxor Roberti de Monasterio non habebit dotem de terra dicti Roberti, quia ipse proditor fuit et forefecit terram.

' 751 [1]. — LI ESCHEQUIERS DE PASQUES À ROEM, EN L'AN DE GRACE M ET CC ET XLIIII.

' 752. — Il fu commandé que Guillot de Forges, li filz Robert de Forges, oit ce que il conquist par le jugement de l'assise d'Essei, vers cels à qui ses pères avoit vendu ses terres et ses rentes, et ses pères oit sa terre, si qu'il n'en puisse riens metre hors de sa main, por ce que il avoit esté en maladerie qui n'estoit pas ruilée, et ore est sains, si comme il dit.

' 753. — Robert Aviron, del Port Saint Oien, lesse tout quite : home qe il sivoit que il avoit noié son fill, et por ce fu il jugié que cil qui estoit suiviz soit em pès d'icelui Robert Aviron.

' 754. — Il fu jugié que Ogiers de Canelle ne respondra pas vers Hue del Bois Rogier por ses defautes devant que elles soient paiées, et puis fera ce que il devra.

' 755. — LI ESCHEQUIERS À ROEM, EN CEL MEISME TERMINE.

' 756. — De cestui n'avons nos riens.

' 757. — LI ESCHEQUIERS À ROEM, APRÈS LA FESTE SAINT DENIS EN CEL AN MEISME.

' 758. — Il fu jugié que li home Alan Maquerel randront de l'aide de ma rier la fille à la dame de Are vi deniers de chascune acre, par cele reson que cil Alans tient son fieu de la dame d'Aare.

' Sous les n°ˢ 751-787, je place les chapitres de la version françase qui se rapportent aux échiquiers de 1244, 1245 et 1246.

` 759. — Il fu acordé que la comtesse de Chastel Eraut puet bien achater ʟ livrées de terre que li visquens de Chastel Eraut, ses sires, qui morz est, dona à fère son testament, et les mist en la main à ses exécuteurs, et li exécuteurs vandent celle rante par besoing por acomplir le testament.

———

` 760. — Lɪ ᴇsᴄʜᴇǫᴜɪᴇʀs à Rᴏᴇᴍ, ᴇʟ ᴅᴇᴍᴀɪɴ ᴅᴇ ʟᴀ Sᴀɪɴᴛ Jᴇʜᴀɴ ᴅᴇᴠᴀɴᴛ Pᴏʀᴛᴇ Lᴀᴛɪɴᴇ, ᴇɴ ʟ'ᴀɴ ᴅᴇ ɢʀᴀᴄᴇ ᴍ ᴄᴄ ᴇᴛ xʟᴠ.

` 761. — Guillaume del Salcei, chevaliers, est en merci por ce que il ne respondi pas de ce dont il devoit respondre.

` 762. — Il fu jugié que Guillaume de Sanclin, chevaliers, et sa fame doivent randre leur fille, qui estoit en la garde Robert de Canteloir[1], el lieu et en la meson où il la prinstrent par force, et se il ne le font, ill i seront contraint. Et sont en merci por la force qu'il firent de nuiz.

` 763. — Home requenurent que il tienent de l'évesque de Sès, chascuns par la disiesme part del fieu de hauberc, et por ce fu il jugié que il facent les redevences de leur terres comme vavasseur, et nom pas comme de fieu de hauberc; et sont en merci por le jugement que il atandirent.

` 764. — Li patronages de l'iglyse de Saint Vigor de Cergi remaint à fin à l'abé et au covant de Mont Daie.

` 765. — Il fu jugié que chascuns puet engagier ou metre en son testament le tierz de sa terre par le gré son segneur, se il plest au roi.

` 766. — Il fu jugié que Jordains[2] de Brequini, chevaliers, pueit sivre son marchié vers le filz Raol de Biaumes, qui est en garde, par ce que il le rapela el vivant son père et dedanz l'an.

` 767. — Il fu jugié que li abés de Quaam ait enterignement sa sesine vers Jehan de Cahorc, chevalier, par le recort qui fu fet en l'assise de Quaam, de ce qui fu veu et qui ne fu pas veu de l'eue de Dive, de qoi li plez estoit entr'ex.

` 768. — Il fu jugié por la fame Voisin et por Raol de Treismonz que li recorz de l'assise core ainz que li recors soit des jurez.

———

[1] Peut-être pour Cantelou. — [2] Jordains. Marnier.

769. — Il fu jugié que cil qui tient fié d'aucun pueit bien apeticier la rente que il en doit, ne li marchiez ne pueit estre rapelez par nul qui soit del lignage al vendeeur por tant que li venderres i retiegne rente ou homage.

770. — Il fu jugié que mesires Henris d'Argences aura l'eschange que Jehans de la Ruete prestres li fist, et sera en autretel estat en l'ainzneece comme Jehans estoit seur ses cosins quant il fist l'eschange.

—————

771. — LI ESCHEQUIERS À ROEM, LE JOR DE LA SAINT-LUC, EN CEL AN MEISME (1245).

772. — Il fu commandé al bailli de Costentin que il rande as oirs à un home qui fu panduz la terre qe il tenoit; quar porceque cil qui fu panduz fesoit bataille de ses membres et il fu vaincuz, il fu jugié que il ne forfist fors les membre et les muebles, as us et au costumes de Normendie.

773. — L'abaesse d'Evreues doit avoir le patronage de l'yglise de Borc.

774. — Il fu jugié que Raoul Taisson puet sivre m de ses homes de Fains d'une moute que il lor demande par loi apparoissant.

775. — Li abès de Quaam doit avoir ses fors et son ban en son borc.

—————

776. — LI ESCHEQUIERS DE PASQUES À ROEM, EN L'AN DE GRACE M ET CC ET XLVI.

777. — De cestui n'avons nos riens.

—————

778. — LI ESCHEQUIERS DE PASQUES À QUAAM, EN CEL AN MEISMES (1246).

779. — Il fu jugié que Richart du Menill ne perdra pas la sesine d'une terre qe Loranz del Fresne et Aubine sa fame li demandoient par brief de fieu et de ferme, por ce que li jureeur distrent que il ne savoient se ce est fieuz ou ferme, mès ne porquant droiz pueit estre entre les parties.

780. — Il fu jugié que li denier qui estoient tenu en la garde le roi par l'achoison de l'oir de Biaumes, d'une part, et de son oncle, d'autre part, seront departi entr'eus comme muebles.

781. — Il fu jugié que Gifroiz de Monthisart ne perdra pas som pasturage à toutes ses bestes por la glant ou por la faine qui est el bois, mès il ne porra pas abatre la glant ne la faine.

782. — LI ESCHEQUIERS DE LA SAINT-MICHIEL À ROEM, EN CEL EN MEISME (1246).

783. — De cesti n'avons nos riens.

784. — LI ESCHEQUIER DE LA SAINT-MICHIEL À QUAAM, EN CEL EN MEISME (1246).

785. — Il fu jugiez que l'en respondra vers croisiez de brief de fieu ou de gage, et de brief de fié et de ferme movable, et que li croisiez en respondront, que il ne remaindra pas por la croiz.

786. — Il fu jugiez que li prieurs de Sainte Barbe ait plainement sa sesine d'une bleste à ardoir qe li home del Bruel de lez Sainte Barbe li demandoient par un brief de nouvelle dessesine qui ne parloit fors de commune pasture, et li home sont en merci por la seurdemande.

787. — Henris d'Argences lessa del tout au prieur de Sainte Barbe toute la droiture que il avoit el patronage de l'iglise de Baron, et li prieurs li[1].....

[APUD ROTHOMAGUM, IN SCACARIO PASCHE, ANNO 1247.]

788. — Preceptum fuit hoc in squaquario apud Rothomagum quod novem homines de Mara per inquisitionem factam habeant costumam in boscis abbatis Gemmeticensis apud Torovillam, ita quod abbas mercietur illos pro forefacto suo usque ad valorem triginta solidorum turonensium et amplius, de quibus merceiis dictus abbas habebit totum usque ad triginta solidos, et dominus rex habebit quicquid merciatum fuerit amplius quam triginta solidos, et alii homines de Mara qui non sunt de istis novem supradictis poterunt ire

[1] La fin manque.

ad costumam in dictos boscos sicut alii homines abbatis de Torovilla, et si forefecerint dictus abbas ipsos homines merciabit et levabit
emendas que omnes erunt sue integre. Actum fuit hoc in scacario
Pasche, anno Domini м° cc° xl° septimo [1].

——

[Apud Rothomagum, in scacario Sancti Michaelis, anno 1248.]

789. — Anno Domini м° cc° xl° octavo, die Jovi[s ante?] festum
beati Dyonisii, judicium datum [fuit] in scaquario Rothomagi pro
abbate et conventu Be[cci] super cartis eorum contra Johannem de
Faipou, scu[tife]rum, super hoc quod petebat relevia ab eis [pro]
medietate feodi de Faipou, quam antec[esso]res ejusdem Johannis
elemosinaverunt predictis [religiosis]. Et judicatum fuit in dicto
scaquario dictos ab[batem] et conventum de Becco liberos esse et
qui[etos] a dictis releviis, et quod dictus Johannes vel here[des] sui
nullam justiciam possunt aut poterunt [habere] in elemosina eorumdem religiosorum de Faipou [et] de Marbodio pro dictis releviis
sive pro aliis [quibus]cumque. Et super hoc dictus Johannes emenda[vit] magistris scaquarii. Et isti interfuerunt : d[ominus episcopus]
Ebroycensis, dominus episcopus Silvanectensis, dominus [Gaufridus]
de Capella, magister Stephanus de Monte Forti, [the]saurarius Pontisare; magister Odo de Sancto Dyonisio; [de] Fiscanno, de Geme-
tico, de Sancto Audoeno, abbates; dominus Stephanus de Porta,
ballivus Rothomagi; [Guillelmus] de Cambremer, decanus Sepulchri;
Odo de Gi[sorcio], ballivus Baiocensis; Lucas de Vilers, balliv[us
Con]stantini; Johannes dictus Juvenis, ballivus [de] Vernolio; Bartholomeus Chevalier, ballivus de Ca[leto]; Robertus de Bello Monte in
Caleto, Robertus de Be[llo Monte] in Algia, Ricardus de Logis, Michael de Boeleia.... Pipart, Symon de Franboisier, Bartholo[meus]
de Capeval, Willelmus de Bornevilla, Johannes de [Ga]maches, Robertus Louvet, Willelmus de Calida Cot[a, Eu]stachius Caillot, Ro-

[1] *Grand cartulaire de Jumièges*, feuillet du commencement.

bertus de Feligneio, Willelmus de Damenevill, Johannes de Romeis, Ro[bertus? de] Vilerez, Radulfus de Mesnillo Wace, Willelmus le... Johannes Venator, Adam de Torchi, G[uillelmus? de] Boschiervilla, Hugo de Blaquepuis, Johannes B..... Petrus de Yvis, Philipus de Brionio, Johan[nes de] Merevilla, milites, et plures alii [1].

790. — Anno Domini M° CC° XL° VIII°, in scacario septembris, aput Rothomagum, judicatum fuit quod portus de Curta Valle est situs in ballivia Pontis Audomari, et jus et dominium dicti portus est abbatis Gemmeticensis, et tenetur de ipso, et quod transeuntes se debent aquitare et solvere passagium suum in ballivia predicta; et si latro capiatur ibi, ducitur ad Pontem Audomari judicandus, et judicatus reddi debet dicto abbati, si fuerit ex parte abbatis requisitus [2].

[APUD CADOMUM, IN SCACARIO PASCHE, ANNO 1251.]

791. — Johannes de Curia, episcopus Ebroicensis; dominus Gaufridus de Capella, magister Stephanus de Sancto Sanxone, decanus Sancti Aniani; magister Odo de Sancto Dionisio, dominus Fulco, episcopus Lexoviensis; abbas Fiscanni, abbas Sancti Michaelis, prior Sancte Barbare, W. de Cambremer, decanus Sepulcri Cadomi; Odo de Gisorcio, baillivus Baiocensis; Robertus de Pontisara, baillivus Cadomi; W. de Friardel, canonicus Lexoviensis; Rogerus de Planes, Radulphus Tesson, Robertus de Semillie, Rogerus de Pratellis, Rogerus de Argentiis, senior, milites, et baillivus Costentini, Ricardus de Milliaco, senescallus Fiscanni; Ricardus Senescallus, vicecomes Baiocensis; Petrus de Conde, Gaufridus Louvel. Isti interfuerunt apud Cadomum in scacario paschali, anno Domini M° CC° L° I°, quando carte Henrici, regis Anglie, et Galerani, comitis de Meullent, lecte fuerunt, per quarum tenorem judicatum fuit quod homines de feodo Harpin

---

[1] Cartul. du Bec, au commencement du chapitre intitulé Titulus de Faipou.

[2] Grand cartulaire de Jumièges, p. 307, n° 531.

debebant molere ad molendinum nostrum et facere omnes consuetudines molendini et precarias, et stare juri ad placita nostra, ut alii
homines de Salerna [1].

———

[Apud Cadomum, in scacario Pasche, anno 1252.]

792. — Omnibus, etc. Nicholaus de Hablovilla, clericus, Sagiensis
diocesis, salutem. Notum facio quod, cum impeterem in curia domini
regis in scacario [2] Cadomensi viros religiosos J., abbatem Beati Juliani
Turonensis, et ejusdem loci conventum, super jure patronatus ecclesie
de Hablovilla, Sagiensis diocesis, quod jus ego dicebam ad me jure
hereditario pertinere, et me presentare debere personam ad ecclesiam supradictam, quod abbas negabat, exhibitis ex parte dicti abbatis multiplicibus litteris et instrumentis per que michi constitit
evidenter jus patronatus dicte ecclesie ad dictum abbatem et conventum pertinere et multociens presentasse, ego attendens nichil juris
habere, dimisi in perpetuum et quitavi dictis abbati et conventui si
quid juris habebam in patronatu ecclesie supradicte in scacario [3] Cadomensi..... Actum in curia domini regis in scacario Cadomensi,
coram magistris domini regis, videlicet Johanne, episcopo Ebroicensi;
magistro Odone de Locrit [4], domino Gaufrido de Capella, milite.
Testes : Guido, episcopus Baiocensis; Fulco, episcopus Lexoviensis;
Johannes, episcopus Constanciensis; Guillelmus, episcopus Abricen-
sis; Gaufridus, episcopus Sagiensis; Ricardus, abbas Sancti Michaelis
de Periculo Maris; magister Herbertus, decanus Baiocensis; Petrus
de Locellis, officialis Baiocensis; Stephanus de Porta, miles, ballivus
Rothomagensis; Robertus de Pontesia, baillivus Baiocensis et Cadomensis; Lucas de Vilers, ballivus Constantini; Guillelmus [de] Chambremer, decanus Sepulcri Cadomensis; Ricardus, vicecomes Baiocensis, et multi alii. Anno Domini 1252, mense aprilis [5].

[1] *Cartul. de Préaux*, f. 148, n° 479.
[2] Le manuscrit porte *ruacario.*
[3] *Kacario*, dans le manuscrit.
[4] *Locrit*, dans le manuscrit.
[5] *Cartul. de Saint-Julien de Tours* (manuscrit lat. 5443 de la Bibl. imp.), p. 80.

793 [1]. — Cum contentio fuisset inter regem Francorum et abbatem
et conventum Gemmeticenses, eo quod dicti abbas et conventus vo-
lebant habere pasnagium porcorum suorum in omnibus forestis de
ducatu Normannie, sicut in cartis suis continebatur, tandem judicatum
est in scacario domini regis apud Cadomum, anno Domini M° CC° L° secundo, quod predicti abbas et conventus possunt ponere omnes por-
cos suos in omnibus forestis de ducatu Normannie, quando voluerint
et necesse fuerit eisdem sine pasnagio solvendo, sicut carta Henrici
regis testatur. Isti interfuerunt judicio in predicto scacario quando
hoc judicatum fuit pro predictis abbate et conventu, per judicium
eorumdem quorum nomina subscribuntur : dominus Johannes, episcopus Ebroicensis; Guido, episcopus Baiocensis; Fulco, episcopus
Lexoviensis; episcopus Constanciensis; episcopus de Abrincis; Gaufridus, episcopus Sagiensis; dominus G[aufridus] de Cappella; magister
Odo de Loritio, decanus Aurelianensis Sancti Aniani; dominus Stephanus de Porta, tunc baillivus Rothomagi; Robertus de Pontisara,
baillivus Cadomi; Lucas de Villariis, baillivus Constantini; abbas
Cadomi, abbas de Ceresiaco, abbas de Troart, decanus Baiocensis,
decanus de Sepulcro, dominus Guillermus de Wesneval, dominus
Rogerus de Pratellis, dominus Johannes Bordet, dominus Johannes
Recuichon, dominus Willermus de Bornevilla, dominus Guillermus
dictus Masculus, dominus Guillermus Brebencon, dominus Radulfus
de Brueria, dominus Guillermus de Ovilla, dominus Robertus dictus
Brun Coste, dominus Guillermus de Semelli, dominus Guillermus
de Vernone, dominus Rogerus de Argentiis, Mortuum Mare Pouchin,
dominus Guillermus Paganelli, dominus Oliverus Paganelli, dominus
Rogerus Suart, dominus Guillermus de Pelevilla, dominus Guillermus de Viarvilla, dominus Gilo de Ballolio, dominus Ricardus de
Valle Oger, dominus Arnulfus de Corpherant, dominus Ricardus de
Ferevilla, dominus Johannes de Cahorc, dominus W. de Plesseio,
dominus Guillermus de Viarvilla, dominus Gillebertus de Cohorces,

[1] J'ai cru devoir rapporter ce jugement
à l'échiquier de Pâques 1252. La plupart
des maîtres et des témoins cités dans l'acte
précédent se retrouvent dans celui-ci.

dominus Ricardus Dollee [1], dominus Johannes de Seervilla, dominus
Guillermus de Ansgeriivilla, dominus Guillermus de Bretevilla, dominus Philipus de Autolio, dominus Robertus de Toloniaco (?), dominus Guillermus de Tremont [2], dominus Clarembaudus de Messeio,
dominus Galterus de Siliaco [3].

[APUD ROTHOMAGUM, IN SCACARIO SANCTI MICHAELIS, ANNO 1254.]

794. — Noverint universi quod, cum contentio verteretur inter
abbatem et conventum Gemmeticenses, ex una parte, et majorem et
cives Rothomagi, ex altera, pro vinis dictorum abbatis et conventus,
tandem inter ipsos concordatum est quod, quando vina illa venerint
apud Rothomagum, unus serviens de suo manupastu dicet haulario [4]
ville, vel majori, vel ei qui erit loco ejus : « Vina abbatis et conventus
« Gemmeticensium transeunt per ante istam villam ; sunt omnia sua
« et ad suum usagium sine mercimonio ; paratus sum vobis facere fi-
« dem ; » et faciet fidem, si ille voluerit cum quo loquetur, et ex tunc
poterunt libere abire cum voluerint, nec poterunt per aliquem de ci-
vitate impediri ulterius vel arrestari ratione rei que ad villam pertineat
aut communiam. Et ut istius concordie firmitas habeatur in memoria
perpetua, presenti cyrographo et testimonio sigilli appositi confirma-
tur tenor concordie supradicte. Actum anno Domini millesimo ducentesimo quinquagesimo quarto, apud Rothomagum, in scaquario Sancti
Michaelis [5].

[APUD CADOMUM, IN SCACARIO SANCTI MICHAELIS, ANNO 1256.]

795. — Reverendo in Christo patri ac domino G[uidoni], Dei gra-

---

[1] Peut-être d'Ollee.

[2] *Tremout*, dans le cartulaire.

[3] *Grand Cartul. de Jumiéges*, p. 307,
n° 532.

[4] *Hanssario*, dans l'édit. de M. Chéruel.

[5] *Grand Cartul. de Jumiéges*, feuillet du
commencement, et p. 280, n° 507. —
Chéruel, *Histoire communale de Rouen*, I,
154, d'après le registre A 38 des Arch.
municipales.

tia Baiocensi episcopo, Arnulfus de Curia Ferrandi, miles, domini
regis baillivus Cadomensis, salutem cum omni reverentia et honore. Cum contentio mota esset super jure patronatus ecclesie de
Lovigneio, jam diu est, in assisia Cadomi et in scacario, coram magistris domini regis, inter abbatem et conventum Sancti Ebrulfi, ex
una parte, et Nicolaum de Palude, ex altera, paternitati vestre significamus quod dicti abbas et conventus, in scacario presenti Sancti
Michaelis, saisinam juris patronatus dicte ecclesie obtinerunt contra
dictum Nicolaum, per judicium in scacario supra dicto. Unde vobis
mandamus quatinus clericum presentatum ex parte dictorum abbatis
et conventus ad presentationem dicte ecclesie, prout juris est, ad-
mittatis. Datum apud Cadomum, anno Domini M° cc° L° vi°, die Jovis
proxima post festum beati Dyonisii[1]. Valeat diu et bene vestra paternitas[2].

———

[APUD CADOMUM, IN SCACARIO PASCHE, ANNO 1257.]

796. — Anno Domini M° cc° L° vii°, apud Cadomum, in scacario
Pasche, presentibus Constanciensi, Luxoviensi et Sagiensi episcopis,
pluribus abbatibus, decanis, archidiaconis et militibus multis, fuit
taliter ordinatum et ab omnibus approbatum, videlicet quod si quis
tenetur alicui in redditu suo pro hereditate habente edificium vel non
habente, et si in solutione illius redditus defecerit, ille de quo tenetur
hereditas illam saisire poterit post defectum et fructus exinde perci-
pere tanquam suos, ita tamen quod ille qui cessavit in redditu infra
triennium a tempore primi defectus, quandocumque voluerit et petierit, hereditatem suam recipiet et habebit, prius tamen arrera-
giis redditus solutis et culture sumptibus si qui fuerint restitutis;
hoc etiam salvo quod si dominus de quo tenetur hereditas, medio
tempore quo fuit in redditus solutione cessatum, hereditatis proventus percepit, ille qui hereditatem repetit in aliquibus arrera-
giis vel culture sumptibus non tenetur, dum tamen tantum value-

<hr />

[1] 12 octobre 1256. — [2] *Cartul. de Saint-Évroul*, n°⁵ 621 et 771.

rint dicti fructus. Item si quis postquam venerit ad etatem defecerit in solutione servicii redditus per triennium integrum, a tempore primi defectus computandum, ille de quo tenetur hereditas ex tunc tanquam suam propriam poterit retinere, dum tamen illud saisierit [per tres dominicas vel festivitates solemnes[1]] in parrochia in qua situs erat ille feodus, et, ne possit veritas occultari, in aliqua vicina parrochia bis vel ter manifestaverit publice se illam hereditatem pro tali causa cepisse. Quibus actis, ille qui in solutione redditus cessavit jus quod in hereditate habebat amittat omnino, nisi forte causa peregrinationis sit absens, et ille intelligitur peregrinus qui publice scientibus presbytero et parrochianis a loco suo causa peregrinationis recedit et secundum consuetudinem patrie attornatum relinquit; qui postquam a sua peregrinatione redierit, solvendo arreragia si qua fuerint et expensas culture si que [facte] sint [per] triennium, hereditatem suam recipiet et habebit, qualibet difficultate cessante. Et si forte aliquis in alia peregrinatione quam Hierosolimitana fuerit peregrinus, nisi infra triennium redierit, hereditatem amittet, nisi habuerit impedimentum legitimum super quo sufficienti probatione constabit[2].

———

[Apud Cadomum, in scacario Pasche, anno 1258.]

797. — Venerabili in Christo patri ac domino G., Dei gratia Baiocensi episcopo, Arnulfus de Curia Ferrandi, miles, domini regis baillivus Cadomensis, salutem, reverenciam et honorem. Noverit paternitas vestra quod, in scaccario Pa[s]che apud Cadomum nuper preterito, coram magistris domini regis, viri religiosi abbas et con-

---

[1] Les mots entre crochets sont rétablis d'après la version française, qui porte ce qui suit :

« Tant qu'il en ait prins la saisine par « trois dimenches ou par trois festes solen- « nelez, en la parroisse en laquelle le fief « de l'éritage est assis. »

[2] Ms. lat. 4651, fol. 48; sup. lat. 1048, fol. 139; sup. lat. 1016, fol. 1 v°; ms. lat. 4790, fol. 129 v°; ms. lat. 4653 A, p. 241 (avec la date de 1207). — Ancienne version française, ms. lat. 1597 B, fol. 82 v° et 146 v°. — Ce morceau est publié dans le Recueil de Warnkœnig, p. 119.

ventus Beate Marie de Longis per judicium optinuerunt jus patrona-
tus cujusdam portionis ecclesie Sancte Crucis de Grentona contra
Henricum de Agnellis, militem. Unde vobis mandamus quatinus
ipsos tanquam veros patronos predicte portionis de cetero teneatis.
Quod paternitati vestre et universis tenore presencium significamus.
Valeat bene et diu valeat paternitas vestra in Domino. Actum anno
Domini m° cc° quinquagesimo octavo, die Sabbati ante festum Sancti
Georgii [1].

798 [2]. — Item anno m° cc° l° viii°, in scacario Cadomi post Pascha,
injunctum fuit parrochianis de Monbrayo ut redderent decimas agnel-
lorum tunc, dictum est, cum possent matre carere, qui conquere-
bantur ut ad hoc per episcopum compellerentur, et fuerunt remissi
ad episcopum. [Presentibus] Fulcone Lexoviensi [3], R. Abri[n]censi,
J[ohanne] Constanciensi episcopis; P[etro] de Fontibus, Juliano, militibus; Odone de Lorris, magistris scacarii, necnon et reverendo
patre O[done] archiepiscopo [4] Rothomagensi.

[Apud Cadomum (?) in scacario Sancti Michaelis, anno 1258 [5].]

799. — Item in scacario se[quenti], responsum fuit quod nullus
haberet immunitatem vendendi nemus suum sine licito regis, nisi
hic haberet super hoc quartam, vel aliquam faisanciam inde faceret
domino regi.

---

[1] 20 avril 1258. — *Cartul. de Longues*,
fol. 31 v°, n° 101.

[2] Les articles 798-812 sont tirés des
notes de l'anonyme de Coutances.

[3] Je modifie légèrement le texte du manuscrit, qui me paraît altéré; il est ainsi
conçu : *Remissi ad epm' Lex'. c'. ff. epo'. R.
Abrice'si. J. Const', epis'.*

[4] *Archid'*, dans le manuscrit.

[5] Le Registre des visites d'Eude Rigaud,
p. 321, nous apprend que ce prélat quitta
saint Louis le 6 ou le 7 octobre, pour se
rendre, avec Eude de Lorris, à l'échiquier
de Caen. La session tenue dans cette ville
dura du 13 au 17 octobre. La session tenue à Rouen dut commencer le 21.

800. — Item ibidem parrochiani de Sancto Salvatore conquesti fuerunt de presbiteris suis, qui petebant ab eis panes ad Natale, decimas genestarum et alia quedam. Remissi fuerunt ad episcopum.

801. — Ibidem fuit ordinacio de tabernagio cessando, et promulgata constitucio nova.

802. — Ibidem dictum fuit quod garda regis durat per xxi annos, baronum per xx annos, licet quidam contradicerent.

803. — Item actum fuit ut duella cessarent coram rege.

804. — Item ibidem injunctum fuit Reginaldo de Rigido Ponte, ballivo regis in Costentino, ut Caborellus, famosus latro[1], qui, cum captus duceretur ad carcerem, cruci solo affixe adheserat, Constanciensi episcopo redderetur.

805. — Item ibidem de vendicione nemorum domini Constanciensis episcopi, sine licentia regis facienda, dissimulando pertransierunt, licet ipse venderet.

806. — Item bona cujusdam clerici conjugati, etiam bigami, qui se suspendit, eidem episcopo fuerunt reddita, presentibus O[done], Rothomagensi archiepiscopo[2], Juliano milite, cum multis aliis.

807. — Hec gravamina non fuerunt prosequti prelati, quia ballivus bellissime se excusavit, et officialis remansit confusus, quia omnia negavit se fecisse vel fieri mandavisse ballivus.

808. — Et ibidem fuit facta pax inter nos et dictum ballivum super eo quod edicebat jurisdictionem viduarum ad se spectare, et tenebat

---

[1] Le manuscrit porte *Caborellum famosum latronem.* — [2] *Archid'*, dans le manuscrit.

Emmam[1] dictam la Hardie in carcere occasione debiti quod coram vicecomite recognoverat, ut dicebat, et ipsam liberavit, et remansit ecclesie jurisdictio viduarum, invitto ballivo, qui festinus venit illuc ad prelatos congregatos, et jam consilium curie receperat quod non prosequeretur talem casum.

809. — Ibidem pace reformata inter episcopum Constanciensem, scilicet Johannem de Esseyo, et Raginaldum de Rigido Ponte, tunc ballivum, super quibusdam, scilicet de viduis quas ballivus nitebatur subtrahere jurisdictioni ecclesiastice, et quibusdam crucesignatis quos idem episcopus petebat, assignata fuit dies Jovis post Reminiscere[2], anno e[odem]. (Nichil actum fuit propter absentiam Abrincensis et Constanciensis episcoporum, et assignata fuit [dies] in crastino scacario instantis[3] ibidem.)

810. — Anno e[odem], fuit judicatum in scacario quod non fuerat contumax in assisia de Valoniis dominus J. Malet, qui attornatus[4] fuit J. de Cabore, sed mortuus fuit in via.

811. — Item judicatum fuit quod non debeantur duo relevia [de] terris, sed dominus debet esse contentus altero. Et no[tandum] quod molendinum debet LX solidos pro relevio.

812. — Et ibi respondit coram episcopis secreto magister N[icolaus] de Blavia[5], quod si agat contra unum de molendino et alius[6] de actione injuriarum pro eo quod vocavit eum furem, et ille excipiat quod non tenetur, quia probare vult eum esse furem, hujus modi causa est agenda in foro seculari. Item quod inter laicos in foro ecclesie agenda est causa super conviciis, quia rex non consuevit de eis cognoscere.

---

[1] Le manuscrit porte *Eniam*, avec un signe d'abréviation.

[2] 13 mars 1269.

[3] *Instanter*, dans le manuscrit.

[4] Le manuscrit porte *quia attornatus*.

[5] *Blama*, dans le manuscrit.

[6] Le manuscrit porte *a*[d]. Je crains que tout ce passage ne soit altéré.

813. — Anno Domini m cc lviii, die Veneris ante festum apostolorum Symonis et Jude (25 oct.), in scacario apud Rothomagum, judicium quod prius factum fuerat in assisia apud Longuevillam, pro abbate et conventu Sancti Georgii de Bauquiervilla contra homines de Peretot, approbatum fuit a justiciis domini regis et a baronibus et militibus ibidem existentibus, videlicet ab archiepiscopo Rothomagensi, domino Juliano de Perona, abbatibus de Fiscanno et de Lira, Johanne de Harecort, Guidone de Tornebusc, Roberto de Yvre, Guillermo, camerario de Tanquarvilla, Petro de Hotot, Henrico de Novo Burgo, Gaufrido de Capella, Michaele de la Boelaie, Guillermo le Foacher, Galeio de Fraxino, Ansello le Picart, Ansello de Braio, Guillermo Pochin, Henrico de Crasmaisnillo, Drocone de Roia, Petro de Kenovilla, Johanne de Monte Poignant, Odone de Vilaribus, Guillermo Belot, Guillermo de Bello Foco, Henrico de Semelliaco, Guillermo d'Asnieres, Nicholao de Londa, Henrico de Rovreio, Guillermo de Rovreio, Yvone de Ouvilla, Hugone de Milevilla, Roberto de Freschienes, Johanne Recuchon, Gaufrido Senescallo, Roberto de Mortuo Mari, Johanne de Mellinvilla, Martino de Hosa, Arnulfo d'Escorforant, Nicholao de Hotot, Roberto de Vado, Johanne Louvel, Ricardo de Contemolins, Roberto Caillot, Galtero de Bosevilla, Roberto de Greinvilla, Guillermo de Benehabeas, Roberto de Fouqueroles, Drocone de Lintot, Auberico de Bella Aqua, Hugone de Sotemanvilla, Roberto Selerin, Roberto de Betencort, Hugone de Betencort, Johanne Venatore, Hugone Taisson, Nicholao de Sancto Germano, Gaufrido de Ouveinvilla, militibus....... Johanne de Carreis, tunc ballivo de Gisorciis; Reginaldo de Radepont, tunc baillivo de Costentin; Guillermo de Vicinis, tunc baillivo Rothomagi; Galtero de Vilaribus, tunc baillivo Caleti, et Johanne de Criquebouf, tunc baillivo de Vernolio[1].

[1] *Cartul. de Saint-Georges*, fol. 41.

[IN SCACARIO PASCHE, ANNO 1259, UT VIDETUR.]

814. — Eustachius de Montigniaco, armiger, petebat a domino rege quod sibi permitteret ut posset vendere libere et quitte, absque tercio et dangerio, nemora sua de feodo de Montigniaco, etc. Hec fuit terminata in scacario [1].

———

[IN SCACARIO SANCTI MICHAELIS, ANNO 1259 [2].]

815. — Inquesta facta per Arnulphum de Curia Ferandi, militem, ballivum Cadomi, utrum dominus Adam, dictus Cambellanus, erat in possessione seu saisina, tempore quo decessit, de quodam molendino apud Tor, etc. Hoc fuit expeditum in scacario Cadomi, anno Domini M° CC° L° IX° [3].

816. — Inquesta facta super hoc quod dominus Gaufridus de Bosco Guillelmi, miles, petit habere quosdam redditus, etc. Expeditum in scacario [4].

817. — Inquesta facta utrum chabulum debeat esse liberum a solucione seu prestacione dangerii domini regis. Solvetur tercium de chabulo. Hec fuit expedita in scacario Rothomagensi, et facta per Guillelmum de Vicinis, ballivum Rothomagensem, ut videtur [5].

———

[IN SCACARIO SANCTI MICHAELIS, ANNO 1260 [6].]

818. — Inquesta facta super hoc quod Guilebertus de Croismare

———

[1] *Olim*, I, 85.

[2] La session de l'échiquier de Saint-Michel se tint à Rouen du 12 au 16 octobre. (Voy. *Reg. visit. archiep. Rotomag.* p. 346.)

[3] *Olim*, I, 98.

[4] *Olim*, I, 99.

[5] *Olim*, I, 99.

[6] Le Registre d'Eude Rigaud, p. 376, nous apprend que ce prélat fut un des

petit habere quinque acras terre, etc. Fuit expedita in ultimo scacario per dominum Julianum et alios [1].

[IN SCACARIO PASCHE, ANNO 1261 [2].]

819. — Inquesta facta per dominum Julianum de Perona, ballivum Rothomagensem, super eo quod Johannes de Roboreto, miles, dicit quod ipse debet habere gardam feodi heredis de Rebez, etc.

820. — Inquesta facta per eumdem dominum Julianum de Perona, super eo quod Egidius de Bondevilla dicit quod Rogerus dictus Comes, etc. sunt residentes in suo feodo lorice, etc.

821. — Iste due inqueste fuerunt expedite in hoc scacario Pascharum proximo preterito [3].

[IN SCACARIO SANCTI MICHAELIS, ANNO 1261 [4].]

822. — Reverendo patri ac domino Thome, Dei gratia Sagiensi episcopo, Arn[ulfus] de Curia Ferandi, miles, domini regis baillivus Cadomensis, salutem cum omni reverencia et honore. Noverit paternitas vestra magistros scaccarii vidisse et inspexisse quasdam litteras quas abbas Sancti Petri super Divam in dicto scaccario detulit et eisdem ostendit, et eisdem litteris a dictis magistris visis et inspectis, reddiderunt predicto abbati seisinam patronatus ecclesie de Moureriis,

maîtres de l'échiquier de la Saint-Michel 1260, et qu'en cette qualité il siégea à Rouen du 7 au 10 octobre, et à Caen du 14 au 17 du même mois.

[1] Olim, I, 130.

[2] L'échiquier se tint à Rouen du 9 au 13 mai, et à Caen du 16 au 20. Parmi les maîtres de cette session, on remarquait l'évêque d'Évreux et probablement l'arche-

vêque de Rouen. (Voy. Reg. visit. archiep. Rotom. p. 400.)

[3] Olim, I, 137.

[4] Cet échiquier, dont l'archevêque de Rouen était un des maîtres, se tint à Rouen du 7 au 10 octobre, et à Caen du 13 au 19 du même mois. (Reg. visit. p. 413 et 414.)

unde contentio erat inter dominum regem et abbatem predictum. Quod vobis tenore presencium significamus. Valeat bene et diu valeat paternitas vestra in Domino. Datum anno Domini m° cc° sexagesimo primo, die Dominica post festum beati Luce [1].

823. — Dominus Johannes de Roboreto volebat vendere boscum suum de Roboreto sine dangerio et tercio. . . . . per inquestam inde factam per dominum Julianum de Perona, ballivum Rothomagensem, probavit idem Johannes intencionem suam, etc. Inquesta expedita in scacario eodem anno [2].

824. — Inquesta facta super hoc quod Richardus Borrel, clericus, dicit quod, cum teneat quamdam masuram apud Belemcombre a domino rege, etc. Inquesta expedita in scacario Rothomagensi eodem anno [3].

825. — Inquesta facta per Galterum de Villaribus, ballivum Kaleti, de mandato regis, super eo quod Jordanus de Criquetot dicit quod ipse et antecessores sui semper vendiderunt sua nemora sita circa Criquetot sine tercio et dangerio, etc. Et fuit ista inquesta expedita in scacario Rothomagensi, anno Domini m° cc° lx° i° [4].

[In scacario Pasche, anno 1262 [5].]

[In scacario Sancti Michaelis (?), anno 1262 [6].]

826. — Inquesta facta, de mandato magistrorum curie regis, in

---

[1] 23 octobre 1261. — Orig. aux Arch. du Calvados, charte n° 19 du fonds de Saint-Pierre-sur-Dive.

[2] *Olim*, I, 146.

[3] *Olim*, I, 147.

[4] *Olim*, I, 188.

[5] L'archevêque de Rouen fut un des maîtres de cette session, qui se tint à Rouen du 24 au 27 avril, et à Caen du 2 au 4 mai. (*Reg. visit.* p. 426 et 427.)

[6] L'échiquier siégeait à Rouen le 9 octobre. (*Reg. visit.* p. 444.)

scacario, inter abbatem et conventum Mortui Maris, ex una parte, et priorem et fratres Domus Dei Vernonensis, ex altera . . . super quodam pasturagio, etc. [1].

———

[APUD CADOMUM, IN SCACARIO PASCHE, ANNO 1263 [2].]

827. — Je Guillame, chambellenc de Tanquarville, en qui l'abe e le couvent de Jumieges, d'une part, et mon segnor Guillame Crespin, chevalier, sire de Dangu, e madame Johane, sa fame, d'autre, se sunt mis à fin de tot le contens qui estoit entr'eus de l'iaue de Saine qui est entre Jumieges e Yville, en tele maniere que, les raisons oies d'une part e d'autre, resgar bien e loialment le droit à chascun, e ait chascun par mon dit ce que je verrai que il doie avoir, e en ordane en la maniere que je verrai que je le doie fere par loiauté, por ce que j'ai veu la chartre à l'abe e au couvent devant diz, e ai oies les raisons que il m'ont dites e mostrées par le droit d'isi, come j'ai resgardé bien e loialment que par droit le fons de l'eritage, la proprieté e la segnorie de l'eaue est lor à fin e doit estre; e por ce qe je n'ai veu ne chartre ne autre muniment ne raison oie por mon segnor Guillame Crespin ou por madame Johane, sa fame, de nule riens, fors d'une baterie par an, l'usage qe je n'entent pas que soit de mout lonc tens; je di par mon ordenement qe mon segnor Guillame Crespin, ne sa devant dite fame, ne nul de lor heirs, nule riens par la reson de la devant dite caue n'auront en icele eaue de cest pas en avant ne ne porront reclamer en nule maniere. E di autresi par mon ordenement qe mon segnor Guillame Crespin e sa fame devant dite auront des biens à l'abe e au couvent devant diz ii[c] livres de torneis. Après, des hommes de Yville pesqueors, qui quitement voloient peschier en cele eaue, sans riens fere à l'abe, ne rente, ne servise, ne autre chose ne di-

———

[1] Olim, I, 160.
[2] L'échiquier de Pâques 1263 se tint à Rouen du 17 au 20 avril, et à Caen du 24 au 28. L'archevêque de Rouen y assista en qualité de maître. (Reg. visit. p. 457 et 458.)

soient por eus fors que issi l'avoient usé, qe l'abe et le couvent lor nooient; por ce qe je n'ai pas trouvé ne entendu qe tel usage aient eu paisiblement, fors à contens e à demuchons, je di qe il feront chascun an en ichele caue à l'abe e au couvent devant diz quatre bateries, à la semonse ou au comandement à l'abe, quant il li plaira, c'est à savoir une quite e entiere qe il fesoient à mon segnor Guillame Crespin, par la raison de madame Johane, sa fame, e les autres trois bateries à la moitié des poissons à lor oes, e l'autre moitié à l'abe e au couvent devant diz. E por tel servise e por tele rente les hommes pescheront quites en icele caue e auront la commune de peschier i sanz contredit e sanz empeechement qe l'abbe i mete ne autre par lui. El tesmoing de laquel chose, j'ai mis mon seel en cest escrit. Ce fu fet en l'an de grace м et cc e sexante treis, le vendredi apres la seint Joire[1], à l'eschequier de Caem de Pasqes, el mois d'avrill[2].

[IN SCACARIO PASCHE, ANNO 1264[3].]

828. — Inquesta facta, de mandato domini regis, per Johannem Salnerii, ballivum Cadomensem, ad sciendum utrum boscus de Angulis fuit seminatus. Probatum est quod idem boscus de Angulis fuit seminatus; vendat igitur ipsum boscum sine tercio et dangerio. — Hec fuit expedita in scaquario Pasche, anno Domini millesimo ducentesimo sexagesimo quarto[4].

[IN SCACARIO CADOMENSI, ANNO 1264.]

829. — Inquesta facta per eumdem Johannem Salnerii, ballivum Cadomensem, de mandato domini regis, ad sciendum utrum custodia

[1] 27 avril 1263.
[2] Original aux archives de la Seine-Inférieure, fonds de Jumiéges.
[3] Cette session de l'échiquier se tint à Rouen du 13 au 16 mai. Parmi les maîtres on remarquait l'évêque de Bayeux. (*Reg. visit.* p. 489.)
[4] *Olim*, I, 188.

heredis de Salinellis pertineat ad dominum regem sive ad Guillelmum dictum Botevilein, etc. — Hec fuit expedita in scaquario Cadomensi, anno Domini millesimo ducentesimo sexagesimo quarto[1].

[APUD ROTHOMAGUM, IN SCACARIO SANCTI MICHAELIS, ANNO 1264[2].]

[APUD ROTHOMAGUM, IN SCACARIO SANCTI MICHAELIS, ANNO 1265[3].]

[APUD ROTHOMAGUM, IN SCACARIO PASCHE, ANNO 1266[4].]

830. — Anno Domini M° CC° LX° sexto, die Sabbati in vigilia beati Marci, evangeliste[5], jussum fuit concorditer in scacario Pasche apud Rothomagum a magistris domini regis quod abbas et conventus Sancti Petri de Pratellis percipiant et habeant omnia que accidere possunt in septimana que accidit post Trinitatem immediate, que dicitur *mala septimana*, videlicet quociescumque evenerit in sua decima septimana. Qua die presentes interfuerunt Odo, archiepiscopus Rothomagensis; Odo de Lorriz, episcopus Baiocensis; Radulfus de Chevrie, episcopus Ebroicensis; decanus Sancti Aniani Aurelianensis; Julianus de Perona, tunc ballivus Rothomagensis; Ansellus, ballivus de Gisorz; Galterus de Viliers, ballivus de Caleto; Reginaldus de Radepont, ballivus Constanciensis; ballivus de Vernol; Johannes de Harecort, miles; Guido de Tornebu, Ricardus de Bois Gencelin, Galterus de Brione, Robertus des Biguarz, Galeis de Fresne, Johannes de Pratellis, Guillelmus de Viartvilla, Robert de Fossatis, Lucas Chevreul, Robertus de Harecort, Willelmus de Fraxino, Henricus de Haia, Guillebert de Caors, Guillelmus de Bienaies, Robertus de Fonteneto,

[1] *Olim*, I, 188.
[2] L'échiquier siégea à Rouen du 7 au 9 octobre. (*Reg. visit.* p. 498.)
[3] Cette session dura du 14 au 19 octobre. (Voy. *Reg. visit.* p. 528 et 529.)
[4] Cette session paraît avoir duré du 19 au 26 avril. (Voy. *Reg. visit.* p. 541.)
[5] 24 avril 1266.

Jug. de l'éch. de Norm.   25

Robertus Coallot, Johannes d'Argentele, Petrus des Is, Johannes de Landes, Jordanus de Lindebou, Robertus de Freschiennes, Johannes de Lindebeu, Radulfus de Harecort, Guillelmus de Guallartbos, abbas de Noa, abbas Sancti Taurini Ebroicensis, abbas de Insula Dei. — Eodem anno, in asisia junii, apud Pontem Audomari, videlicet die Mercurii in crastino beatorum apostolorum Petri et Pauli [1], idem pronuntiavit dominus Julianus de Perona, ballivus Rothomagensis, presentibus hiis. . . . . [2]

[IN SCACARIO PASCHE, ANNO 1267.]

831. — [Preceptum est ballivo Cadomi ut abbati et conventui Sancti Michaelis in Periculo Maris redderet emendas hominum de Britavilla super Odon et de Verson, levatas pro vino vendito ultra precium domini regis, que sunt loco tabernagii [3].]

[1] 30 juin 1266.

[2] *Cartul. de Préaux*, fol. 151 v°, n° 499. — Les noms des témoins sont restés en blanc dans le manuscrit.

[3] Cette décision de l'échiquier nous est seulement connue par l'acte qui en constate l'exécution et dont voici le texte :

« Sciendum est quod, cum contencio « esset mota inter dominum regem, ex « una parte, et abbatem et conventum « Sancti Michaelis in Periculo Maris, su-« per emendis hominum dictorum abbatis « et conventus de Britavilla super Odon et « de Verson, levatis pro vino vendito ultra « pretium domini regis, que sunt loco ta-« bernagii, quas predicti abbas et conven-« tus petebant sicut habebant tabernagium, « et ballivus Cadomi volebat eas habere « pro rege; tandem Johannes dictus Sal-« narius, tunc temporis ballivus de Ca-« domo, in plena assisia Cadomi que fuit

« anno Domini m° cc° LX° septimo, die sab-« bati post Nativitatem beate Marie Virginis « (10 sept.), de mandato magistrorum « scacarii, reddidit attornato dictorum ab-« batis et conventus dictas emendas, pre-« sentibus militibus istis : domino Johanne « de Corceullia, domino Symone de Bos-« villia, Henrico de Vilborvilla, Roberto « de Burnovilla, Petro de Keuvrechy, Nor-« mando de Verdun, Rogero de Fontaneto, « Guillelmo de Urvilla, Guillelmo de An-« gervilla, Ricardo de Similliaco, Henrico « de Combray, Guillelmo de Tribehou, « Guillelmo Pocin, Radulfo de Clauso, « Germano de Argenciis, Renoudo Male-« berbe, Johanne Picot, Nicholao de Com-« brayo, Theobaldo de Garenna, Guillelmo « de Vallibus, Nicholao Passeliauce, Gil-« leberto de Chaorces, Radulfo de Clin-« champ, militibus. » (*Cartulaire du Mont-Saint-Michel,* fol. 130.)

[Apud Rothomagum, in scacario Sancti Michaelis, anno 1267 [1].]

———

[Apud Rothomagum, in scacario Pasche, anno 1268 [2].]

———

[Apud Cadomum, in scacario Sancti Michaelis, anno 1268.]

832. — Anno Domini m° cc° lx° octavo, die martis in festo Sancti Dyonisii, fuerunt presentes in scacari[o] domini regis apud Cadomum episcopi et milites subscripti, quando abbas et conventus Montis Sancti Michaelis in Periculo Maris lucrati fuerunt contra homines suos de Yemtot de brevi de sordemande quod dicti homines ceperant contra dictos abbatem et conventum de serviciis manerii sui de Bingart : dominus Odo, episcopus Bayocensis; dominus Thomas, episcopus Sagiensis; decanus de Sancto Aniano; Nicholaus de Autoil, clericus domini regis; abbas de Jumeges, abbas Cadomi, abbas de Troart; Jacobus, ballivus de Fiscanno; Julianus de Perona, miles; Johannes de Tille, miles; Philippus de Raveton, miles; Ricardus de Valogé, miles; Guillelmus Paganelli, Thomas Paganelli, Robertus Grimaut, Guillelmus de Longueeau, Guillelmus Patriq, Guido de Tornebu, Robertus de Burnouvilla, Guillelmus de Buesevilla, Guillelmus de Grae, Radulfus Pantouf, Robertus Lovet, Herbertus Ruaut, Ferrant de Bruecort, Petrus de Conde, Philippus de Mesereiz, Oliverus de Mehedin, Thomas Suart, Johannes Barate, Georgius de Grimouvilla, Robertus Bardouf, Robertus de Rupella, Radulfus de Clauso, Robertus de Brae, Guillelmus de Cantu Lupi, Johannes de Auce, Radulfus de Teille, Radulfus de Albiniaco, Nicholaus de Bello Visu, Radulfus de Gardino, Gislebert de Caors, Hugo de Haya, Johannes de Argenc[eio], Robertus Guischart, Johannes Paganelli, Guillelmus de Lorrai, N. de Prule, Philippus de Albiniaco, milites; prior de Sancto Gabriele, prior

———

[1] Du 5 au 12 octobre, suivant le Registre d'Eude Rigaud, p. 588.

[2] Du 28 avril au 3 mai, suivant le même Registre, p. 601.

de Plessiaco, officialis Sagiensis, persona de Nonant, ballivus Cadomi, ballivus de Cauż et plures alii [1].

833. — Anno Domini M° CC° LX^mo octavo, die martis in festo Sancti Dyonisii, fuerunt presentes milites et episcopi in scacario domini regis quando abbas et conventus Sancti Michaelis de Periculo Maris lucrati fuerunt contra homines de Eutot : episcopus Bayocensis, episcopus Sagiensis, abbas de Jumeges, Johannes de Tilleio, miles; Philippus de Raveton, miles; Ricardus de Wallogé, Guillelmus Paganelli, Thomas Paganelli, Robertus Grimaut, abbas Cadomi, Guillelmus de Longeau, abbas de Troarz, Guillelmus Patriz, officialis Sagiensis, prior de Plesaiz, Guido de Tornebu, Robertus de Burnovilla, prior de Sancto Gabriele, Guillelmus de Busevilla, Guillelmus de Grae, Radulfus Pantof, Jacobus, ballivus Fiscanni; Robertus Lovet, miles; Herbertus Roaut, Ferrant de Bruecort, Petrus de Conde, Philippus de Meserez, Oliverius de Meheudin, Thomas Suart, Johannes Barate, Joere de Grimovilla, Robertus Bardof, persona de Nonant, Robertus de Rupella, Radulfus de Clauso, Robertus de Brae, Guillelmus de Cantu Lupi, Radulfus de Tille, Johannes de Auce, Radulfus de Albiniaco, Nicholaus de Bello Visu, Radulfus de Jardins, Gislebertus de Caors, Hugo de Haya, Johannes de Argencai, Robertus Guichart, Johannes Paganelli, Guillelmus de Loncrai, N. de Prule, Ph. de Albineio, Julianus de Perone, decanus de Sancto Aniano, N. de Autouillio, baillivus Cadomi et plures alii [2].

[APUD ROTHOMAGUM, IN SCACARIO DE EODEM TERMINO [3].]

[APUD ROTHOMAGUM, IN SCACARIO PASCHE, ANNO 1269 [4].]

[1] *Cartulaire du Mont-Saint-Michel*, fol. 129 v°.

[2] *Cartulaire du Mont-Saint-Michel*, fol. 124 v°.

[3] L'échiquier se tint à Rouen du 14 au 17 octobre; l'évêque de Bayeux dut y assister. (Voy. *Reg. visit.* p. 613.)

[4] L'échiquier siégea à Rouen, du 13

[In scacario Sancti Michaelis, anno 1269[1].]

[Apud Rothomagum, in scacario Sancti Michaelis, anno 1270.]

834[2]. — Apud Rotummagum, in scacario Sancti Michaelis M° CC° LXX°, recordatio an dominus abbas Sancti Taurini Ebroycensis lucratus fuit contra magistrum Johannem Grosparmi, prout inrotulatur in rotulis scacarii : episcopus Baiocensis, abbas Sancti Dyonisii, dominus de Nigella, Julianus de Parona, ballivus de Gisorcio, ballivus de Vernolio, ballivus de Caleto, ballivus de Cadomo, ballivus de Constanciis, Petrus de Conde, Lucas Chevruel, Johannes de Neuvilla, Guillelmus de Fiscanno, Robertus Kallot, Johannes de Fayo, Hugo de Breimoster, Guido de Tornebu, Guillelmus de Choors[3], Guillelmus Malet, abbas Fiscanni, Johannes de Fiscanno, Guillelmus de Belvaco. Coram omnibus istis lucratus fuit dictus abbas et coram magistris ad scacarium Sancti Michaelis M° CC° LX° IX° contra Nicholaum Grosparmi, quod plenarie inrotulatur similiter in rotulis scacarii[4].

au 21 avril; l'évêque de Bayeux et le doyen de Saint-Aignan paraissent avoir été deux des maîtres de cette session. (Voy. *Reg. visit.* p. 623.)

[1] Un des jugements rendus à cette session est rapporté dans un acte de l'échiquier de Saint-Michel 1270, dont le texte se trouve ici sous le n° 834.

[2] Bien que le jugement suivant soit postérieur de six semaines à la mort de saint Louis, je l'ai compris dans ce recueil, parce qu'il fait connaître un jugement de l'échiquier de Saint-Michel de l'année 1269.

[3] Il faut probablement lire *Guillebertus de Chaors*. (Voyez la table, au mot *Gillebertus de Caors*.)

[4] *Petit Cartulaire de Saint-Taurin*, p. 7.

TABLE

DES NOMS D'HOMMES ET DE LIEUX

CONTENUS

DANS LES JUGEMENTS DE L'ÉCHIQUIER DE NORMANDIE.

A

Albericus Cornulus, le Cornu, decanus Turonensis, 467 n., 497, 511, 539, 548, 559, 564, 582, 590.

Albevilla (Jordanus de).

Albigeis. Vide Aubigeis.

Albigneio, Albineio, Albiniaco, Aubigneio (Alemannus, Johannes, Philippus, Radulfus de).

Albus (Osbertus).

Alemannus de Albigneio, Aubigneio, 530, 546.

Alenchon (Robertus, comes de). Comitissa de A., domina de Laval, 213. (*Alençon*, Orne.)

Alexander papa III, 308.
— Abbas de Tornaio, 305 n.
— le Bovet, 83.
— Gueroudi, 574.
— de Pontfou, 166.

Alexandra, uxor Radulfi Gill', 22.

Alicia. Vide Aelicia.

Alienor de Barnevilla, 171.

Alis (Gaufridus, Robertus).

Almanachiis (Ala de). Cf. Aumenesche. (*Almenêches*, Orne, arr. Argentan, c^on Mortrée.)

Alneta Morin, 11.

Alneti abbas, 731. (*Aulnay-sur-Odon*, Calvados, arr. Vire.)

Alneto (Fulco, Philippus, Robertus de).

Alodia, 615.

Alta Rippa (Erembore de).

Altaribus (W. de).

Amauricus de Croon, 205 n.
— de Gaceio, 337 n.
— de Tiebouvilla, 248.

Amelavus (Willelmus).

Amfrevilla, 615.

Amicus de Cauvincort, 569.

Amondevilla (Mulieres de), 360. (*Mondeville*, Calvados, arr. et c^on Caen.)
— (Reginaldus de).

Amundevilla in Costentino, 746. (*Emondeville*, Manche, arr. Valognes, c^on Montebourg.)

Andeliacum, 583. Mazelina de A. (*Les Andelys*, Eure.)

Andreas de Okaginis, Okaigniis, 92, 107.
— le Portier, 658.
— Quarrel, 467 n.
— de Vitreio, 90.

Anebout (Engerrandus de).

Anescio, Anesio (Eudo, Symon de). Cf. Aniseium. (*Anisy*, Calvados, arr. Caen, c^on Creully.)

Anfrie (Nicholaus filius).

Angervilla (Gaufridus, Hugo, Willelmus de).

Angevin (Robertus, W. l').

Anglia, 7, 21, 171, 172, 332, 339, 343, 413, 436, 455 n., 613, 623. Reges Angliæ: Henricus, Johannes, Ricardus, Willelmus. Willelmus marescallus Angliæ. (*Angleterre*.)

Anglica de Ostarvilla, 413.

Anglice (Eufemia).

Anglicus (Hugo, Petrus, Ranulfus).

Angot (Willelmus).

Angovilla, 334. Symo de A. (*Angoville-au-Plain*, Manche, arr. Valognes, c^on Sainte-Mère-Église.)

Angulis (Boscus de), 828.

Aniseium, 203. Alanus de Aniseio. Cf. Aneseium.

Anquetevilla (Gaufridus de). (*Ancteville*, Manche, arr. Coutances, c^on Saint-Malo-de-la-Lande.)

Anquetillus Engol[ismensis], 66.
— Rusticus, 658.

Ansellus de Braio, 813.

Ansellus, Assellus de Cabore, 232, 450, 658.

Ansellus, ballivus de Gisors, 830.
— le Picart, 813.

B

Bacon (Rogerius, Simo, Willelmus).

Baillol (Johannes de). Cf. Ballolium.

Baioce, 23, 130, 484. Assisia, 328, 345, 500. Baillia, 254, 444. Baillivi : Odo de Gisorcio, Reginaldus de Villa Terrici. Banleuca, 484. Canonici, 240; vide Gervasius de Arreio, Gillebertus de Sagio, Johannes de Bello Monte, Stephanus, W. de Tanquarvilla. Capitulum, 130, 273 n., 325, 674. Custos, Nicholaus de Blavia. Decanus, 610: vide Herbertus. Ecclesia Beatæ Mariæ, 240, 325, 403, 674. Episcopus, 24, 40, 83, 99, 103, 130, 187, 191, 203, 269, 289, 299, 325, 328, 345, 356, 357, 372, 393, 397, 403, 409 n., 505, 506, 689, 716, 726, 729, 834; vide Guido, Henricus, Odo de Lorris, Robertus. Foresta, 480. Homines, 505. Leprosi Sancti Nicholai, 391, 480. Manerium episcopi, 40. Officialis, Petrus de Locellis. Vicecomes, Ricardus Senescallus. (Bayeux, Calvados.)

Baivel (Gobertus).

Baldoinus de Corbolio, 389.

Balistarius (Symo).

Ballolio (Gilo de). Cf. Baillol.

Banunos (Radulfus de).

Barate (Johannes).

Barbatoris heredes, 604.

Barbe (Radulfus).

Barbereio (Abbas de), 344, 409 n. (Barbery, Calvados, arr. Falaise, c⁰ⁿ Bretteville.)

Barberie, 203. (Probablement Barbière, Calvados, arr. Caen, c⁰ⁿ Creully, cⁿᵉ Thaon.)

Barbote (Robertus).

Bardof (Robertus).

Bardol (Doun).

Bardouf (Robertus).

Barefleu, 35. W. le Vignon, prepositus de

Barefluctu. (Barfleur, Manche, arr. Valognes, c⁰ⁿ Quettehou.)

Bariz, 546 n. (Les Barils, Eure, arr. Évreux, c⁰ⁿ Verneuil.)

Barnevilla (Domina de), 739. (Banneville-sur-Ajon, Calvados, arr. Caen, c⁰ⁿ Villers.) Alienor, Galterus, Ligardis de B.

Baron, 787.

Barou. Vide Sanctus Martinus.

Barris (W. de).

Bartholomeus de Capeval, 789.

Bartholomeus Chevalier, ballivus de Caleto, 789.

Bartholomeus de Corcellia, 316.

— Drachonis, Draconis, Dragonis, Droconis, 79, 80, 107, 205 n., 235, 299, 321, 363, 722.

— de Longo, ballivus de Vernoil, 113 n.

— de Osevilla, 366.

— de Roia, camerarius Francie, 137, 137 n., 231, 242 n., 243, 246, 261, 274, 287, 289, 299, 300, 322, 330, 338, 339, 351, 355, 362, 365, 377, 389, 389 n., 393, 405, 410, 417, 426, 432, 437, 456, 458, 466, 467 n., 476, 479, 490, 497, 511, 520, 535.

Basle de Yvretot, 657.

Basoche, 522. (Bazoches-au-Houlms, Orne, arr. Argentan, c⁰ⁿ Putanges.)

Bastenc (Robertus).

Baudricus de Longo Campo, 209, 358.

Bauket (Bouchardus, Robertus de).

Baulonc, 676.

Bauquervilla. Vide Sanctus Georgius.

Bavento (Honor de), 232. Jordanus, Willelmus de Bavent. (Bavent, Calvados, arr. Caen, c⁰ⁿ Troarn.)

Beata, Beatus. Vide Sancta, Sanctus.

Becci abbas, abbatia, monachi, 135, 395, 513, 523, 570, 789. Henricus abbas. (Le Bec-Hellouin, Eure, arr. Bernay, c⁰ⁿ Brionne.)

Becco (Colinus de).

Beidervilla, 473. (Probablement *Bener-ville*, Calvados, arr. et c°ⁿ Pont-l'Évêque.)

Belbec, Bello Becco (Abbas et monachi de), 209, 463. (*Beaubec*, Seine-Inférieure, arr. Neufchâtel, c°ⁿ Forges.)

Belejambe ('Thomas).

Belemcombre, 824. (*Bellencombre*, Seine-Inférieure, arr. Dieppe.)

Bella aqua (Aubericus de)

Bella Fago (Henricus de). (*Beaufou*, Calvados, arr. Pont-l'Évêque, c°ⁿ Cambremer.)

Bellinguetine, 208. (*Bliquetuit*, Seine-Inférieure, arr. Yvetot, c°ⁿ Caudebec.)

Belloet (Azira, Johanna de).

Bellum Beccum. Vide Belbec.

Bellum Mesnillum. Hebertus de Bello Mesnillo.

Bellus Filius (Robertus).

Bellus Focus. Willelmus de Bello Foco.

Bellus Mons in Algia. Robertus de Bello Monte. (*Beaumont-en-Auge*, Calvados, arr. et c°ⁿ Pont-l'Évêque.)

Bellus Mons [Rogeri], 645 n., 720. (*Beaumont-le-Roger*, Eure, c°ⁿ Bernay.)

Bellus Mons in Caleto. Robertus de Bello Monte.

Bellus Mons. Domina de Bello Monte, 431.

— Homines de Bello Monte, 52.

— J., Johannes, Th., W. de Bello Monte.

Bellus Visus. Nicholaus de Bello Visu.

Belot (Willelmus).

Belsvilains (Willelmus).

Beluron. Vide Sanctus Martinus.

Belvaco (Willelmus de).

Belvesin (Johannes).

Benedicti (Laurentius).

Benehabeas (Willelmus de).

Bereda de Fossa, 167.

Berengeri (W.).

Berengervilla (Hugo de).

Bergiei (Ricardus de).

Bernaium, 51 n., 295, 719. Den. Judeus de Bernaio. (*Bernay*, Eure.)

Bernardus Charite, 46 n.

— Comin, 474.

— Fortis, le Fort, 84.

Bernart (Gillebertus).

Bernevallis, 193 n. (*Berneval*, Seine-Inférieure, arr. Dieppe, c°ⁿ Offranville.)

Berruerus, Berruier de Borrane, Borron, Borrone, 387, 467 n., 478, 488.

Bertran (Robertus, Robinus).

Betencort (Hugo, Robertus de).

Betisi (Radulfus).

Bevron. Vide Sanctus Jacobus.

Biaumes (L'oir de), 780. Raol de Biaumes.

Bienaies (Willelmus de).

Bienvenu (W.).

Bigarz (Robertus des).

Bigot (Robertus le).

Bingart, 832.

Blanque Cape (Henricus).

Blaquepuis (Hugo de).

Blasru (Gaufridus de). (*Blaru*, Seine-et-Oise, arr. Mantes, c°ⁿ Bonnières.)

Blavia (Nicholaus de).

Blesensis abbas, 685. (*L'abbé de Saint-Laumer de Blois*.)

Bloxevilla (W. de).

Bocleia, la Boclaie (Michael de).

Bois-Gencelin (Ricardus de). (*Saint-Sébastien du Bois-Gencelin*, Eure, arr. et c°ⁿ Évreux.)

Bois Rogier (Hugo del).

Boisseio (Nicholaus, Radulfus de).

Bojon (W.). Cf. Boujon.

Bolon, 289, 346, 357. (*Boulon*, Calvados, arr. Falaise, c°ⁿ Bretteville-sur-Laize.)

Bolonie comes, 10, 32, 41, 67. (*Boulogne*, Pas-de-Calais.)

Bomez (Willelmus de).

Bona Vileta, 73.

Bona Villa. Assisia, 70, 98. Baillivia, 151, 215. (*Bonneville-sur-Touque*, Calvados, arr. et c⁰ⁿ Pont-l'Évèque.)

Bonaignel. Vide Burgueaignel.

Bondevilla (Egidius de).

Bonigaham. Vide Jacobus de Boullingueham.

Bons Molins, B. Molinz. Baillia, 290. Foresta, 312. (*Bonmoulins*, Orne, arr. Mortagne, c⁰ⁿ Moulins.)

Bonus Panis (Ricardus).

Bonvalet (Robertus). .

Boon (Prior de), 308. Unfridus de Boon. (*Bohon*, Manche, arr. Saint-Lô, c⁰ⁿ Carentan.)

Boort, 546 n. Bore, 546 n. (*Bourth*, Eure, arr. Evreux, c⁰ⁿ Verneuil.)

Boquet (Hugo)

Bore. Vide Boort.

Bordel (Radulfus).

Bordet (Johannes).

Bordin (W.).

Bordon (Johannes, Jordanus, Radulfus).

Boreinguevilla, 455.

Borguegnon (Thomas le).

Bornevilla (Willelmus de).

Borrane, Borron, Borrone (Berruerus de). (*Bourron*, Seine-et-Marne, arr. Fontainebleau, c⁰ⁿ Nemours.)

Borrel (Richardus).

Borse foresta, 286 n.

Bos (Robertus).

Boschan (Engengerus de).

Boschiervilla (Willelmus de).

Bosco (Fulco, Johannes, Jordanus, Robertus de).

Bosco Bernardi (Johannes de).

Bosco Gaucherii (Radulfus de).

Bosco Guillelmi (Gaufridus de).

Bosco Yvonis (Ricardus, Robertus de). (*Boisyvon*, Manche, arr. Mortain, c⁰ⁿ Saint-Pois.)

Bose (Nicholaus filius).

Boseval, 703 n. (*Beuzeval*, Calvados, arr. Pont-l'Évèque, c⁰ⁿ Dives.)

Bosevilla (Galterus, Gaufridus, Johannes de).

Bosvilla (Domina de), 128. Galterus, Hugo, Nicholaus, Symon de Bosvilla. Cf. Bovilla.

Boteilles (Johannes, Robertus de).

Botevilein (Willelmus).

Boligneio (Hugo de). Cf. Boutigneium.

Botin (Rogerus).

Bouceio (Girardus, W. de).

Bouchardus de Bauket, 69.

Bouchel (Nicholaus).

Bouchier (Ph. le).

Boujon (W.). Cf. Bojon.

Boullingueham (Jacobus de).

Boutigneio (Otranus de), Laurentia, ejus uxor. Cf. Boligneium.

Boutingushan. Vide Jacobus de Boullingueham.

Bouvilla (J. de).

Bovet (Alexander le).

Bovilla (Gaufridus, Hugo, Nicholaus de). Cf. Bosvilla.

Brac (Robertus de).

Brai (Gellinus de).

Braio (Ansellus de).

Brasart (Rogerus).

Brebencon (Willelmus).

Breimoster (Hugo de).

Bremercort (Rogerus de), et Juliana, ejus uxor.

Brequini (Jordanus de).

Bretevilla (Gaufridus, Ricardus, Willelmus de).

Brevilla, 255.

Brilleio (Rogerus de).

Briona, Brione, Brionio (Galterus, Petrus, Philippus de).

Briorne burgenses, 14. Scacarium, 649,

C

512, 793. (*Cérisy*, Manche, arr. Saint-Lô, c⁰ⁿ Saint-Clair.)

Cerencie, 95. (*Cérences*, Manche, arr. Coutances, c⁰ⁿ Bréhal.)

Ceresiacum. Vide Cerascii.

Cergi. Vide Sanctus Vigor.

Ceris (Herbertus de).

Cesarisburgo (Abbas de), 35. (*Cherbourg*, Manche.)

Cestrie comes, 232. Vide Ranulfus. (*Chester*, en Angleterre.)

Chahagniis (W. de), et Letitia, ejus uxor.

Chal' (Radulfus).

Chalenge (Maria de).

Chambremer. Vide Cambremer.

Chamugue (Dyonisia de).

Chaorces (Gillebertus de).

Chape (Asco le).

Chastel-Eraut (Le visquens de), 759. Cf. Castrum Eraudi.

Chaureriis (de), 729.

Chesneto (Domina de), 627. W. de Chesneto.

Cheus, 292, 309. (*Cheux*, Calvados, arr. Caen, c⁰ⁿ Tilly.)

Chevalier (Bartholomeus).

Chevreul (Lucas).

Chevrevilla (W. de).

Chevrie (Radulphus de).

Chevruel (Lucas).

Chiemoy, 46 n.

Chinea (Dyonisia de).

Chinchebouvilla (W. de).

Chinon (Robertus de).

Choors (Gillebertus de)

Cingueleiz (Foresta de), 739.

Clanvilla (Rogerus de). (*Glanville*, Calvados, arr. Pont-l'Évêque, c⁰ⁿ Dozulé.)

Clapiun (Garinus de).

Clarembaudus de Messeio, 793.

Clauso (Radulfus de).

Clera (Johannes de).

Clevilla, 188. (*Cléville*, Calvados, arr. Pont-l'Évêque, c⁰ⁿ Cambremer.)

Cliceio (Johannes de). Radulfus de Fossa de Cliceio. (*Clécy*, Calvados, arr. Falaise, c⁰ⁿ Thury)

Clincamp (Hugo de)

Clinchamp (Radulphus de).

Clopel (Fulco de).

Coallot (Stephanus).

Coc (Ricardus).

Cofie (Durandus le).

Cohorces (Gillebertus de).

Coisneriis (Robertus Johannis de). (*Anctoville*, Calvados, arr. Bayeux, c⁰ⁿ Caumont.)

Coisneriis, Corneriis (Thomas de).

Colinus de Becco, 242 n.

Colinus Heres, 656.

Collandon, 591. (*Coulandon*, Orne, arr. c⁰ⁿ et c⁰ᵉ Argentan.) Johanna, Reginaldus de Collandon.

Collumbellis (Robertus de).

Columba. Vide Sancta Maria.

Columberiis (Domina de), 424. (*Colombières*, Calvados, arr. Bayeux, c⁰ⁿ Trevières.)

Colunchis (Hugo, Thomas de). (*Coulonces*, Calvados, arr. et c⁰ⁿ Vire.)

Coin (W.).

Combray, Combrayo (Henricus, Nicholaus de).

Comes (Rogerus).

Comin (Bernardus).

Condati baillia, 317. (*Condé-sur-Noireau*, Calvados, arr. Vire.)

Conde (Petrus, Radulfus de).

Condevilla (Radulfus de).

Conseil (W.).

Constancie, 318. Archidiaconus, vide Ricardus. Assisia, 244, 262, 399, 728 Assisia comitatus, 168. Canonicus, vide Nicholaus. Cantor, 233. Capitulum

260, 313. Episcopus, 89, 137 n., 313, 315, 393, 729, 796; vide Hugo, Johannes de Esseyo, Ricardus, Willelmus. Judei, 315. Leprosi Sancti Michaelis, 183. Mercatum, 547. Molendina, 183, 186. Radulfus de Francia de Constanciis. Radulfus, Ricardus de Constanciis. (*Coutances*, Manche.)

Constantinum, Constentinum, Costantinum, Costentin, Costentinum, 113, 126, 168, 317, 333, 398, 399, 462, 482, 524, 561, 716, 746, 747. Baillia, 407, 492, 675 i. Baillivus, 693, 714, 772, 834; vide Lucas de Vilers, Milo de Leveiis, Reginaldus de Radepont. (*Le Cotentin*, pays dont Coutances était le chef-lieu.)

Contemolins (Ricardus de).

Conteor (Petrus de).

Copelin (Philippus).

Corbolio (Baldoinus de).

Corceio, Corci (Ricardus, Robertus de). Cf. Corciacum.

Corcelle, Herveus, Robertus de Corcellis.

Corcellia. Honor Corcellie, 506. (*Courseulles*, Calvados, arr. Caen, c⁰ⁿ Creully). Bartholomeus, Rogerus de Corcellia. Cf. Curcellia.

Corceullia (Johannes de).

Corciaco (Dominus de), 654. Cf. Corceium.

Corcone (Robertus de).

Corcune (Gaufridus de).

Cordaio (Robertus de). (*Cordey*, Calvados, arr. et c⁰ⁿ Falaise.)

Cordeillon (Moniales de), 233. (*Cordillon*, Calvados, arr. Bayeux, c⁰ⁿ Balleroy, c⁰ⁿ Lingèvres.)

Corlibo, Corlibou (Radulfus de). (*Coulibœuf*, Calvados, arr. Falaise, c⁰ⁿ et c⁰ⁿ Morteaux.)

Cornart (W.).

Cornemole, 414.

Cornerie. Vide Coisnerie.

Cornet (Gervasius, Theobaldus).

Cornevilla (Abbas et conventus de), 586. (*Corneville-sur-Risle*, Eure, arr. et c⁰ⁿ Pont-Audemer.)

Cornillon (Reginaldus de).

Cornutus, le Cornu (Albericus).

Corpherant (Arnulfus de).

Cors de Rei (Radulfus).

Corteis (Willelmus).

Cortemer (W. de).

Corteneio (Robertus de).

Corteval, 297, 301.

Cortona (Robertus de).

Corvee (Prata de la), 46 n.

Cosanciis (Eustachius de).

Cosin (Thomas le).

Costantinum, Costentin, Costentinum. Vide Constantinum.

Costentin (Willelmus).

Cotevrart (Stephanus de). (*Cottévrard*, Seine-Inférieure, arr. Dieppe, c⁰ⁿ Bellencombre.)

Coudreium, 509.

Couveinz, 234. (*Couvains*, Manche, arr. Saint-Lô, c⁰ⁿ Saint-Clair.)

Covilla (Stephanus de).

Crasmaisnillo (Henricus de).

Crassus (Johannes, Robertus). Petronilla, filia Johannis.

Creine juxta Joiacum, 704 n. (*Le Cresne*, Eure, arr. et c⁰ⁿ Évreux, c⁰ⁿ Jouy.)

Crennes (Gervasius de).

Crespin (Willelmus).

Crevecore, 403. Dominus de Crevecor, 99. (*Crèvecœur-en-Auge*, Calvados, arr. Lisieux, c⁰ⁿ Mezidon.)

Criquebouf (Johannes de).

Criquetot (Jordanus de).

Criseio (Ricardus de). Vide Ricardus de Griseio.

Croc (Johannes).

Croismare (Gillebertus de).

Croleium, 124. Henricus, Hugo, Ricardus, W. de Croleio. (*Creully*, Calvados, arr. Caen.)

Croon (Amauricus de). (*Craon*, Mayenne, arr. Château-Gontier.)

Crota (W. de).

Cruce (Cultura de), 46 n.

Crues (Homines de), 601. Henricus de Crues.

Cruies, Cruis (Robertus de).

Cuelei (Ecclesia de), 158. (*Culey-le-Patry*, Calvados, arr. Falaise, c^{on} Thury.) W. de Cuelei.

Culaio (Gaufridus, W. de).

Culleio (Symo de). (*Cully*, Calvados, arr. Caen, c^{on} Creully.)

Curcellia, 409 n. Herveus de Curcellia. Cf. Corcellia.

Curceyo (Dominus de), 747.

Curia (J., Johannes de).

Curia Ferrandi (Arnulfus de).

Curleio (Johannes de).

Curscio (Johannes de).

Curta Valle (Portus de), 790. (Probablement *Vieux-Port*, Eure, arr. Pont-Audemer, c^{on} Quillebeuf.)

Curte Petie, 46 n.

D

Damenevilla (Willelmus de).

Danciz (G., Gaufridus le).

Dangu (Willelmus Crespin, dominus de). (*Dangu*, Eure, arr. les Andelys, c^{on} Gisors.)

Davi (Willelmus).

Den', judeus de Bernaio, 27.

Deppa (Nicholaus).

Dest' (Aeles).

Dieudonné (Robertus).

Dijun. Vide Lessause.

Dive aqua, 185, 767. (*La rivière de Dive*.) Vide Sanctus Petrus super Divam.

Dodeman (Willelmus).

Doit (Le), 46 n.

Doito (Aaleiz de).

Dolensis episcopus, 90. (*Dol*, Ille-et-Vil. arr. Saint-Malo.) Johannes de Dolensi.

Dollee (Ricardus).

Domibus (Johannes de).

Doun Bardol, 127.

Drachonis, Draconis, Dragonis, Droconis (Bartholomeus).

Droco de Lintot, 813.

— de Roia, 813.

— abbas Sancti Severi, 46 n.

Drocis (Gazre, W. le).

Durandus le Cofie, 227.

— de Karreria, 384.

— de Pino, 222, 223.

Durventre (Willelmus).

Dyonisia, soror W. de Cauvingneio, 26.

— de Chinea, de Chamugne, 675 n.

— de Musseio, 280.

Dyonisius, filius Agnetis, 390.

E

Ebroice. Abbatissa, 773. Capitulum, 639. Comes, 587; vide Symon. Comitatus, 707. Diocesis, 546 n. Episcopus, 137 n, 393, 508, 525, 648, 789; vide Johannes de Curia, Radulfus de Chevrie, Ricardus. (*Évreux*, Eure.) Vide Sanctus Taurinus.

Ebroicense, 707. (*Le pays d'Évreux.*)

Echape (Asce l').

Egidius (Frater), 696.

— de Bondevilla, 820.

Emma la Hardie, 808.

Emmelina, domina de Gonnevilla, 709.

Emolant (Willelmus).

Engengerus de Boschan, 124.

Engerrandus de Anebout, 251.

— de Marigneio, 485.

— Enguerrannus, Ingerrannus l'Osson, 200, 204, 423.

Engerrannus de Hommeto, 293.

— de Montigneio, 688.

— Peisson, 317.

— de Vivario, 705.

Engol[ismensis] (Anquetillus).

Enguerrannus. Vide Engerrandus.

Eremborc de Alta Rippa, 3.

— Torcol, 79.

Ermangart, uxor W. de Planes, 237.

Ernaudus, Evradus de Torvilla, 433, 448, 468.

Ernaut de Ripa, 49 n.

Erneis, filius Erneis, Herneis (Robertus).

Escaiol, 631. Johannes, Ricardus de Escagol, Escaioleyo. (*Écajeul*, Calvados, arr. Lisieux, c⁰ⁿ Mézidon.)

Eschai, 273 n. (*Esquay-sur-Seulle*, Calvados, arr. Bayeux, c⁰ⁿ Ryes.)

Escorchebof (Sello de).

Escorcheio (Ricardus de). (*Écouché*, Orne, arr. Argentan.)

Escorforant (Arnulfus d').

Escuacol (Willelmus).

Esmevilla, 396. Robertus de Esmevilla. (*Émiéville*, Calvados, arr. Caen, c⁰ⁿ Troarn.)

Esnencort (Petrus d').

Espel (Petrus).

Espinetum, 203. Rogerus de Espineto. (Peut-être *Épinay-sur-Odon*, Calvados, arr. Caen, c⁰ⁿ Villers-Bocage.)

Esquevilla, 586, (*Équainville*, Eure, arr. Pont-Audemer, c⁰ⁿ Beuzeville, c⁰ᵉ Fiquefleur.)

Essartis (Gillebertus, Johannes de).

Essei, Esseium. Assisia, 752. Castrum, 286 n. Johannes de Esseyo. (*Essai*, Orne, arr. Alençon, c⁰·ᵛ le Mesle.)

Est' (Aeles d').

Estoutevilla (Johannes de). (*Estouteville*, Seine-Inférieure, arr. Rouen, c⁰ⁿ Buchy.)

Estreigners (W. de).

Esturvilla, 467 n. (*Étreville*, Eure, arr. Pont-Audemer, c⁰ᵃ Routot.)

Eudo de Anesio, 203.

— de Buivilla, 518.

— filius comitis, 90.

— Grimaut, 725.

— de Oinvilla, 161.

— senescallus, 325.

— de Vaaceio, juvenis, 178.

Eudonis (Symon).

Eufemia Anglice, 622.

Eustachius, Eustacius Callot, Caillot, 49, 789.

Eustachius de Cosanciis, 415.

Eustachius de Montigniaco, 814.

Eutot, 833.

Eva de Augervilla, 614.

Evradus. Vide Ernaudus.

Evreceium, 101. Robertus, Rogerus, Th. de Evreceio, Evrecheio. (*Évrecy*, Calvados, arr. Caen.)

Evremout. Vide Sanctus Audoenus.

Exaquiensis abbas, 354 n., 561, 675 p. (*Lessay*, Manche, arr. Coutances.)

F

F. Paganelli. Vide Fulco.

Faber de Foilleia, 599. Cf. W. Faber de Fuilleia, Willelmus Faber.

Faber (Reginaldus. Ricardus).

Fabri (Osulphus).

Fains, 774.

Faipou, 789. Johannes de Faipou. (*Faipou*, Eure, arr. Louviers, c^on le Neubourg, c^ne Saint-Aubin-d'Écrosville.)

Falesia, 233, 366, 369, 416. Abbas Sancti Johannis; vide Nicholaus. Assisia, 13, 201, 202, 409 n., 465, 514, 731. Baillivus, vide Petrus de Teilleio. Burgenses, 310, 738. Molendina, 206. Scacarium, 2, 15, 29, 39, 46, 49, 50, 58, 71, 85, 93, 109, 113 n., 114, 134, 143, 146, 152, 162, 179, 194, 205 n., 210, 224, 231, 242 n., 243, 261. Alanus, Vastinel de Falesia, Radulphus de Ponte Oilleii de Falesia. (*Falaise*, Calvados.)

Fayo (Johannes de).

Federicus, Fredericus Malemains, 163, 249.

Feligneio (Robertus de).

Ferevilla (Ricardus de).

Feritate (W. de).

Ferrant de Bruecort, 832, 833.

Ferrariis, Ferreriis (Henricus, Johannes, Radulfus, Robertus de). Juliana, uxor Radulfi.

Feugeriis (W. de).

Filluel (Rogerus).

Fincell' (Terra), 352. (*Fincelles*, Manche, arr. Saint-Lô, c^on et c^ne Tessy.)

Fiscanni abbas, 49 n., 257, 360, 601 n., 682, 789, 791, 813, 834. Ballivus, vide Jacobus. Senescallus, vide Ricardus. Villa, 461. Johannes, Willelmus de

Fiscanno. (*Fécamp*, Seine-Inférieure, arr. le Havre.)

Flainvilla (Johannes de).

Flamanvilla, 170.

Floreio (Ricardus de).

Foacher (Willelmus le).

Foilleia. Vide Faber, W. Faber.

Fol (Gaufridus le).

Follia, 46 n.

Fontane. Ricardus de Fontanis.

Fontaneto, Fonteneto (Abbas de), 340, 739. (*Fontenay-le-Marmion*, Calvados, arr. Caen, c^on Bourguebus.)

Fonteneto (Domina de), 650.

— Fonteneio (Ricardus, Robertus, Rogerus de).

Fontenetum le Paainel, 55. (*Fontenay-le-Pesnel*, Calvados, arr. Caen, c^on Tilly.)

Fontes, 203. (Peut-être *Fontaine-Henri*, Calvados, arr. Caen, c^on Creully.) Petrus, Ranulfus, Robertus, W. de Fontibus.

Forestarius (Robertus).

Forges (Guillot, Robertus de).

Formigneium, 203. (*Formigny*, Calvados, arr. Bayeux, c^on Trevières.)

Fornevilla (Symo de).

Fort, Fortis (Bernardus le).

Fortin (Johannes, Robertus).

Fortis. Vide Fort.

Fosciz (Molendinum de), 257.

Fossa (Bereda, Radulfus de).

Fossa Draconis, 46 n.

Fossatis (Robertus de).

Fouqueroles (Robertus de).

Fraisnel (W.).

Franboisier (Symon).

Francheis (Valterius le).

Francia, 79, 80. Camerarius Francie,

G

mesnil, Calvados, arr. Lisieux, c^on Saint-
Pierre-sur-Dive.)

Grentona. Vide Sancta Crux.

Grimaut (Eudo, Robertus).

Grimovilla (Presbyter de), 244. Georgius
de Grimouvilla, Grimovilla. (*Grimou-
ville*, Manche, arr. Coutances, c^on Mont-
martin, c^on Régnéville.)

Griscio (Ricardus de).

Groinet (Radulfus).

Grosparmi (Johannes, Nicholaus).

Grouccio (Philippus de).

Gruel (Johannes).

Guallartbos (Willelmus de).

Guarinus. Vide Garinus.

Guemaire, 205.

Guenevilla, 242 n. (*Gaineville*, Seine-Inférieure, arr. le Havre, c^on Montivilliers.)

Guerartot (Gerardus, Hugo de). (*Gratot*,
Manche, arr. Coutances, c^on Saint-Malo-
de-la-Lande.)

Guerarvilla (Prioratus de), 435. (*Graville*,
Seine-Inférieure, arr. et c^on le Havre.)

Gueroudi (Alexander).

Guibervilla (Radulfus de).

Guichart (Robertus).

Guido, episcopus Baiocensis, 792, 793,
795, 797.
— de Castellon, 285.
— de Huechon, 307.
— de Luccio, 27.
— de Ruppe, 137 n.
— de Tornebu, Tornebusc, 813, 830,
832, 833, 834.

Guilebertus. Vide Gillebertus.

Guillanus de Pomeria, 206, 263.

Guillebertus. Vide Gillebertus.

Guillebervilla, 259. (Peut-être *Guillerville*,
Calvados, arr. Caen, c^on Troarn.)

Guillelmus. Vide W., Willelmus.

Guillerre (Avicia la).

Guillot de Forges, 752.

Guioth de Mesdavi, 214.

Guiot de Hamelinci, Hamewes, 675 aa.

Guischart (Robertus).

Guiton (Radulfus).

Gutte, 317. (*Les Gouttes*, Calvados, arr.
Falaise, c^on Saint-Marc-d'Ouilly.)

Gyrardus. Vide Girardus.

Gysorcium. Vide Gisortii.

H

H., episcopus Constanciensis. Vide Hugo.

Habloivilla, Hablovilla (Nicholaus de).

Hablovilla, 465, 792. (*Habloville*, Orne,
arr. Argentan, c^on Putanges.)

Habraham judeus, 26 n.

Hacoldus, Hasculfus de Novilla, 142, 454.

Haguet (Thomas).

Haia (Henricus, Hugo, Nicholaus, Radulfus, Robertus de).

Haia Tilye, 675.

Hairecort (Dominus de), 727. (*Harcourt*,
Eure, arr. Bernay, c^on Brionne.) Cf. Harecort, Haricuria.

Hais, uxor Thome Pouchin, 339.

Haisia, filia Radulfi de Insula, 326.

Hamelin (Robertus), et Matillis, ejus uxor.

Hamelinci, Hamewes, 675 aa. Guiot de
Hamelinci.

Hamelinus de Capella, 302.

Hamericus vicecomes Castri Eraudi, 286
n., 668, 669.

Hamewes. Vide Hameliniz.

Hamonis (Johannes filius).

Hamonis, filius Hamonis (W.).

Hantona (W. de).

Hardie (Emma la).

Harecort (Johannes, Radulfus, Ricardus,
Robertus de). Cf. Hairecort, Haricuria.

Honlinguehan. Vide Jacobus de Boullinguehan.

Hosa (Heres de), 534. Fratres de Hosa,
508. Henricus, Johannes, Martinus,
Ricardus, W. de Hosa.

Hosme versus Ranvillam, 46 n.

Hospitale vel Hospitalarii de Jerusalem,
41, 364, 457, 502.

Holot (Nicholaus, Petrus, Ricardus, Robertus de).

Holot le Vauqueis, 629. (*Hautot-le-Valois*,
Seine-Inférieure, arr. Yvetot, c⁰ⁿ Fau-
ville.)

Houmelum. Vide Hommet.

Hubertus Ansere, 84.

Hue. Vide Hugo.

Huechon (Hugo de).

Huecon (W. de).

Hugo, canonicus Abrincensis, 350.

— Acardi, 122.

— de Angervilla, 209.

— Anglicus, 464.

— de Berengervilla, 421.

— de Betencort, 813.

— de Blaquepuis, 789.

— del Bois Rogier, 754.

— Boquet, 79.

— de Bosvilla, 173. Cf. Hugo de Bovilla.

— de Boligneio, 137 n., 168, 205 n.

— de Bovilla, 88, 420. Cf. Hugo de Bosvilla.

Hugo de Breimoster, 834.

— de Cambrai, 184.

— de Campis, 62.

— de Clincamp, 721.

— de Colunchis, 165.

— episcopus Constanciensis, 205 n.,
233.

— de Croleio, monachus Savigneii,
113 n.

— de Gravelon, 190.

— de Guerarlot, 168.

— de Haia, 168, 181, 211, 225, 228,
352, 832, 833.

— de Kenel, 440.

— de Milevilla, 813.

— Patric, 136.

— de Roe, 669.

— de Rotis, 76, 78, 98, 724.

— Sagiensis episcopus, 476 n.

— de Sancto Albino, 429.

— de la Signonnière, 302.

— de Solemanvilla, 813.

— Taisson, 813.

— Tyrel, 70.

Huigan, Huiguen (Radulfus).

Huislikier, Huisteker (Ricardus de). (*Vil-
lequier*, Seine-Inférieure, arr. Yvetot,
c⁰ⁿ Caudebec.)

Huncut (Ricardus).

Hupain (Homines de), 157. (*Huppain*,
Calvados, arr. Bayeux, c⁰ⁿ Trevières.)

Hurtandi domus, 423.

I

Id (W. de). Cf. Is.

Ingerrannus. Vide Engerrandus.

Insula (Haisia, filia Radulfi de).

Insula Dei, 830. (*L'Isle-Dieu*, Eure, arr.
les Andelys, c⁰ⁿ Fleury, c⁰ⁿ Perruel.)

Insule [Gerseii], 17.

Is, Yvis (Petrus de). Cf. Id.

Ivo. Vide Yvo.

J

Jordanus, episc. Lexoviensis, 205 n.
— de Lindebou, 830.
— de Mesnillo, 84.
— de Walikervilla, 675 q note.
Josca de Ros, 164.
Joscelinus. Cf. Jocelinus.
— Rosse, 189.
Josephi Essart, 208.
Juliana, uxor Rogeri de Bremercort, 250.
— uxor Radulfi de Ferrariis, 238.
Julianus de Perona, baillivus Rothomagi,

798, 806, 813, 819, 820, 823, 830, 832, 833, 834.
Jumegiensis, Gemeticensis, de Jumegiis, de Jumeges (Abbas), 49 n., 170, 208, 304, 675 j n., 675 q n., 704 n., 718, 788, 789, 790, 793, 794, 827, 832, 833. Rogerus Filluel de Gemmetico. (*Jumièges*, Seine-Inférieure, arr. Rouen, cᵗⁿ Duclair.)
Jumel (Petrus).
Juvenis (Gallerus, Johannes).
Juvigneio (Petrus, Robertus de).

K

Kahaimdole, 422. (*Cahagnolles*, Calvados, arr. Bayeux, cᵒⁿ Balleroy.)
Kaigneium, 203. Helias de Kaigneio. (*Cugny*, Calvados, arr. Caen, cᵒⁿ Troarn.)
Kaisnellus, 464.
Kaisneto (Lucia de). (*Le Quesnay*, Manche, arr. cᵒⁿ et cᵒᵉ Valognes.) — Ricardus de Kaisneto. (*Quesnay-Guesnon*, Calvados, arr. Bayeux, cᵒⁿ Caumont.)
Kallot (Robertus).

Karquenai, Karquingneio (Thomas de).
Karreria (Durandus de).
Karroges (Domina de), 374. (*Carrouges*, Orne, arr. Alençon.)
Katerina de Cadros, 552.
Kenel (Hugo de).
Kenovilla (Petrus de).
Keuvrechy (Petrus de).
Kilebof (Ricardus de). (*Quillebeuf*, Eure, arr. Pont-Audemer.)

L

Labé. Vide Abé.
Lainsné. Vide Ainsné.
Landa (Matillis de).
Landes (Johannes de).
Lanfran de Corteval (Boscus), 297, 301.
Langevin. Vide Angevin.
Languetot (Matillis de).
Lapis versus Longueval, 46 n.
Lasbé. Vide Abé.
Laurentia, uxor Otrani de Boutigneio, 155, 186 ?
Laurentius Benedicti, 392, 406.
— del Fresne, 779.

Laval (Comitissa de Alenchon, domina de), 213. (*Laval*, Mayenne.)
Lehout (W.).
Lenque. Vide Mons de Lenque.
Lescarde, 46 n.
Lescelina, filia Hasculfi de Soligneio, 113 n.
Lessause de Dijun (Ecclesia de), 327.
Letitia, uxor W. de Chahagniis, 342.
Leveiis, Leviis (Milo de). (*Lévy-Saint-Nom*, Seine-et-Oise, arr. Rambouillet, cᵒⁿ Chevreuse.)
Lexoviensis abbatissa, 509. Canonicus, vide W. de Friardel. Diocesis, 546 n.

Episcopus, 65, 70, 137 n., 202, 393, 460, 473, 491, 500, 527, 536, 538, 550, 729, 796. Vide Fulco, J., Willelmus, (*Lisieux*, Calvados.)

Lieschans (Petrus).

Ligardis de Barnevilla, 13.

Limare, 708.

Limogiis (W. de).

Lindebeu, Lindebou (Johannes, Jordanus de). (*Lindebeuf*, Seine-Inférieure, arr. Yvetot, c⁰ⁿ Yerville.)

Lintot (Droco de).

Lira (Abbas de), 813. (*Lyre*, Eure, arr. Évreux, c⁰ⁿ Rugles.)

Liserna (Abbas de), 350. (*La Lucerne*, Manche, arr. Avranches, c⁰ⁿ la Haye-Pesnel.)

Locellis (Alanus, Petrus, Ricardus de). (*Loucelles*, Calvados, arr. Caen, c⁰ⁿ Tilly.)

Loerit (Odo de).

Logis (Garinus, Ricardus de).

Loncrai (Willelmus de).

Londa (Nicholaus, Robertus de).

Londa versus Ougnam, 46 n.

Londel (Ricardus de).

Longa Reia, Longa Roia, 297, 301. (*Longraye*, Calv. arr. Bayeux, c⁰ⁿ Caumont.)

Longa Villa, Longuevilla, 46 n. (*Longueval*, Calvados, arr. Caen, c⁰ⁿ Troarn, c⁰ᵉ Ranville.)

Longa Villa juxta Vernonem, 510, 585. (*Territoire de Longueville près Vernon*, Eure, arr. Évreux.)

Longe. Vide Sancta Maria de Longis.

Longo (Bartholomeus de).

Longo Campo (Baudricus, Stephanus de).

Longo Ponte (Rotrandus de).

Longuceau, Longeau (Willelmus de).

Longuespée (W.).

Longueval, 46 n.

Longuevilla in Caleto, 813.

Longuevilla. Vide Longa Villa.

Loranz. Vide Laurentius.

Lore in Constantino, 747. (*Le Lorey*, Manche, arr. Coutances, c⁰ⁿ Saint-Sauveur-Lendelin.)

Loritio (Odo de).

Lorrai (Willelmus de).

Lorris (Odo de).

Louvel (Gaufridus, Johannes, Reginaldus, W.). Cf. Lovel.

Louvers (Willelmus de).

Louvel, Lovel (Galerannus, Gaufridus, Henricus, Robertus, Ysabellis).

Louvelot, 119. (*Louvetot*, Seine-Inférieure, arr. Yvetot, c⁰ⁿ Caudebec.)

Lovel (Henricus). Cf. Louvel.

Lovet. Vide Louvel.

Lovigncium, 406. (*Louvigny*, Orne, arr. Alençon, c⁰ⁿ Sées.)

Lovigneium, 795. (*Louvigny*, Calvados, arr. et c⁰ⁿ Caen.)

Lucas, canonicus Abrincensis, 51, 59.

— Chevreul, Chevruel, 830, 834.

— filius Johannis, castellanus de Gornaio, 49 n.

— Tollaut, 675 g.

— de Vilers, ballivus Constantini, 789, 791, 792, 793.

Luceio (Guido de).

Luchon (Piscaria et fossa), 145.

Lucia de Kaisneto, 245.

— soror Ricardi de Manerio, 110.

— filia Fulconis Paaignel, uxor Andree de Vitreio, 90.

Ludovicus, Francorum rex, 675 r.

Luthehara, Luthehare, 544, 596. (*Lithuaire*, Manche, arr. Coutances, c⁰ⁿ la Haye-du-Puits.)

Lyon (Thomas de). (*Lyon-sur-Mer*, Calvados, arr. Caen, c⁰ⁿ Douvres.)

Lyons (Foresta de), 569. (*Lyons-la-Forêt*, Eure, arr. les Andelys.)

M

Mabilia, uxor Mathei de Monte Gonberti, 62 n.

Macheium, 441. (*Massy*, Seine-Inférieure, arr. et c⁰ⁿ Neufchâtel.)

Macher (Robertus).

Machon (Radulfus le).

Magdalena (W. de).

Magnevilla in Planis, 239. (*Manneville-ès-Plains*, Seine-Inférieure, arr. Yvetot, c⁰ⁿ Saint-Valery.)

Maisiaco (Willelmus de).

Major (Robertus).

Mala Herba (Ricardus). Cf. Maleherbe.

Malbeenc (W.).

Maleherbe (Radulfus, Renoudus). Cf. Malerbe, Mala Herba.

Malemains, Malesmains (Federicus, Freessent, Nicholaus). Johanna, uxor Federici.

Malerbe (W.). Cf. Maleherbe.

Malesmains. Vide Malemains.

Malet (J., Robertus, Willelmus).

Malfillastre (Thomas).

Malnoer (Oliverus de).

Malpertus (Rogerus de).

Maltildis. Vide Matildis.

Malvesin (Petrus).

Manchon (Ranulphus).

Manenvilla (Willelmus de).

Manerio (Lucia, soror Ricardi de).

Mansel de Ponte Audomari, 645 n.

Maquerel (Alan).

Mara (Homines de), 788.

— (W. de).

— Galteri, 245.

Mare. Radulfus de Maris.

Marescallus Anglie (Ricardus, Willelmus).

— Francie. Vide Francia.

Marescis (Robertus de).

Margareta, uxor Petri Martini, 481.

Margarita, uxor Johannis de Poleio, 337 note.

Maria, filia la Calengie, de Chalenge, 704 n.

Marigneium, 122. (*Marigny*, Orne, arr. et c⁰ⁿ Argentan, c⁰ⁿ Mortrée.) — Engerrandus de Marigneio.

Marion (Cecilia).

Marisco (Gervasius de).

Marmion (Robertus).

Martel (Gaufridus).

Martinus de Hosa, 813.

Martini (Petrus), et Margareta, ejus uxor.

Masculus (Willelmus).

Matheus Canu, 147.

— de Merlai, 107.

— de Monte Goubert, 62. Matheus, filius Mathei de Monte Gouberti, 62 n.

— de Montmorence, 459.

— le Pomerel, 321.

— de Pompanvilla, 455.

— de Poteria, 571.

— le Veer, Viator, 79, 91, 107.

— Viator. Vide Matheus le Veer.

Mathildis. Vide Matildis.

Mathon, 325. (*Mathieu*, Calvados, arr. Caen, c⁰ⁿ Douvres.)

Matildis, 455 n.

— imperatrix, 113 n., 467 n.

Matillis, uxor Roberti Hamelin, 712.

— de Landa, 728.

— de Languetot, 89, 106.

— de Valborel, 159.

— de Venoiz, 241.

Mauquenci (Girardus de).

Mauricius, Moricius de Ucceio, Uxcio, 68, 218, 421.

Mauxingneio (Johannes de).

Mazelina de Andeliaco, 528.

Meautiz (Domina de), 268.

Mehedin, Meheudin (Oliverus de). Cf. Meheudine. (*Méheudin*, Orne, arr. Argentan, c⁰ⁿ et c⁰ᵉ Écouché.)

Meherene (Gaufridus de). (*Méhérand*, Orne, arr. et c⁰ⁿ Argentan, c⁰ᵉ Mortrée.)

Meheudine (Paganus de). Cf. Mehedin, Meheudin.

Meisnillo (Robertus de).

Meleduni vicecomitissa, 558 n. (*Melun*, Seine-et-Marne.)

Mellaio (W. de). Cf. Merlai.

Mellay (Rogerus de).

Mellene, Mellent (Radulfus, Willelmus de).

Mellenti comes, 344. Galeranus, comes de Meullent. (*Meulan*, Seine-et-Oise, arr. Versailles.)

Mellinvilla (Johannes de).

Menbevilla (W. de).

Menill (Richart du).

Menillo, Mesnillo (Robertus de). Cf. Mesnillum, Meisnillum.

Merevilla (Johannes de).

Merlai, Merlay (Matheus, Radulfus, Rogerus, W. de). Cf. Mellaium.

Mesdavi (Guioth de). (*Médavi*, Orne, arr. Argentan, c⁰ⁿ Mortrée.)

Meserez, Mesereiz (Philippus de).

Mesnillo, Mesnilo (Jordanus, Petrus, Ricardus, Robertus, W. de).

Mesnillum Osane, 167. (*Mesnil-Ozenne*, Manche, arr. Avranches, c⁰ⁿ Ducey.)

— Rogeri, Gervasius de Mesnillo Rogeri.

— Vace. Radulfus, Robertus de Mesnillo Vace.

— super Varclive, 429. (*Mesnil-Verclives*, Eure, arr. les Andelys, c⁰ⁿ Fleury.)

Messeio (Clarembaudus de).

Meullent. Vide Mellene.

Mevana, Mevania, 254, 418. (*Meuvaines*, Calvados, arr. Bayeux, c⁰ⁿ Ryes.)

Michael de Boeleia, de la Boelaie, 789, 813.

— de Patervilla, 711.

— de Sancto Sansone, 706.

Mileio (Ecclesia de), 112. (*Milly*, Manche, arr. Mortain, c⁰ⁿ Saint-Hilaire.)

— Milleio (Rogerus de).

Milesent, uxor Roberti de Praeriis, 21.

Milevilla (Hugo de).

Miliaco (W. de). Cf. Milliacum.

Milleio (Robertus de).

Milleriis (Ecclesia de), 663. (*Millières*, Manche, arr. Coutances, c⁰ⁿ Lessay.)

— (Radulfus, Ricardus de).

Milliaco (Ricardus de). Cf. Milliacum.

Milloel (Radulfus de). Cf Miloel.

Milo de Leveiis, Leviis, 205 n., 233, 244, 262, 275, 299, 303, 317, 728, 729. Baillivus de Constantino, 154, 318.

Miloel (Radulfus de). Cf. Milloel.

Mineriis (Rogerus, W. de). (*Les Minières*, Eure, arr. Évreux, c⁰ⁿ Danville.)

Moleium. Vide Sanctus Nicholaus, W. Bacon, de Moleio, Moleto. (*Le Molay*, Calvados, arr. Bayeux, c⁰ⁿ Balleroy.)

Monachus (Radulfus).

Monasteria. Robertus de Monasteriis.

Monasterii Villaris, de Monstervilers, de Monsterviller, Mosterviller (Abbatissa et moniales), 86, 105, 239, 379, 478 n., 604. (*Montivilliers*, Seine-Inférieure, arr. le Havre.)

Monasterio (Robertus de).

Monbrayum, 798. (*Montbray*, Manche, arr. Saint-Lô, c⁰ⁿ Percy.)

Moncheauz (Johannes de).

Mons. Petrus, Radulfus, Rogerus de Monte.

Neuvilla (Johannes de).

Nicholaus filius Anfrie, 390.

— Ansquctil, 390.

— de Autoil, de Autouillio, 832, 833.

— de Avenis, 201.

— de Bello Visu, 832, 833.

— de Blavia, custos Baiocensis, 812.

— de Boisseio, 53.

— filius Bose, 259.

— de Bosvilla, 173. Cf. Nicholaus de Bovilla.

— Bouchel, 16.

— de Bovilla, 420. Cf. Nicholaus de Bosvilla.

— Carbonnel, 414.

— de Combrayo, 831 n.

— canonicus Constanciensis, 318.

— de Deppa, 49 n., 386.

— Grosparmi, 834.

— de Habloivilla, Hablovilla, 465, 792.

— de Haia, 168, 302.

— de Hernevalle, 415.

— de Hotot, 813.

— de Londa, 813.

— Malesmains, 546 n., 637.

— de Montigneio, 229, 441, 463, 469, 688.

— de Palude, 795.

— Passeliauce, 831 n.

— de Perrella, 390.

— de Ponte, 153, 731.

— de Sancto Germano, 813.

— abbas Sancti Johannis Falesie, 721.

— de Taillia, 594.

— de Vilers, 347.

Nichossiensis (Radulphus archidiaconus).

Nigella (Dominus de), 834.

Noa (abbas de), 830. (La Noë, Euro, arr. Évreux, c^on Conches.)

Nocon (Perrinus de).

Nonant (Persona de), 832, 833.

Nonnant (Henricus, Rainaudus, Rogerus de).

Nonnautel (Ricardus de).

Normandus de Novilla, 697.

— de Verdun, 831 n.

Normannia, 1, 5, 22, 80, 90, 157, 182, 222, 232, 246, 316, 499, 675 a, 675 n, 737, 793. Constabularius Normanniæ, 23, 24, 60, 675 y, 683, 747; cf. Willelmus de Hommet. Dux Normanniæ, 325; vide Henricus, Johannes, Ricardus, et Willelmus, Angliæ reges. Usus et consuetudines Normanniæ, 129, 132, 149, 307, 346, 419, 499.

Normanvilla (Robertus de).

Nova villa (J. de). Cf. Novilla.

Novilla (Hacoldus, Hasculfus, Johannes, Normandus, Robertus, Th. de). Cf. Nova Villa.

Novo Burgo (Henricus, Robertus, Robinus de). Dominus Novi Burgi, 645 n. (Le Neubourg, Eure, arr. Louviers.)

Novo Mercato (Petrus de).

Nuilleio, Nulleio (Castrum de), 145, 187, 191. Foresta, 103, 726. Garinus de Nuilleio. (Neuilly, Calvados, arr. Bayeux, c^on Isigny.)

Nusseio (Dyonisia de).

O

O (Ecclesia de), 659. Robertus, Salomon de O. (O, Orne, arr. et c^on Argentan.)

Obertus de Roboreto, 137 n.

Odo, episc. Baiocensis. Vide Odo de Lorris.

Odo, abbas Cadomi, 299, 467 n.

— de Gisorcio, ballivus Baiocensis, 789, 791.

— de Lorris, Loritio, Loerit, decanus

P

Philippus le Bouchier, 522.
— de Brionio, 789.
— le Caveloingn, 89.
— Copelin, 65.
— Francie rex, 1, 113 n., 119, 286 n., 366, 415, 675 r.
— de Grouceio, 174.
— de Meserez, Mesereiz, 832, 833.
— Pantof, 478.
— de Raveton, 832, 833.
— de Revers, 107.
— de Vaaci, 137 n.
— Ricardus Philippi.
Picart (Ansellus le).
Pichot, Picot (Johannes).
Pictavis, 675 t.
Pigache, Pigace (Ricardus).
Pinjurént (Galterus).
Pinniaco (Robertus de).
Pino (Durandus de). (Le Pin, Orne, arr. Argentan, c^on Exmes.)
Pipart (Galterus). . . . . . Pipart, 789.
Pirou, Pyrou (W. de). (Pirou, Manche, arr. Coutances, c^on Lessay)
Pissiaco (Henricus, Robertus de). Cf. Pessiacum.
Planes (Terra de), 237. Rogerus, W. de Planes, Planis.
Planeto (W. de).
Planquerie, 675 dd. (Planquery, Calvados, arr. Bayeux, c^on Balleroy.)
Plesaiz, Plessiaco (Prior de), 832, 833. (Le Plessis-Grimoult, Calvados, arr. Vire, c^on Aulnay.)
Plesscio (W. de).
Plesseiz (Gaufridus de).
Pochin, Pocin (Willelmus). Cf. Pouchin, Poucin.
Poleio (Johannes de).
Poligneium, 83. (Pouligny, Calvados, arr. et c^on Bayeux, c^e Saint-Vigor-le-Grand.)
Pomerel (Matheus le).

Pomeria (Guillanus de), ejusque nepotes Radulphus et W. (La Pommeraye, Calvados, arr. Falaise, c^on Thury.)
Pommeret (Le), 46 n.
Pompanvilla (Matheus de).
Pons. Nicolaus, Odo de Ponte.
Pons Audemari, 671. Assisia, 675 j n., 720, 830. Baillivia, 132, 790. Homines, 57. Leprosi Sancti Egidii, 57, 433. Vide Alaudarius, Mansel. (Pont-Audemer, Eure.)
Pons Episcopi, 457, 464. (Pont-l'Évêque, Calvados.)
Pons Oilleii. Radulfus de Ponte Oilleii. (Pont d'Ouilly, Calvados, arr. et c^e Falaise, c^on Ouilly-le-Basset.)
Pons Sancti Petri, 438. (Pont-Saint-Pierre, Eure, les Andelys, c^on Fleury.)
Pontes. Terra de Pontibus, 542. Fromundus de Pontibus.
Pontesia. Vide Pontisara.
Pontfou (Alexander de).
Pontisare (Stephanus de Monte Forti, thesaurarius). Robertus de Pontisara, Pontesia. (Pontoise, Seine-et-Oise.)
Pontorson, 546 n. (Pontorson, Manche, arr. Avranches.)
Porcelli, 19.
Porchard (Willelmus).
Porquet (Robertus).
Port, Portu (Henricus, W. de). (Port-en-Bessin, Calvados, arr. Bayeux, c^on Ryes.)
Port Saint-Oien (Le). Vide Portus.
Porta (Johannes, Stephanus de).
Portier (Andreas le).
Portmort (Foresta de), 710. (Portmort, Eure, arr. et c^on les Andelys.)
Portus. Vide Port.
Portus Sancti Audoeni, 677. Le Port-Saint-Oien, 753. (Port-Saint-Ouen, Seine-Inférieure, arr. Rouen, c^on Boos.)
Postel (Galterus, Radulfus).

Poterel (Henricus de).

Poteria (Matheus, Robertus de).

Pouchin (Thomas). Mortuum Mare Pouchin, 793. Cf. Pochin.

Poucin (W.). Cf. Pochin.

Praeriis (Robertus de), et Milesent, ejus uxor.

Pratellis (Abbas Sancti Petri de), 306, 467, 791, 830. (*Saint-Pierre de-Préaux*, abbaye d'hommes, à Préaux, Eure, arr. et c°⁰ Pont-Audemer.)

Pratellis (Johannes, Rogerus, Willelmus de).

Pratum. Petrus de Prato.

Pratum Rothomagi, 428. (*Le prieuré de Bonne-Nouvelle*, à Rouen.)

Prentot (Johannes).

Prepositus (W.).

Presbyter (Willelmus).

Profundus Rivus. Vide Parfunru.

Prule (N. de).

Pyron. Vide Pirou.

Q

Quaam. Vide Cadomus.

Quarrel (Andreas).

Quentevilla (Gillebertus de).

R

R. Abrincensis episcopus. Vide Ricardus.

R. Bertran. Vide Robertus.

R. de Cornillon. Vide Reginaldus.

R. Paganelli, 141.

R. de Vaace presbyter, 113 n.

Raalent de Moritonio, 227.

Rabaro (Gervasius).

Radepont (Reginaldus de). (*Radepont*, Eure, arr. les Andelys, c°⁰ Fleury.)

Radulfus Abbas, l'Abé, l'Asbé, 84, 235.

— burgensis de Sagio, 113 n.

— l'Ainsné, 167.

— de Albiniaco, 832, 833.

— de Argenciis, 340, 354.

— de Argogis, 47.

— de Banunos, 699.

— Barbe, 719.

— Belisi, 242 n.

— de Biaumes, 766.

— de Boisseio, 70.

— Bordel, 180.

— Bordon, 503.

— de Bosco Gaucherii, 594.

Radulfus de Brueria, 793.

— Caisnel, 657.

— Chal', 551.

— de Chevrie, episcopus Ebroicensis, 830.

— de Clauso, 831 n., 832, 833.

— de Clinchamp, 831 n.

— de Conde, 282.

— de Condevilla, 17.

— de Constanciis, 28.

— de Corlibo, Corlibou, 6, 81.

— Cors de rei, 130.

— Ebroicensis episcopus. Vide Radulfus de Chevrie.

— de Ferrariis, 147, 238.

— de Fossa de Cliceio, 207.

— de Francia de Constanciis, 264.

— filius Galteri, 121.

— de Gardino, de Jardins, 832, 833.

— Gill[ani] de Gavreio, 22.

— filius Giraldi, 49 n.

— Grandin, 267.

— Groinet, 49 n.

Robertus Robion, 54.

— de Rochela, 197, 348. Cf. Robertus de Rupella.

— de Roenaio, 522.

— de Rueta, 732.

— de Rupella, 832, 833. Cf. Robertus de Rochela.

— de Sancto Remigio, 286.

— Selerin, 813.

— de Semillie, 791.

— de Sileio, 302.

— filius Willelmi Silvestri, 389 n.

— de Sleris (fort. Neris), 153.

— de Taillol, 722.

— de Taissel, 9, 372, 397.

— de Terrart, 683.

— de Toloniaco, 793.

— de Trenchervilla, 709.

— de Tribus Montibus, 332.

— Trossebot, 273 n.

— de Vaaceio, 84, 168.

— de Vaas, 205 n.

— de Vado, 813.

— de Veex, 340.

— vicecomes, 70. Cf. Robertus major.

— de Vilerez, 789.

— de Willequir, 586.

— de Ybriaco, Yvre, 558 n., 813.

Robinus Bertran, 658. Cf. Robertus.

— de Novo Burgo, 453. Cf. Robertus.

— le Pelei, 28.

Robion (Robertus).

Roboreto (Boscus de), 823. Johannes, Obertus de Roboreto. Cf. Rovreium.

Roche castrum, 728. (La Roche-Taisson, sur le territoire ou près de la Colombe, Manche, arr. Saint-Lô, c^n Percy.)

Rochela (Robertus de).

Rechero (W. de).

Roe (Hugo de).

Roele (Petrus).

Roenaio (Robertus de). (Ronay, Orne, arr. Argentan, c^on Putanges.)

Rofetot, 49. (Raffetot, Seine-Inférieure, arr. le Havre, c^on Bolbec.)

Rogerius, Rogerus, Rogier.

— de Antunat', 518.

— de Argenciis, 340, 341, 354, 660, 791, 793.

— Bacon, 117, 675 dd.

— Botin, 150.

— Brasart, 340.

— de Bremercort, 250.

— de Brilleio, 711.

— de Brottona, 467.

— de Bulleio, 721.

— Caperon, 73.

— de Clanvilla, 732.

— Comes, 820.

— frater Bartholomei de Corcellia, 316.

— de Espineto, 321.

— de Evreceio, 371.

— Filluel de Gemmetico, 49 n.

— de Fontaneto, 831.

— Harenc, 349.

— de Malpertus, 348.

— de Mellay, 75.

— de Merlai, 349.

— de Mileio, de Milleio, 19, 112, 113 n.

— de Mineriis, 628.

— de Monte, 732.

— de Nonnant, 107.

— le Page, 629.

— Peleloc, 522.

— Peletat, 428

— Pescheveiron, Peschevron, 137 n., 205 n.

— de Planes, 216, 217, 237, 467 n., 791.

— de Pratellis, 642, 791, 793.

— Suart, Suhart, 103, 726, 793.

— Tyrel, 21.

S

396, 659, 795. (*Saint-Évroult*, Orne, arr. Argentan, c^{on} la Ferté-Fresnel.)

Sanctus Egidius. Agnes, Thomas de Sancto Egidio. (*Saint - Gilles*, Manche, arr. Saint-Lô, c^{on} Marigny.)

— — de Ponte Audemari. Vide Pons Audemari.

— Gabriel. Prior de Sancto Gabriele, 832, 833.

— Georgius. Feodum Sancti Georgii, 397.

— — de Bauquervilla, Bauquiervilla, 461, 813. (*L'abbaye de Saint-Georges*, à Saint-Martin-de-Boscherville, Seine-Inférieure, arr. Rouen, c^{on} Duclair.)

— Germanus. Nicholaus, Radulfus, Reginaldus, Ricardus. W. de Sancto Germano.

— Hylarius. Petrus de Sancto Hylario. (*Saint-Hilaire-du-Harcouet*, Manche, arr. Mortain.)

— Jacobus. Homines Sancti Jacobi, 251.

— — de Bevron, 748. (*Saint-James*, Manche, arr. Avranches.)

— Johannes. W. de Sancto Johanne.

— — de Falesia. Nicholaus abbas. (*L'abbaye de Saint-Jean de Falaise.*)

— Julianus Turonensis, 465, 792. J., abbas. (*L'abbaye de Saint-Julien de Tours.*)

— Laudus de Orvilla in Costentino, 561. (*Saint-Lô d'Ourville*, Manche, arr. Valognes, c^{on} Barneville.)

— Machutus, 245. (*Saint-Malo de Valognes*, Manche.)

— — Macitus, 439, 740. (*Saint-Marcouf*, Manche, arr. Valognes, c^{on} Montebourg.)

— Macloveus. Episcopus Sancti Maclovei, 90. (*Saint-Malo*, Ille-et-Vilaine.)

— Mandoveus, 489. (*Saint - Manvieu*, Calvados, arr. Caen, c^{on} Tilly.)

Sanctus Marculfus. Vide Sanctus Machulus.

— Martinus. Petrus de Sancto Martino.

— — de Barou, 131. (*Barou*, Calvados, arr. Falaise, c^{on} Coulibœuf.)

— — de Boluron, 111. (Peut-être *Boitron*, Orne, arr. Alençon, c^{on} le Mele-sur-Sarthe.)

— — de Casto [Gasto?] juxta Castaingners, 409. (*Le Gast*, Calvados, arr. Vire, c^{on} Saint-Sever.)

— — Sagiensis, 381. (*L'Abbaye de Saint-Martin de Sées.*) Cf. Sagium.

— Michael. Vide Constancie.

— — de Monte. Vide Mons Sancti Michaelis.

— Nicholaus Cadomi. Vide Cadomus.

— — de Moleio, 644. (*Le Molay*, Calvados, arr. Bayeux, c^{on} Balleroy.)

— Paternus, 403. (*Saint-Pair-du-Mont*, Calvados, arr. Lisieux, c^{on} Mézidon.)

— Paulus. Comes Sancti Pauli, 285, 286. (*Saint-Pol*, Pas-de-Calais.)

— Petrus. Henricus, Petrus, W. de Sancto Petro. (*Saint-Pierre-Langers*, Manche, arr. Avranches, c^{on} Sartilly.)

— — super Divam, 336, 521, 822. (*Saint-Pierre-sur-Dive*, Calvados, arr. Lisieux.)

— — de Pratellis. Vide Pratella.

— Remigius. Ricardus, Robertus de Sancto Remigio.

— Salvator, 800. (Peut-être *Saint-Sauveur-Lendelin*, Manche, arr. Coutances.)

— — 675 lb. (*Saint-Sauveur le-Vicomte*, Manche, arr. Valognes.)

— Sanso super Rillam, 706. Agnes et Michael de Sancto Sansone. (*Saint-Samson-sur-Rille*, Eure, arr. Pont-Audemer, c^{on} Quillebeuf, c^{ne} Saint-Samson-de-la-Roque.)

— Sanxo. Stephanus de Sancto Sanxone.

T

Thomas de Coisneriis, Corneriis, 340.

— de Colunchis, 166, 299.

— filius Radulfi de Francia, de Constanciis, 264.

— de Gorgiis, Gorgis, 97, 116, 621, 623, 634, 635.

— le Cosin, 478 n.

— Haguet, 703.

— de Karquenai, Karquingneio, 153, 168, 592.

— de Lyon, 172.

— Malfillastre, 18.

— Paganelli, 832, 833.

— de Periers, 333.

— Pouchin, 339.

— de Roilli. Vide Thomas de Veilleio.

— Sagiensis episcopus, 822, 832, 833.

— de Sancto Egidio, 181, 211, 225.

— de Servon, 292, 309.

— Suart, 832, 833.

— de Veilleio, Voilli, 103, 726.

Tiebouvilla (Amauricus de). (*Thibouville*, Eure, arr. Bernay, c^{on} Beaumont.)

Tille. Vide Teilleium.

Tillerie. Vide Teleric.

Tilleyum. Vide Teilleium.

Tilye (Haia). Vide Haia.

Tinchebreium, 714. (*Tinchebrai*, Orne, arr. Domfront.)

Tobervilla, 452.

Tollaut (Lucas).

Toloniaco (Robertus de).

Tor, 815. (*Tour*, Calvados, arr. Bayeux, c^{on} Trevières.)

Torchi (Adam de).

Torcol (Eremborc).

Torgisius de Avion, 113.

— Cabin, 126.

Torgisvilla, 732. (*Tourville*, Calvados, arr. et c^{on} Pont-l'Évêque.)

Tornai (Abbas de), et Gaufridus, ejus frater. (*Tournay*, Orne, arr. Argentan, c^{on} Trun.)

Tornebu, Tornebusc (Guido, Johannes, W. de).

Torney (Radulfus de).

Torovilla, 788.

Torp (Willelmus de).

Torvilla (Ernaudus, Evradus, Ricardus, W. de).

Totes (Petrus de).

Touqua, 658. (*La rivière de Touque.*)

Tovilla (Stephanus de).

Traceium, 512. W. de Traceio. (*Tracy-Bocage*, Calvados, arr. Caen, c^{on} Villers.)

Tractus, 386, 587. (*Le Trait*, Seine-Inférieure, arr. Rouen, c^{on} Duclair.)

Trappa (Monachi de), 62. (*La Trappe*, Orne, arr. Mortagne, c^{on} Bazoches, c^{ne} Soligni.)

Tremont (Willelmus de). Cf. Tres Montes.

Trenchervilla (Robertus de).

Tres Montes. Radulfus, Robertus de Tribus Montibus. Cf. Tremont.

Treveriis (Firma de), 574. (*Trevières*, Calvados, arr. Bayeux.)

Tribchou (Willelmus de). (*Tribchou*, Manche, arr. Saint-Lô, c^{on} Saint-Jean-de-Daye.)

Triccoc (Reginaldus de).

Troarnensis abbas, 112, 793, 832, 833. Safredus abbas. (*Troarn*, Calvados, arr. Caen.)

Troinel (Gaufridus).

Tronqueia (Abbas de), 90. (*Le Tronchet*, Ille-et-Vilaine, arr. Saint-Malo, c^{on} Châteauneuf, c^{on} Plerguer.)

Trossebot (Robertus).

Trossel (Garnerus, Odo).

Trossele, Trosselee (Johanna la).

Trublevilla (Henricus de).

Trun, 305 n. (*Trun*, Orne, arr. Argentan.)

Trunco (Campus de), 46 n.
Tuierium, 346. (*Thury-Harcourt*, Calvados, arr. Falaise.)
Turonensis abbas, 465. (*L'abbaye de Saint-Julien*, à Tours.)

Turonensis decanus. Vide Albericus le Cornu, Johannes, Odo. Vide Sanctus Julianus.
Tyeboudus de Carnoto, 675 n, 675 r.
Tyrel (Rogerus).

U

Ucceium. Vide Uxeium.
Ulterior Portus, 522. (*Tréport*, Seine-Inférieure, arr. Dieppe, c⁰ⁿ Eu.)
Ulyaco (Johannes de).
Umfridus de Boon, 308.
— de Catevilla, 35.
Undefontaine, 455 n. (*Vindefontaine*, Manche, arr. Coutances, c⁰ⁿ la Haye-du-Puits.) Willelmus de Undefontaine presbyter.

Unfridus. Vide Umfridus.
Ursianus, Ursio camerarius, 405, 410, 417, 426, 432, 437, 456, 458, 466, 467 n., 476, 479, 490.
Urvilla, 615. (*Urville*, Calvados, arr. Falaise, c⁰ⁿ Bretteville.) Willelmus de Urvilla.
Uxeio, Ucceio (Mauricius, Moricius de). (*Ussy*, Calvados, arr. et c⁰ⁿ Falaise.)

V

Vaace, Vaaceio, Vaaci (Eudo, Philippus, R., Robertus de). (*Vassy*, Calvados, arr. Vire.)
Vaas (Robertus de).
Vacua Vallis, 113 n.
Vadum. Robertus, W. de Vado.
Vadum Salomonis, 245. (*Le Vey-Salmon*, Manche, arr., c⁰ⁿ et c⁰ᵗ Valognes.)
Vaienna, 403.
Valborel, 159. Matillis de Valborel. (*Vauborel*, Manche, arr. Mortain, c⁰ⁿ Saint-Pois, c⁰ᵗ le Mesnil-Gilbert.)
Valenguerus le Saquart, 603.
Valles. Willelmus de Vallibus.
Vallis. Abbas de Valle, 127, 206. (*Abbaye du Val*, Calvados, arr. Falaise, c⁰ⁿ Thury, c⁰ᵗ Saint-Omer.)
Vallis Grente. W. de Valle Grente.
Vallis Logarum. W. de Valle Logarum.
Vallis Oger. Vide Valoger.
Valoger, Walloge, Valle Oger (Ricardus de).

Valoniarum assisia, 419, 810. (*Valognes*, Manche.) Vide Sanctus Machutus.
Valterius, Valterus. Cf. Galterus.
— Cainum, 712.
— le Francheis, 188.
Varavilla, 531. (*Varaville*, Calvados, arr. Caen, c⁰ⁿ Troarn.)
Varclive. Vide Mesnillum super Varclive.
Vasechis (Ecclesia de). Vide Basoche.
Vasquirvilla (Johannes de).
Vastinel de Falesia, 416.
Vauseio (Johanna, W. de).
Vauvilla (Gauvanus de).
Vavassor (Radulfus le).
Vax (W. de).
Vax in foresta de Portmort, 710. (*Les Vaux*, entre Portmort et Courcelles, Eure, arr. et c⁰ⁿ les Andelys.)
Veer (Matheus le).
Veex (Robertus de).
Veez, 346. (*Vieux*, Calvados, arr. Caen, c⁰ⁿ Évrecy.)

Veilleio; Veilli, Voilli (Johannes, Thomas de). (*Vouilly*, Calvados, arr. Bayeux, c^on Isigny.)

Veilli, 472. (*Villy*, Calvados, arr. et c^on Falaise.)

Veim, 675 ee. (*Vains*, Manche, arr. et c^on Avranches.)

Veintras (Radulfus).

Venator (Johannes).

Venoiz (Jocelinus, Matillis, W. de). (*Venoix*, Calvados, arr. et c^on Caen.)

Ver (Rogerus de).

Verdun (Johannes, Normandus de).

Verneii foresta, 391. Rogerius Verneii. (*Vernay*, Calvados, arr. Bayeux, c^on Balleroy.)

Vernolii assisia, 628, Ballivus, 830, 834; vide Bartholomeus de Longo, Johannes de Criquebouf, Johannes Juvenis. (*Verneuil*, Eure, arr. Évreux.)

Vernone (Mensura de), 510. Domus Dei, 826. Vide Longa Villa. Ricardus, Willelmus de Vernone. (*Vernon*, Eure, arr. Évreux.)

Verson, 831. (*Verson*, Calvados, arr. Caen, c^on Évrecy.)

Veteri Ponte (Yvo de).

Viartvilla, Viarvilla (Willelmus de).

Viator (Matheus).

Vicecomes (Robertus, Rogerius).

Vicinis (Willelmus de).

Vie Furcate, 46 n.

Viennet (Ricardus).

Vieta (Fulco de).

Vilaria. Vide Vilers.

Vignon (W. le).

Vilborvilla (Henricus de).

Vilerez (Robertus de).

Vilers (Homines et pastura de), 229.

Vilers, Vilaribus, Viliers, Villaribus, Villariis (Galterus, Lucas, Nicholaus, Odo, Petrus filius Ricardi, Ricardus, Riche, Stephanus de).

Vill' (Willelmus de).

Villa Mortua (Cecilia de).

Villa Terrici (Reginaldus, Regnaldus, Renaldus, Renardus de).

Villandevilla, 492. (Peut-être *Virandeville*, Manche, arr. Cherbourg, c^on Octeville.)

Villaria. Vide Vilers.

Vineis (Johannes de).

Vira, 187, 191. Castrum Virie, 108. (*Vire*, Calvados.)

Virense, 415. (*Le pays de Vire*.)

Virgacium, 124. (Peut-être *Vergoncey*, Manche, arr. Avranches, c^on Saint-James.)

Viron (Petrus de).

Vitalis (Odo filius).

Vitreio (Andreas, Herveius de). Lucia, uxor Andree. (*Vitré*, Ille-et-Vilaine.)

Vitulus (Radulfus).

Vivario (Engerrannus de).

Voilli. Vide Veilleium.

Voisin (La fame), 768.

W

W. Vide Willelmus.

W., 622.

— de Altaribus, 125, 729.

— l'Angevin, 34, 48, 367.

— de Ansevilla, 638.

W. de Argenciis, 91, 107, 354, 494, 498, 609, 660.

— de Augervilla, 435.

— de Barris, 439, 740.

— de Bello Monte, 408.

Y

Z

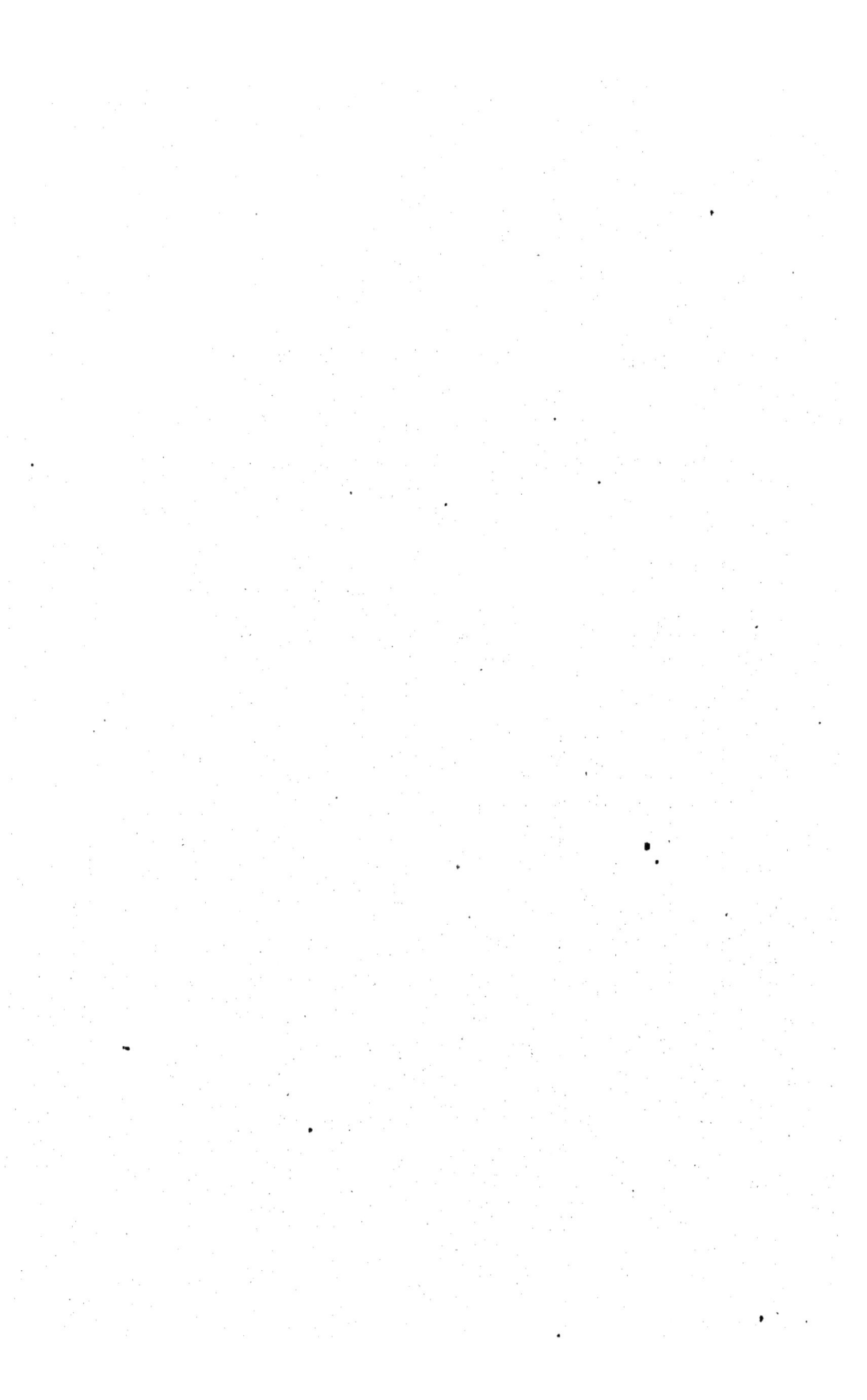

MÉMOIRE

SUR

LES RECUEILS DE JUGEMENTS

RENDUS PAR L'ÉCHIQUIER DE NORMANDIE,

SOUS LES RÈGNES

DE PHILIPPE-AUGUSTE, DE LOUIS VIII ET DE SAINT LOUIS.

———

L'attention des savants s'est déjà portée, à diverses reprises, sur les collections de jugements rendus par l'échiquier de Normandie, sous les règnes de Philippe-Auguste, de Louis VIII et de saint Louis. Au siècle dernier, Brussel en fit connaître un certain nombre d'articles, dont il tira parti pour l'éclaircissement de plusieurs questions de droit féodal. De nos jours des publications spéciales ont été consacrées à ce genre de documents en France et en Allemagne. Mais quelle que fût la valeur des travaux de M. Marnier, de M. Léchaudé d'Anisy et de M. Warnkœnig, la matière était loin d'être épuisée. Le manuscrit le plus intéressant n'avait pas encore été employé, les différents textes n'avaient pas été rapprochés; la question d'origine avait à peine été soulevée, et l'importance historique de la collection n'avait pas été suffisamment mise en relief.

En essayant de combler plusieurs de ces lacunes, j'ai été conduit à distinguer quatre compilations des jugements de l'échiquier sous les règnes de Philippe-Auguste et de ses deux successeurs. Déterminer les caractères de chacune de ces compilations, remonter à la source d'où elles dérivent, signaler l'utilité de ces textes et en justifier la publication, tel est le but de ce mémoire.

En première ligne, et sous le titre de *première compilation*, je place le recueil le plus considérable, et qui doit toujours servir de terme de comparaison quand on étudie les monuments de l'échiquier remontant à la première moitié du XIIIᵉ siècle. Tel qu'il nous est parvenu, ce recueil nous fait connaître 659 jugements ou ordonnances de l'échiquier. Il embrasse la période comprise entre les années 1207 et 1243. Le seul exemplaire qui soit arrivé à ma connaissance est conservé à la bibliothèque de Rouen dans le manuscrit Y. 9. 90, que je vais décrire en quelques mots[1].

C'est un petit volume in-4°, de 82 feuillets de parchemin. L'écriture, disposée sur deux colonnes, offre les caractères de la fin du XIIIᵉ siècle.

Dans la première partie du manuscrit (fol. 1-51 v°), on trouve le texte latin de la Coutume de Normandie. Il est suivi d'une note relative aux droits que le duc de Normandie avait sur les filles de ses vassaux, sur les gros poissons et sur les plaits de l'épée. Cette note est insérée, par morceaux et avec quelques variantes, dans le manuscrit latin 11032 de la Bibliothèque impériale, et dans le manuscrit français F. 2 de la bibliothèque de Sainte-Geneviève.

[1] Ce manuscrit m'a été communiqué, à différentes reprises, par M. André Pottier, conservateur de la bibliothèque de Rouen et du musée départemental, avec une obligeance dont je ne saurais assez le remercier.

La seconde partie du manuscrit (fol. 51 v°-82 v°) est remplie par les jugements de l'échiquier depuis 1207 jusqu'en 1243. A la fin, le copiste a transcrit l'ordonnance de saint Louis relative aux dîmes possédées par des laïques [1].

Deux lacunes sont à regretter dans le volume : l'une après le folio 46, l'autre après le folio 79. Le folio 75 a été transposé par le relieur; il est placé entre les folios 38 et 39.

Ce manuscrit faisait autrefois partie de la bibliothèque de l'abbaye de Jumiéges; il y était coté D 41. Dom Bessin en a tiré quatre articles pour sa collection des Conciles de Normandie [2]. Depuis dom Bessin jusqu'à nos jours, le manuscrit paraît avoir été complétement oublié. Au mois de juillet 1849, M. Antoine Blanche, aujourd'hui avocat général à la Cour de cassation, voulut bien appeler mon attention sur les jugements dont il contient la notice. J'en reconnus sans peine l'importance, et je formai dès lors le projet d'en donner une édition.

Le recueil dont le texte nous a été conservé dans le manuscrit de Jumiéges n'est probablement pas la plus ancienne des compilations que j'ai à passer en revue. Mais, à tous égards, il est trop supérieur aux autres pour n'être pas mis au premier rang. Les compilations dont il me reste à parler seront classées par ordre d'ancienneté.

Le recueil que j'appelle *deuxième compilation* commence à l'année 1207 et s'arrête à l'année 123. Après le chapitre de l'échiquier de Saint-Michel 1235, on y trouve trois articles, dont la date est incertaine, mais dont le premier appartient

---

[1] Cette ordonnance, datée de Paris, au mois de mars 1270 (n. s.), a été publiée plusieurs fois, notamment dans le *Recueil des ordonnances*, I, 102.

[2] I, 110, 127, 128 et 142. Voy. ces

mêmes articles dans *Jud. scac.* n. 113, 230, 272, 581. Sous le titre de *Judicia scacarii* je désigne le recueil inséré dans les *Notices et extraits des manuscrits*, et qui accompagne le présent mémoire.

probablement à l'année 1236[1]. Ce recueil contient la notice de 210 actes. La Bibliothèque impériale en possède cinq copies anciennes :

1° Fonds latin, n. 4651, fol. 49-55. Ms. sur parchemin, in-4°, écriture de la fin du XIII° siècle, à deux colonnes. Ce manuscrit provient de Bigot.

2° Fonds latin, n. 11034 (jadis supplément latin, n. 1016), fol. 1 v°-8 v°. Ms. sur parchemin, in-4°, écriture du commencement du XIV° siècle, à deux colonnes. Ce manuscrit, qui paraît avoir appartenu à P. Pithou, a été vendu en 1836 avec les livres de la bibliothèque du château de Rosny.

3° Fonds latin, n. 11033 (jadis supplément latin, n. 1290), fol. 52-60. Ms. sur parchemin, petit in-4°, copié en 1365. Ce manuscrit a été sommairement décrit dans la *Bibliothèque de l'École des Chartes*[2].

4° Fonds latin, n. 4653, fol. 79 v°-90 v°. Ms. sur papier, in-4°, à deux colonnes, copié en 1430. Ce manuscrit paraît venir de l'abbaye de Préaux, et a appartenu à Colbert.

5° Fonds latin, n° 4653 A, p. 242-276. Ms. sur papier, in-f°, copié au commencement du XVI° siècle. Ce manuscrit vient de la bibliothèque de Bigot; c'est probablement celui que Dumoustier[3] cite comme appartenant à Salet.

La deuxième compilation faisait aussi partie du Livre de Saint-Just, l'un des plus anciens registres de la Chambre des comptes, qui a péri dans l'incendie de 1737[4].

Brussel, dans son *Nouvel examen de l'usage général des fiefs*, a publié, d'après le Livre de Saint-Just, un grand nombre des

---

[1] Voy. dans *Jud. scac.* les notes ajoutées aux articles 545, 558 et 601.

[2] 2° série, II, 384.

[3] *Neustria christ.* Episc. Const. c. 52.

[4] Voy. la table du Livre de Saint-Just, publiée par M. Marnier et formant la première partie du t. XVIII des *Mémoires de la Société des antiquaires de Normandie.*

jugements de l'échiquier contenus dans la deuxième compilation. M. Léchaudé d'Anisy, d'après le manuscrit latin 11034, en a donné le texte complet, en 1845, dans ses *Grands rôles des échiquiers de Normandie*, p. 137-144 [1].

Des extraits de la deuxième compilation ont été ajoutés, sous forme de glose, dans plusieurs exemplaires de la Coutume de Normandie. Tels sont, à la bibliothèque de l'Arsenal, le manuscrit latin 71 de la Jurisprudence, et, à la Bibliothèque impériale, les n°s 4651, 4763 et 11035 du fonds latin, lé n. 423 du fonds de Harlay et le n. 492 du fonds de Saint-Victor [2].

La troisième compilation, dans l'état fort imparfait où nous la possédons, se compose de 314 articles, se rapportant aux années 1207-1243. On y distingue deux parties : l'une, allant de 1207 à 1229, est copiée sur les chapitres correspondants de la deuxième compilation; l'autre, commençant à l'année 1230, s'arrête à l'année 1243.

La seule copie que nous possédions de la troisième compilation occupe les pages 188-215 d'un manuscrit du commencement du xive siècle, conservé à la Bibliothèque impériale, sous le n° 11032 du fonds latin (jadis n° 10390. 2).

D'après cette copie, qui est des plus défectueuses, M. Varnkœnig a publié une édition de la troisième compilation dans son Histoire du droit français [3]. L'éditeur a dû le texte de ce document à M. Marnier, qui a plus d'une fois complété le manuscrit latin 11032 à l'aide des manuscrits de la deuxième compilation.

---

[1] Ce volume forme le tome XV des *Mémoires de la Société des antiquaires de Normandie*.

[2] Voyez dans le *Bulletin de la Société des antiq. de Normandie*, 3e année, p. 314 et 315, l'indication des trente-cinq manuscrits de la Bibliothèque impériale qui renferment le texte latin, le texte français et la version en vers français de la Coutume de Normandie.

[3] *Franzōs. Staats und Rechtsgeschichte*, II, *Urkundenbuch*, p. 70-117.

La quatrième compilation n'est, selon toute apparence, qu'une version française de la troisième. Mais la traduction nous est parvenue dans un manuscrit, qui, sans être intact, est beaucoup meilleur et bien plus étendu que le manuscrit du texte latin. On vient de voir que celui-ci s'arrête à l'année 1243 et ne contient que 314 articles; le manuscrit français descend jusqu'à l'année 1246 et renferme 348 articles.

Le seul exemplaire connu de la quatrième compilation est le manuscrit français F. 2 de la bibliothèque de Sainte-Geneviève. Une édition en a été donnée par M. Marnier dans le volume intitulé *Établissements et coutumes, assises et arrêts de l'échiquier de Normandie*[1], p. 111-201.

Il faut maintenant comparer entre elles les quatre compilations dont je viens de passer en revue les manuscrits et les éditions. Ce sera le meilleur moyen d'en déterminer l'origine.

La première ne dérive d'aucune des trois autres. Elle contient en effet près de quatre cents jugements dont ces dernières n'offrent pas la moindre trace. Il est donc inutile d'insister sur un point que personne ne peut songer à contester.

De prime abord, on serait tenté de supposer que la deuxième compilation dérive de la première, et qu'elle n'en est qu'un abrégé plus ou moins succinct. Mais un examen approfondi des deux textes ne permet pas de s'arrêter à cette hypothèse. En effet, la deuxième compilation nous a conservé la notice de vingt jugements de l'échiquier sur lesquels la première garde un silence absolu[2].

Nous avons vu que, dans la troisième compilation, il faut distinguer deux parties. L'une, répondant aux années 1207-1229,

---

[1] Paris, 1839, in-8°.

[2] Le texte de ces jugements se trouve dans *Judic. scacar.* notes ajoutées aux articles 10, 26, 51, 139, 168, 242, 273, 295, 300, 337, 354, 362, 455, 475, 519, 558 et 601.

n'est que la copie littérale des chapitres correspondants de la deuxième compilation. Il n'y a donc pas lieu de s'en occuper ici. Quant à l'autre partie, il faut y voir une rédaction parfaitement distincte et indépendante du texte des deux premières compilations. Je le démontrerai en peu de mots.

Cette dernière partie s'applique à la période comprise entre les années 1230 et 1243. La deuxième compilation s'arrête à l'année 1235. Voilà une différence bien tranchée qui, à elle seule, empêcherait de considérer la fin de la troisième compilation comme dérivée de la deuxième. Nous avons encore une autre raison de ne pas confondre les deux rédactions. Pour les années 1230-1235, la troisième compilation donne dix-huit jugements qui font complétement défaut dans la deuxième. Par ce double motif, il est impossible que les chapitres de la troisième compilation consacrés aux sessions de 1230 et des années suivantes aient été tirés de la deuxième.

Il reste à vérifier si ces chapitres ne découlent pas de la première. Tous les articles dont ils se composent se retrouvent à peu près littéralement dans cette compilation. Entre les deux textes la ressemblance est telle, que dans tous les deux on remarque l'omission d'un même nom, qui était cependant nécessaire pour l'intelligence de la phrase [1]. Cependant les chapitres dont je cherche à déterminer le véritable caractère n'ont pas leur source dans la première compilation. Ils renferment, en effet, huit articles [2] qui ne se trouvent pas ailleurs. De plus, quelques-uns de ces chapitres sont précédés de titres qui n'ont certainement pas été empruntés à la première compilation. Ainsi, dans la première compilation, le chapitre relatif à l'échiquier de Saint-Michel 1236 est simplement intitulé : *Apud*

---

[1] *Jud. scac.* n. 632. — [2] *Jud. scac.* notes ajoutées aux articles 478, 496, 572, 645, 684 et 704.

Rothomagum in scacario Sancti Michaelis. La troisième compilation donne un détail plus précis sur la date de cette session de
l'échiquier : *circa festum beati Dionysii* [1]. La même compilation
est la seule à nous apprendre que l'échiquier de Saint-Michel
1239 se réunit vers la fête de saint Matthieu [2]. Je pourrais encore faire la même observation sur plusieurs autres dates; mais
les deux qui viennent d'être citées suffisent pour démontrer
que l'auteur de la troisième compilation a consulté d'autres
documents que le texte de la première.

Je n'ai rien à dire ici de la quatrième compilation, puisque
nous avons vu qu'elle avait été traduite sur la troisième.

Des observations précédentes il résulte que les collections
des jugements de l'échiquier qui nous sont parvenues présen-
tent trois textes distincts et indépendants les uns des autres.
Mais ces trois textes ont entre eux une telle analogie, qu'ils
font nécessairement supposer un texte antérieur, sur lequel
ont travaillé, à différentes époques du XIIIe siècle, les auteurs
de la première, de la deuxième et de la troisième compilation.

Au reste, l'existence d'un texte primitif, aujourd'hui perdu,
peut être démontrée. La première compilation rend compte
d'un jugement prononcé, à l'échiquier de Saint-Michel 1212,
entre deux frères, Richard et Robert de Bois-Yvon. A la cour
du roi siégeant à Vire, Robert avait soutenu que Richard ne
devait pas être maintenu dans la jouissance d'un héritage parce
qu'il était bâtard. Robert fut aussitôt mis en demeure de faire
déclarer par l'évêque d'Avranches que son frère n'était pas un
enfant légitime; mais il laissa passer un an sans faire résoudre
la question par les juges ecclésiastiques. Le procès entre les
deux frères étant revenu plus tard à l'échiquier, il fut jugé que

---

[1] *Jud. scac.* n. 602. — [2] *Jud. scac.* n. 624.

Richard devait conserver tous ses droits malgré l'opposition de Robert. C'est le dernier jugement de l'échiquier de Saint-Michel 1212 qui soit enregistré dans la première compilation. L'auteur de la deuxième compilation, rendant compte du même procès, dont il ne rapporte qu'un incident, dit que ce jugement se trouvait à l'avant-dernier chapitre de l'échiquier de Saint-Michel 1212 : *in penultimo capitulo illius scacarii*[1]. Il avait donc sous les yeux un texte dans lequel le recueil des jugements de cet échiquier ne se terminait pas, comme dans la première compilation, par le procès des frères de Bois-Yvon.

Après avoir établi l'existence d'une rédaction antérieure aux quatre compilations que nous possédons, j'essayerai de déterminer le véritable caractère de cette rédaction.

Un examen superficiel suffit pour montrer que la première compilation doit reproduire avec plus d'exactitude que les trois autres la rédaction originale d'où découlent tous les recueils des jugements de l'échiquier qui nous ont été conservés. Elle contient, en effet, un bien plus grand nombre d'articles, et donne sur la plupart des affaires de longs développements qui ont été négligés par les rédacteurs des autres collections. C'est donc la première compilation qu'il faut étudier pour se former la plus juste idée du texte original. Il est impossible de la lire sans être frappé de l'unité qui règne dans tout le recueil. D'un bout à l'autre, la même méthode a été rigoureusement suivie; nulle part on ne peut signaler un changement de style.

Une telle uniformité peut s'expliquer de deux manières. Ou bien la collection tout entière a été rédigée par un seul et même auteur, ou bien elle est l'œuvre de plusieurs écrivains qui se sont proposé le même but, et ne se sont jamais écartés

---

[1] *Jud. scac.* n. 108.

d'un plan minutieusement tracé d'avance. Dans le premier cas, le recueil serait le fruit d'un travail privé et individuel; ce serait simplement une collection formée par un jurisconsulte pour aider à fixer la jurisprudence de la cour, et à résoudre les difficultés que soulevait l'application du droit normand. Mais cette hypothèse n'est pas soutenable. En effet, comment supposer qu'un jurisconsulte, pendant près de quarante années, se soit régulièrement transporté tous les six mois à Falaise, à Caen et à Rouen, pour assister aux sessions que l'échiquier tenait dans ces trois villes? Comment supposer qu'il ne s'est pas absenté d'une seule réunion de la cour? D'ailleurs, par quel motif se serait-il décidé à répéter à chaque instant des formules inutiles, à donner de longues listes de juges et de témoins [1], et à développer des questions de fait sans aucun intérêt pour la jurisprudence?

Je ne crois donc pas qu'il faille s'arrêter à la première hypothèse. Voyons si la seconde est plus acceptable, et si l'on peut considérer le recueil primitif des jugements de l'échiquier comme l'œuvre de plusieurs clercs qui tendaient au même but, étaient soumis à la même direction et suivaient invariablement le même plan. En un mot, ce recueil a-t-il un caractère public et officiel? Est-il un registre tenu par des greffiers pour assurer la conservation des jugements rendus par la cour? Je n'hésite pas à me prononcer pour l'affirmative. En d'autres termes, je pense, contrairement à l'opinion professée par plusieurs savants, qu'un greffe était régulièrement organisé près de l'échiquier dès le commencement du XIIIᵉ siècle.

Les registres originaux de l'échiquier, aujourd'hui déposés au greffe de la Cour impériale de Rouen, ne sont pas anté-

---

[1] Voy. Jud Icac. n. 122, 233, 299, 302, 340, 390, 522 et 658.

rieurs à l'année 1336. Mais il n'en faut pas conclure[1] qu'avant cette époque le tribunal normand ne faisait pas écrire ses arrêts dans un recueil authentique et officiel. Des textes positifs montrent que, bien avant 1336, on consignait officiellement sur des rôles ou sur un registre les jugements prononcés à la cour du roi en Normandie.

En 1196, les barons de l'échiquier assignent aux religieux de Saint-Martin de Séez l'église de Saint-Denis-sur-Sarton, qui leur avait été contestée par Robert de Saint-Denis, et font inscrire cette décision sur les rôles de l'échiquier[2]. — A la session de Pâques 1208, les Templiers se firent adjuger une terre dont Robert l'Angevin réclamait la propriété[3]. La même terre ayant été l'objet d'un second procès, en 1225, les jugés de l'échiquier terminèrent le différend en se référant à la première décision de la cour consignée dans le registre : *sicut continetur in registro*[4]. Un jugement rendu à Rouen, à la mi-carême de l'année 1214 (n. s.), posa les règles d'après lesquelles devait être partagée la succession de Raoul Taisson[5]. L'application de ces règles souleva plusieurs difficultés dont l'échiquier, réuni à Falaise, s'occupa dans la session de Pâques 1214. Avant

---

[1] Voy. *Olim*, I, LXXVII.

[2] La notice que le *Livre blanc de Saint-Martin de Séez* (pièce 85) consacre à ce jugement mérite d'être textuellement rapportée :

DE ECCLESIA SANCTI DIONYSII SUPER SARTON.

Anno ab incarnatione Domini millesimo centesimo nonagesimo sexto, apud Cadomum, ad scacarium quod est [ad] festum sancti Michaelis, fuit recognitum quod ecclesia Sancti Dionysii super Sarton est de donatione ecclesie et monachorum Sancti Martini de Sagio. Venit itaque Robertus de Sancto Dionysio et Radulfus, filius ejus primogenitus, ad scacarium co-

ram baronibus scacarii : Halmone scilicet Pincerna, Guillelmo de Mota, Ricardo Servein, Jordano de Launda et aliis pluribus. Et recognoverunt quod ecclesia Sancti Dionysii erat nostra, et jus patronatus ejusdem ecclesie ad nos spectabat, et quod Paganus, pater ipsius Roberti, nobis eam dederat, presente ipso Roberto et nobis illam donationem concedente. Quod audientes, barones nobis supradictam ecclesiam in pace tenendam adjudicaverunt, et in rotulis scacarii [scribi] fecerunt, presente etiam Silvestro archidiacono Sagiensi.

[3] *Jud. scac.* n. 34.

[4] *Ibid.* n. 367.

[5] *Ibid.* note ajoutée au n. 137.

de prendre une décision, les juges se firent lire l'écrit conte-
nant le jugement qui avait été rendu à Rouen : *Episcopi et
barones audierunt scriptum in quo judicium quod factum fuit apud
Rothomagum continebatur, et ipsi, secundum tenorem judicii illius...
judicaverunt quod, etc.* [1] — Le 28 février 1256 (n. s.), avant
d'adjuger à l'archevêque de Rouen le patronage de l'église de
Gaineville, Pierre des Fontaines et deux autres commissaires
délégués par saint Louis consultèrent les rôles du roi et y trou-
vèrent que, dans un échiquier tenu à Falaise trente-huit ans
auparavant, c'est-à-dire en 1218, la saisine de cette église avait
été adjugée, après enquête, à l'archevêque de Rouen [2]. — En
1247 ou 1248, les enquêteurs envoyés en Normandie par
saint Louis reçurent une plainte de Jacques de Bovelingham,
qui disait ne pouvoir jouir de certains droits qu'un jugement
de l'échiquier de Caen lui avait reconnus [en 1234]. Pour
justifier sa réclamation, il renvoyait au registre dans lequel
avait été consigné le jugement : *et hoc totum fuit positum in registro* [3]. — En 1270, quand on eut besoin de savoir comment
s'était terminé, dans une précédente session de l'échiquier, un
procès des religieux de Saint-Taurin contre maître Jean Grosparmi, on recourut au rôle de l'échiquier : *prout inrotulatur
in rotulis scacarii..... quod plenarie inrotulatur similiter in rotulis
scacarii* [4]. — A l'échiquier de Pâques 1277, il fut décidé qu'une
expédition des jugements serait délivrée aux parties intéressées
sous le sceau de la baillie dans le ressort de laquelle étaient
ces mêmes parties [5]. — A la session de Saint-Michel 1296, un

---

[1] *Jud. scac.* n. 137.

[2] *Ibid.* note ajoutée au n. 242.

[3] *Ibid.* n. 546, note.

[4] *Ibid.* n. 834.

[5] « De judiciis factis in scacario vel assisia finem cause facientibus, in proprietate
vel saisina, concordatum fuit quod littere
darentur gaaignie facte, partibus peten-
tibus, sub sigillo ballivie cujus erunt. »
(Léchaudé, p. 150. Warnkœnig, p. 121.)

jugement relatif à l'église de Notre-Dame-sur-Dun fut porté sur des rôles dont les maîtres de l'échiquier de Pâques 1325 délivrèrent une expédition authentique commençant par ces mots : *Copia rotulorum scacarii Rothomagensis ad festum sancti Michaelis anno Domini 1296, sub sigillo scacarii Pasche anno Domini 1325*[1]. — Nous possédons aussi un arrêt de l'échiquier de Saint-Michel 1317, délivré le 28 février suivant par Simon Mordret, clerc du roi et des arrêts de l'échiquier[2]. — Citons enfin deux actes des sessions de Saint-Michel 1323[3] et de Pâques 1327[4], dont le texte est tiré des registres ou des rôles de la cour.

Ainsi, pour les temps antérieurs à l'année 1336, voilà parfaitement constatée l'existence de rôles ou de registres destinés à conserver les actes de l'échiquier.

On est donc tout naturellement porté à faire remonter à cette source officielle la première compilation des jugements de l'échiquier. Des faits positifs viennent justifier cette hypothèse. Certains cartulaires renferment des notices de jugements rendus à l'échiquier. Si l'on rapproche ces notices des articles correspondants de la première compilation, il est impossible de ne pas croire que le jugement a été rédigé par un greffier, et que le texte officiel, conservé dans les archives de la cour, a été communiqué aux parties intéressées, qui l'ont fait entrer dans leurs propres archives. Prenons pour exemple un jugement rendu à l'échiquier de Pâques 1217 en faveur des reli-

---

[1] Bessin, *Conc.* 1, 162. — Ce texte se trouve dans le *Cartul. de Philippe d'Alençon*, fol. 458 v°, et au folio 5 d'un ms. du xiv° siècle, qui vient de l'abbaye de Saint-Ouen, et qui est conservé à la bibliothèque de Rouen sous la cote Y. 11. 91.

[2] Léchaudé, *Grands rôles*, 209.

[3] « Copie du registre de l'eschiquier qui « fu à Rouen à la Saint-Michel, l'an de « grace mil ccc xx iii. » (*Cartul. de Philippe d'Alençon*, fol. 475 v°.)

[4] « Copia rotuli scacarii Pasche de anno « Dom. millesimo ccc xxvii. » (Même cartul. fol. 458.)

gieuses de la Trinité de Caen [1]. En regard du texte de la première compilation, mettons une notice qui fait partie du cartulaire de l'Abbaye aux Dames :

PREMIÈRE COMPILATION.	NOTICE DU CARTULAIRE.
Judicatum est quod abbatissa Sancte Trinitatis de Cadomo non faciet excambium Radulfo de Tribus Montibus, militi, de undecim sextariis bladi quos idem Radulfus solebat habere in molendino de Guemaire predicte abbatisse, per cartam quam inde habebat factam sine assensu capituli sui, quum esset ad detrimentum domus, et quod carta illa non valeat, et quod debeat dilacerari, et per judicium in isto scacario dilacerata fuit.	Judicatum fuit quod abbatissa Sancte Trinitatis Cadomi non faciet excambium Radulfo de Tribus Montibus, militi, de undecim sextariis bladi quos idem Radulfus habebat in molendino de Gaimare, per cartam dicte abbatisse quam idem Radulfus inde habebat factam sine assensu capituli sui, quum ipsa nichil possit dare alicui vel excambire, quod carta illa non valebat, et quod debebat dilacerari, et ibidem per judicium dilacerata fuit.

Évidemment ces deux textes ont une seule et même origine. Il n'est pas permis de supposer qu'une pareille identité dans le choix des circonstances, dans l'ordre des idées, et surtout dans l'emploi des mots, même les plus insignifiants, puisse se rencontrer chez deux auteurs différents qui auraient écrit l'un pour fixer un point de jurisprudence, l'autre pour assurer la conservation des droits d'une partie.

Un rapprochement analogue peut se faire entre certains articles de la première compilation et les actes par lesquels les baillis font connaître des jugements de l'échiquier. Je me borne à un exemple [2] :

---

[1] *Jud. scac.* n. 205. — [2] *Ibid.* n. 258.

PREMIÈRE COMPILATION.

LETTRE DU BAILLI.

Jus patronatus ecclesie de Cuelei remanet ad finem abbati et monachis Sancti Ebrulfi, per tenorem cartarum suarum et per confirmationes quas inde habent.

..... Jus patronatus ecclesie de Cuelei remansit ad finem abbati et monachis Sancti Ebrulfi... per tenorem cartarum suarum et per confirmationes quas... inde habent...

Ici encore la ressemblance est trop complète pour pouvoir être imputée au hasard. •

Je crois avoir démontré que, sous les règnes de Philippe-Auguste, Louis VIII et saint Louis, les jugements de l'échiquier se conservaient officiellement par écrit. Au reste, il n'y a là rien d'étonnant. Pareil usage existait en Angleterre dès le xɪɪᵉ siècle [1], et on le retrouve en Normandie au xɪɪɪᵉ, même dans les juridictions d'un ordre inférieur.

Vers 1210, Cadoc, bailli du roi [2], tenant une assise à Bernay, régla le montant des redevances qu'avaient à payer certains tenanciers : en 1247, on invoquait ce règlement, qui, au dire des parties intéressées, avait été inscrit sur les rôles du roi dans l'assise de Bernay [3]. — Un contrat passé à l'assise d'Avranches, le 22 mars 1217 (n. s.), entre l'abbaye du Mont-Saint-Michel et les hommes de la Croix en Avranchin, fut porté sur le rôle de l'assise : *Et scripti fuerunt in rotulo assisie* [4]. — Le 27 juin 1254, à l'assise d'Évreux, le bailli de Gisors ordonna de noter sur ses rôles un jugement que son prédécesseur avait prononcé au profit de l'abbaye de Saint-Taurin et que lui-

---

[1] On conserve encore à Londres des rôles de procédure du règne de Richard Cœur-de-Lion. (Voy. *Placitorum in domo capitulari Westmonasteriensi asservatorum abbreviatio.* 1811, in-fol. — *Rotuli curiæ regis.* Edited by sir Francis Palgrave. 1835, in-8°.)

[2] Le même que le chef de routiers.

[3] « Statutum quidem supradictum fuit « in domini regis rotulis annotatum in as- « sisia apud Bernaium, sicut dicunt. » (*Querimoniæ Norman.* f. 13.)

[4] *Cartulaire du Mont-Saint-Michel,* fº 133 vº.

même venait de faire recorder par plusieurs chevaliers[1]. — En 1283, nous voyons inscrire sur un rôle d'assises la sentence par laquelle le bailli d'Avranches adjuge aux religieux du Mont-Saint-Michel une baleine échouée sur la grève : *Et fuit in rotulo assisie ita scriptum*[2]. — Le 21 janvier 1286 (n. s.), maître Philippe, clerc de la baillie de Cotentin, insère sur le rôle des assises d'Avranches un mandement adressé au vicomte sur le droit que l'abbé du Mont-Saint-Michel avait de ne plaider que dans les plaids vicomtaux d'Avranches : *In rotulo assisiarum Abrincensium... fuit tenor intitulatus littere subsequentis*[3]. — Le 25 juin 1286, fut consignée sur le rôle des assises d'Avranches une sentence par laquelle le bailli repoussait les prétentions du geôlier d'Avranches sur les biens d'un voleur arrêté par les gens de l'abbé du Mont-Saint-Michel : *Et fuit in rotulis dictarum assisiarum ita scriptum*[4].

J'ignore s'il subsiste quelque part des fragments de rôles d'assises du xiiie siècle. Il ne faudrait pas, je pense, se former

---

[1] « Anno Domini m° cc° l° iiii°, de sabbati post natale beati Johannis Baptiste, presente domino Ferrico Antenville, ballivo Gisorcii, in assisiis Ebroicensibus recitatum fuit judicium quod factum fuerat de carta regis Philippi in ultimis assisiis Droconis de Montigniaco, quondam ballivi de Gisorcio, super eo quod abbas et conventus Sancti Taurini Ebroicensis debent habere per eandem cartam medietatem omnium rerum que accidunt vel accidere possunt in nundinis Sancti Taurini Ebroicensis, que nundine durare debent per octo dies continuos, tam in viecomitatu quam in prepositura Ebroicensi, sicut in eadem carta continetur. Et lecta dicta carta, et audita recordatione militum qui fuerunt presentes in dictis assisiis Ebroicensibus quando judicium fuit redditum tempore dicti Droconis, precepit dictus Ferricus, tunc ballivus Gysortii, vicecomiti Ebroicensi, scilicet Berengario Rabot, quod redderet dicto abbati et conventui medietatem omnium bonorum duorum malefactorum qui capti fuerunt in nundinis ultimo preteritis, qui quemdam hominem tempore nundinarum interfecerunt et in fugam se miserunt. Et precepit idem ballivus Ferricus dictum judicium et recordationem militum, quod fecerat, in suis rotulis annotari. » (*Petit cart. de Saint-Taurin*, p. 9.) Je dois la copie de cette pièce à M. Bonnin.

[2] *Cartul. du Mont-Saint-Michel*, f. 133.

[3] *Ibid.* f. 134 v°.

[4] *Ibid.* f. 134 v°.

une idée de ce genre de documents par la compilation des jugements des assises de Normandie (1234-1237) dont il sera question plus loin. Elle a, en effet, tous les caractères d'une œuvre privée : on y reconnaît à chaque ligne[1] la main d'un praticien qui prenait des notes pour sa propre instruction et peut-être pour celle de ses disciples ou confrères. Ce n'est donc pas là qu'il convient de chercher quelle était la forme des anciens rôles d'assise. Je crois qu'il vaut mieux en donner comme exemple un passage du *Livre blanc de Saint-Martin de Séez*, remontant au mois d'avril 1205 :

RECOGNITIO INTER ROGERIUM BLANDIN ET SOLSAM, MULIEREM, DE TERRA DE SANCTO SERENICO, IN CURIA DOMINI REGIS FRANCIE FACTA.

Anno dominice incarnationis millesimo ducentesimo quinto, [die.....] ante festum apostolorum Philippi et Jacobi, tenentibus assisias domini regis apud Sagium Nicholao Bocel, domino Roberto Crasso et domino Raignaldo de Chesneio, cum Silvestro Sagiensi episcopo et multis patrie militibus, facta est recognitio Solse rogantis et Rogerii Blandini tenentis super terra [sita] apud Sanctum Serenicum dejuxta Sagium, utrum sit vadium invadiatum post[2] coronationem domini Henrici regis Anglie, et pro quanto, an hereditas prefate Solse, et si ipsa Solsa invadiavit ut hereditatem suam, ut dicit.

Juratores : Robertus Moirol de Chesneio, Herbertus de Landa, Robertus filius Garini, Radulfus le Breit, Laurentius de Bosco Beloie, Etardus de Granlei, Radulfus de Granlei, W. de Granlei, Ernaldus de Boishue, W. Parvus, Herveus Brunin, Ricardus Loe. Qui omnes dicunt quod predictus Ro-

---

· Je citerai seulement quatre passages à l'appui de mon opinion : « Die Mercurii « sequente, audivi in assisia que sequun-« tur..... Sicut vidi de Johanne de Ca-« bore..... Sicut vidi in scacario de domino « Yvone de Veteri Ponte..... Ut vidi de filio « Guillelmi Britonis, servientis regis...... » — L'observation suivante semble montrer que l'auteur de la compilation assistait aux délibérations des juges : « Dicunt omnes, ex-« ceptis Milouel et decano Sepulcri et Cam-« bremer, quod est venditio retrahenda. » (Ms. lat. 4651, f. 58 v°; ms. lat. 11034, f. 11 v°; ms. lat. 11033, f. 64; Léchaudé, *Grands rôles*, p 147; Warnkœnig, p. 58.)

⁴ Le ms. porte *per*.

gerius Blandinus terram illam emit de omnibus rectis heredibus et masculis;
quum vero predicta Solsa hec audivit, traxit predictum Rogerium in placitum, et per amicos facta fuit pax inter eos, ita quod Solsa predicta quatuor
libras Andegavensium habuit et recepit pro fine.

Judicatum est[1] quod Rogerio predicto terra remansit ut hereditas sua,
et illa Solsa in misericordia[2] pro falso clamore[3].

La précision de cette notice, l'exactitude avec laquelle on y
a mentionné l'accomplissement des formalités judiciaires, et
surtout la parfaite ressemblance qu'elle offre avec certains articles de la première compilation des jugements de l'échiquier,
doivent, selon moi, la faire considérer comme un texte officiel
qui a été consigné sur un rôle d'assise. La même observation
s'applique à une pièce de l'année 1249, à la fin de laquelle
on lit une note portant que le texte a été littéralement tiré du
rôle du roi : *Ita est hic sicut in rotulo domini regis, nichil addito,
nil remoto.* Voici cette pièce, qui nous a été conservée par le
Petit cartulaire de Saint-Taurin d'Évreux[4] :

Quum abbas Sancti Taurini Ebroicensis peteret releveia ab Ogero filio
Renoudi Houpequin, idem Ogerus et Galterus, ejus avunculus, in cujus
conductu erat Ogerus antedictus, dicebant quod feodum suum de Dumo
Amauri, de quo idem abbas petebat releveia, tenebant a domino rege, et
dictum abbatem tanquam dominum deavocabant. Ea die, lecta carta[5] illustris Ricardi, quondam regis Anglie, de jure ipsius abbatis, et inspectis rotulis domini Reginaldi de Triccot, quondam ballivi Gisortii, quibus cave-
batur quod alias[6] contentio fuerat super eodem jure inter Guillelmum,
quondam abbatem ejusdem loci, et dominum Renodum Houpequin, et

---

[1] Le ms. porte *Judicium quod.*
[2] *Misericordium* dans le ms.
[3] *Livre blanc de Saint-Martin de Séez*, pièce 274.
[4] *Petit cartul. de Saint-Taurin*, p. 3 et 4.

[5] Cette charte est imprimée dans le *Gallia christ.* XI, instr. 138.
[6] A ce premier procès parait se rap-porter une enquête faite en 1235; voyez le *Petit cartulaire de Saint-Taurin*, p. 2.

quod idem abbas per judicium optinuerat, propter quod idem abbas missus fuit in possessione ejusdem juris ea die per judicium militum tunc ibidem presentium et inferius nominatorum : dominus Droco de Monteingue, tunc temporis ballivus, dominus Amauricus de Mollent, dominus Symon de Forniaus, dominus Stephanus de Nuisement, dominus Johannes de West, dominus Reginaldus Gulafre, dominus .... de Garennes, dominus Michael de la Buenloie, dominus Philipus Mallart, dominus Petrus Brenchart, dominus Guillelmus Pipart, dominus Petrus de Autolio, dominus Hugo de Baquepuiz, dominus Alesender de Vallibus, dominus Galterius de Pireio, dominus Lucas de Dumo, dominus Stephanus de Mellevilla, dominus Johannes de Mesnil, dominus Guillelmus de Molin, dominus Guillelmus de Crota, dominus Symon de Villaribus, dominus Radulfus W..... dominus abbas de Cruce Sancti Leufredi et plures alii. Actum anno [et die] supradictis.

Ita est hic sicut in rotulo domini regis, nichil addito, nil remoto.

Ista asisia fuit anno Domini M° CC° XL° VIII, die Jovis post festum beati Hilarii [1].

Isti interfuerunt presentes : dominus Hillarius ballivus domini episcopi Ebroicensis, Robertus la Truie tunc castellanus, Guillelmus Villiart tunc viridarius, Rogerius de Beloveris, Ricardus au Cros, Gregorius de Aquila.

Isti sunt qui fuerunt in assisia : dominus Nicholaus Bataille, dominus Guillelmus d'Equardenvilla, dominus Johannes de Rubloiz, dominus Galterius de.........dominus Stephanus Recucon, dominus Rogerius de Berou, dominus Fulco de Marcille et plures alii milites.

Lors même qu'on éléverait des doutes sur le caractère des deux notices qui viennent d'être publiées, il n'en resterait pas moins établi, par les exemples précédemment rapportés, qu'au XIII° siècle, en Normandie, l'autorité faisait conserver par écrit les actes des assises royales. C'est d'ailleurs là un fait qui est parfaitement d'accord avec l'opinion énoncée dans la plus ancienne compilation des Coutumes de Normandie. L'auteur de ce précieux recueil, qui écrivait au commen-

---

[1] 14 janvier 1249.

cement du xiiie siècle, pose en principe[1] que les questions jugées dans les assises doivent être consignées par écrit : *Omnes vero questiones et nomina juratorum scripta sunt in assisia in rotulis, qui bene et fideliter conservantur[2]*. Ce qui, dans la version française du xiiie siècle, est ainsi rendu : *Tuit li plet et li non des jureeurs sont en l'assise ès roles qui sont gardé bien et léaument[3]*. Un peu plus loin, la même compilation[4] nous offre un témoignage encore plus formel : *Rotuli conservantur ad contenciones deprimendas de rebus in assisia diffinitis[5]; — Li rolle sont gardé por oster les contanz des choses qui ont esté jugées en assises[6]*.

On conservait avec non moins de précautions les jugements des plaids vicomtaux. A l'échiquier de Saint-Michel 1278, il fut pris des mesures pour empêcher les vicomtes d'emporter les écrits des plaids quand ils quitteraient leurs vicomtés[7].

Les officiers des juridictions particulières adoptèrent aussi de très-bonne heure l'usage de tenir des rôles ou des registres. En 1248, un prêtre remplissait les fonctions de greffier dans les plaids de la baronnie de Conches[8], et en 1253 un record

---

[1] Au titre *De recognitione et brevi*.

[2] Warnkœnig, p. 14.

[3] Marnier, p. 22.

[4] Au titre *De assisia*.

[5] Warnkœnig, p. 14.

[6] Marnier, p. 23.

[7] « De vicecomitibus Normanniæ qui « quando recedunt a vicecomitatibus suis « important secum scripta placitorum et « compotos reddituum domini regis, con- « cordatum fuit, sub amissione servicii et « omnium bonorum suorum detentione, ne « amodo dicta scripta importarent, imo ea- « dem, retento penes se transcripto, dimit- « terent suis successoribus fideliter et be- « nigne. » (Léchaudé, p. 161 ; Warnkœnig, p. 125.)

[8] « Cum abbas Sancti Petri de Castel- « lione convenire fecisset Galterium de « Louce, etc. et in plenis placitis condem- « natus fuit reddere dictum redditum anno « Domini 1248, die Mercurii tertia post do- « minicam qua cantatur *Isti sunt dies*, istis « astantibus : domino Willelmo de Saquen- « ville, domino Stephano de Essartis, Si- « mone Galeis, Roberto Guichart, Rogero « de Mineriis, Theobaldo de Cornelio, Wil- « lelmo de Mineriis, Matheo de Portis, Ro- « gero de Bervilla, Gilberto de Mesnillo, « Rogero de Londa, Amarico de Sancto « Petro, Roberto le Manant, Roberto de « Houcemaigne, Willelmo de Fraxino, In- « geranno de Mineriis, militibus; Roberto « de Fago, regente placita; Rogero presbi-

fait aux assises de la même baronnie fut couché par écrit sur le rôle des assises [1].

Au XIII° siècle, en Normandie, les baillis et les vicomtes faisaient donc enrôler les actes des assises et des plaids. Les avantages de cette formalité étaient si bien compris des justiciables, que, dès avant la conquête de Philippe-Auguste, beaucoup de particuliers, jaloux d'assurer la conservation de leurs contrats, en réclamaient l'insertion sur des rôles ouverts à la cour du roi. Sous le titre de *Rotulus cartarum et cyrograforum Normannie*, nous possédons un de ces rôles tenu pendant la deuxième année du règne de Jean Sans-Terre (1200-1201)[2], et les comptes des

« tero de Baubre, scriptore placitorum ; « Radulfo Budie, Rogero Pipart, Radulfo « l'Orfevre, servientibus. » (*Cartulaire de Conches*, p. 138, cité dans l'*Hist. ms. de la maison de Chambray*, p. 1016.)

[1] « Notum sit omnibus quod, die Veneris ante festum sancti Thome, apostoli, « anno Domini millesimo ducentesimo « quinquagesimo tertio, probavit abbas de « Conchis in curia Conchensi, in plenis « assisiis, contra Robertum de Houcemaigne, armigerum, per recordationem militum in dictis assisiis astantium, vide- « licet Theobaldi de Cornelio, Gilberti de « Mesnilio vicecomitis, Willelmi de Bello « Fago, Engerranni de Mineriis, Rogerii « de Landis, Willelmi de Crosta, Willelmi « de Duranvilla, coram domino Galeis de « Fraxino, Petro Bigot, Johanne Resques, « tunc temporis ballivo de Conchis, Willelmo de Fraxino, Willelmo de Corte-« moulin (Contemoulin?), Willelmo de « Escardenvilla, Johanne Neel, Roberto « Neel, quod dictus Robertus de Houce-« maigne posuerat se ad finem super de-« cisionem abbatis de Conchis, videlicet

« domini Roberti de Goupillieres, de om-« nibus querelis inter dictum abbatem et « dictum Robertum de Houcemaigne motis « ratione feodi de Garencieres, et in dictis « assisiis dixit dictus abbas contra dominum « Robertum de Houcemaigne quod dictus « Robertus debebat ecclesie Sancti Petri de « Castellione et dicto abbati et omnibus « suis successoribus facere hommagium « ratione feodi de Garencieres, et quinque « solidos annui redditus, et tota auxilia « feodalia ad usus et consuetudines Nor-« manie, et hommagia dictus Robertus de « Houcemaigne domino abbati vadiavit, « et ei fecit hommagium in plenis assi-« siis, pedibus et manibus junctis, pre-« sentibus militibus supra notatis. Hec au-« tem scripta sunt in rotulo assisiarum de « castello, sicut supra sunt expressa. » (*Cartulaire de Conches*, p. 132, cité dans l'*Histoire ms. de la maison de Chambray*, p. 1019.)

[2] Ce rôle a été publié en 1835 par M. Thomas Duffus Hardy, dans *Rotuli Normanniæ*, I, 1-22.

années 1180, 1184, 1195, 1198 et 1203, publiés par M. Stapleton, parlent souvent des sommes payées par les parties dont les conventions étaient lues et enrôlées à la cour ducale[1].

La formalité de l'insertion aux rôles est expressément indiquée dans une quinzaine de chartes de la fin du XIIe et du commencement du XIIIe siècle. Je demande la permission d'en rapporter ici les passages les plus significatifs.

Charte de Robert de Gouvix, en 1190 : « Hoc autem factum « est in plena assisia apud Cadomum et relatum ad scaccarium « domini regis et in rotulis annotatum[2]. »

Charte de Gautier Turpin, chevalier, vers 1190 : « In esca-« cario domini Ricardi, regis Anglie, apud Cadomum recorda-« tum feci inrotulari[3]. »

---

[1] Voy. les textes que j'ai cités dans la *Bibliothèque de l'école des chartes*, 3e série, III, 116, note 2. — On délivrait aux parties une expédition de l'article du grand rôle constatant le payement des sommes dues pour la lecture de leurs conventions en présence de l'échiquier. Je puis citer un exemple de ces expéditions :

« Abbas de Savigneio et monachi reddi-« derunt compotum de octo solidis pro uno « bisancio, pro audiendo fine facto inter eos « et Eudonem de Ferrariis et Guarinum et « Diônisium et Haois et Johannam, uxorem « predicti Eudonis de Ferrariis, de presen-« tatione et duabus garbis ecclesie Sancti « Patricii de Teillol, sicut carta ejusdem « Eudonis testatur. In thessaurario libera-« verunt. Et quieti sunt. — In compoto « Ricardi de Fontenai, presente Radulfo « Thaisson, tunc senescallo Normannie, « in rotulo domini regis, anno incarna-« tionis Domini M° cc° I°. » (Cédule du temps, aux archives de la Manche, fonds de Savigny. — *Cartul. de Savigny*, n. 112.

— Léchaudé, *Grands rôles*, p. 202.)

Le *Cartulaire de Savigny*, n. 84, fournit un autre extrait du grand rôle de l'échiquier pour l'année 1201. Je vais le donner en essayant de combler les lacunes que présente le texte manuscrit :

« Abbas de Savigneio et monachi reddi-« derunt compotum de xx solidis quos « Robertus Pic[erna et] Willelmus Mo-« nacus, frater suus, noluerunt recipere « ad preceptum justiciariorum regis, de « rema[nente concordie] facte inter 'eos « de presentatione ecclesie de Sordeval, « cum omnibus decimis parrochie [et aliis « pertin]enciis predicte ecclesie. In the-« saurario liberaverunt. Et quieti sunt. « — In compoto [Ricardi de Fontenai, « tempore] Radulfi Thaisson, tunc se-« nescalli Normannie, in rotulo domini « [regis, anno incarnationis Domini M°] « cc° I°. »

[2] Léchaudé, *Grands rôles*, p. 199.

[3] *Cartulaire de l'abb. de Saint-Evroul*, pièce 134.

Deux chartes de Guillaume de Montgaroult et de Guillaume de Fleuré, vers 1195 : « Hoc etiam factum fuit ad scacarium « domini regis apud Cadomum, Willelmo filio Radulfi, tunc « senescallo Normanie, ad idem scacarium presidente, et ad « majorem hujus rei firmitatem in rotulis domini regis an- « notatum [1]. »

Charte de Guillaume « de Merleio, » vers 1198 : « Et ut hec « concordia et recognitio perpetuum robur posset habere, ego « per cartam domini Ricardi, illustris regis Anglorum, feci « confirmari abbatie Sancti Ebrulfi, et in eschacario ipsius « apud Cadomum in rotulis inscribi [2]. »

Charte de Mathieu « de Merleio, » chevalier, vers 1198 : « A « domino Ricardo, illustri rege Anglie, feci per cartam suam « confirmari et in rotulis ejus de eschecario apud Cadomum « inscribi [3]. »

Notice d'un bornage fait en 1199 : « Et actio ista notata fuit « et scripta diligenter in rotulis domini regis [4]. »

Charte d'Étienne Bourdon, vers 1200 : « Et in escacario « domini regis apud Cadomum feci inscribi et inrotulari [5]. »

Charte de Payen de Cohardon, vers 1200 : « In scacario « domini regis apud Cadomum ego et filius meus fecimus in- « rotulari [6]. »

Charte de Robert de Condé, vers 1200 : « Ex partitione que « facta est inter me et ipsum Ricardum coram justiciis domini « regis et in rotulis regis apud Cadomum inscripta [7]. »

Accord entre l'abbé de Silly et Guérin de Belautel, en

---

[1] *Cartulaire de Saint-André*, pièces 550 et 553.

[2] *Cartulaire de l'abbaye de Saint-Évroul*, pièce 563.

[3] *Ibid.* pièce 564.

[4] Léchaudé, *Grands rôles*, p. 201, col. 2.

Le *fac-simile* de cette notice est en tête du volume de M. Léchaudé.

[5] *Cartul. de Saint-Évroul*, pièce 498.

[6] *Ibid.* pièce 499.

[7] Orig. à la Bibl. imp. fonds latin 9211, pièce 10.

1212 : « Actum est apud Cadomum et in rotulis scacarii con-
« firmatum [1]. »

Charte de Raoul de Gouvix, en 1207 : « Actum est hoc anno
« gratie m° cc° vii°... in assisia domini regis apud Cadomum,
« coram Petro de Telleio, tunc senescallo Cadomi, et in rotulis
« domini regis fuit annotatum [2]. »

Charte de Henri de La Lande, en 1209 : « Actum anno gra-
« tie m° cc° ix°, in festo sancti Luce apud Beccum, et postea
« in proxima assisia coram Cadulco, castellano Gwallionis, et
« aliis baillivis Pontis Audomari recordatum et inrotulatum [3]. »

Relation de la manière dont Gervais de Saint-Ceneri, sire
d'Échaufour, renonça, dans l'assise de Bernay, le jour saint
Gordien et Épimache, 10 mai 1219, au procès qu'il avait intenté aux religieux de Saint-Martin de Séez : « Hec vero dimis-
« sio et recognitio in rotulis assisiarum domini regis ad majo-
« rem firmitatem hujus rei conscripta fuit [4]. »

Accord passé à l'assise de Carentan, en 1222, entre l'abbé
de Cherbourg et Jean de Wisebec : « Et hoc in principio assi-
« siarum factum fuit et inrotulatum [5]. »

Charte de Nicolas Gout, en 1223 : « Et hoc in assisia domini
« regis apud Britolium recognovimus et inrotulari fecimus [6]. »

Charte de Robert, fils de Guillaume Silvestre, en 1226 :
« Et in scacario domini regis apud Cadomum feci inrotu-
« lari [7]. »

Charte de Robert de Fonnoville, en 1227 : « Predictam quie-
« tationem, sicut in presenti carta continetur, que sigillo meo

[1] Léchaudé, Grands rôles, p. 203.

[2] Delisle, Fragments de l'histoire de Go-
nesse, p. 42.

[3] Orig. à la Bibl. imp. fonds latin 9211,
pièce 14.

[4] Livre blanc de Saint-Martin de Séez,
n. 257.

[5] Léchaudé, Grands rôles, p. 204, col. 2.

[6] Cartul. de Saint-Évroul, pièce 912.

[7] Ibid. pièce 1022.

« confirmata est, feci in assisia apud Bernaium in rotulis do-
« mini regis inrotulari[1]. »

Pour terminer cette énumération, je citerai une charte de
Guillaume de Saint-Mard, chevalier, qui fut lue à l'assise de
Longueville le 28 mars 1230 (n. s.), et transcrite sur les rôles
de l'assise par un clerc nommé maître Simon[2]. Comme c'est
un des documents qui font le mieux connaître la formalité
de l'insertion au rôle, j'en rapporterai le texte au bas de la
page.

J'ai longuement insisté sur les origines du greffe de l'échi-

[1] *Cartul. de Saint-Évroul*, pièce 536.

[2] « Sciant omnes presentes et futuri
« quod ego Willelmus de Sancto Medardo
« dedi et omnino quietavi abbati et conven-
« tui Sancti Wandregisili totum stramen et
« paleam et totum forragium quod habe-
« bam in decima dictorum religiosorum de
« Sancto Medardo, et quidquid mater mea
« in hiis habebat nomine dotis, quod mihi
« et heredibus meis accidere poterat, eis-
« dem religiosis habenda et absque recla-
« matione mei et heredum meorum in per-
« petuum possidenda. Et dicti religiosi
« poterunt dictam decimam eorum ubi-
« cumque voluerint hospitari. Et ipsi de bo-
« nis a Deo sibi collatis, hanc largitionem
« meam ad memoriam reducentes, bla-
« dum dicte decime istius anni, quod ad
« presens habent apud Sanctum Medar-
« dum, mihi donaverunt. Ut igitur hec do-
« natio et quietatio mea rata permaneat
« et a me et meis heredibus futuris tempo-
« ribus firmiter observetur, eam presenti
« carta, sigilli mei munimine roborata,
« confirmavi. Actum anno Domini m° cc°
« vicesimo nono, die Jovis ante floridum
« Pascha. Testibus hiis : Roberto de An-
« teni, Ricardo de Mosterollier juniore

« monacho, Adam de Gonneville milite,
« magistro Willelmo Landri, Helya cle-
« rico, et pluribus aliis. Testes qui inter-
« fuerunt quando carta lecta fuit. Isti inter
« fuerunt assisie apud Longam Villam, in
« campo Vandri, anno Domini m° cc° vice-
« simo nono, v kalendas aprilis, quando
« carta de Willelmo de Sancto Medardo,
« milite, pro se et matre ejus, lecta fuit et
« concessa, de stramine et paleis decime
« de Sancto Medardo, et in rotulis assisie
« posita. Dominus Theobaldus de Capella,
« dominus Willelmus de Bueseville, do-
« minus Johannes d'Estoteville, dominus
« Robertus de Bello Monte, vicecomite [de]
« Caleto, dominus Willelmus Talebot, do-
« minus Jordanus de Cresetot, dominus
« Willelmus Malconduit, dominus Rober-
« tus de Autueil, et dominus Ricardus
« Marescallus, dominus Reginaldus Lou-
« vel, milites, Rogerus Panchevent, ma-
« gistro Symone, Baldoino de Miliaco,
« Gaufrido clerico ejus, Ystachius de Petra
« Villa, qui cartam legit, et magister Sy-
« mon illam scripsit in rotulis. » (*Cartul.
de Saint-Wandrille, pièce cotée E III, 33.
Cette pièce m'a été communiquée par
M. Ch. de Beaurepaire.)

quier et des autres juridictions royales en Normandie; mais ce point méritait d'être sérieusement étudié. Les détails dans lesquels j'ai dû entrer ne serviront pas seulement à fixer le caractère du texte d'où dérive la première compilation des jugements de l'échiquier, ils peuvent aider à résoudre plusieurs des questions qui ont été soulevées à l'occasion des *Olim* du parlement[1].

Après avoir prouvé que les compilations des jugements de l'échiquier dérivent d'un recueil authentique et officiel, il ne sera pas sans intérêt de rechercher à qui doit être attribuée la rédaction de ce recueil. On pourrait nommer plusieurs clercs qui, sous les règnes de Philippe-Auguste, de Louis VIII et de saint Louis, ont suivi plus ou moins régulièrement les sessions de l'échiquier. Mais le seul dont le nom mérite d'être relevé par les historiens est Guillaume Acarin, qui, d'après un acte de l'année 1217, tenait alors des écritures près de l'échiquier : *W. Acarin, clericus, qui tunc in scacario scribebat*[2]. Il est donc permis de supposer que Guillaume Acarin a travaillé plus ou moins directement à la composition du recueil des jugements de l'échiquier. A ce titre, je donnerai quelques renseignements sur la vie d'un clerc dont la place est d'ailleurs marquée dans l'histoire administrative du XIIIe siècle.

L'acte que je citais tout à l'heure n'est pas le seul document qui atteste la part que Guillaume Acarin prit aux travaux de l'échiquier de Normandie. Il figure encore dans les jugements de ce tribunal aux dates de 1223 et de 1226[3]. En 1225, il est

---

[1] Voyez les considérations qui ont été développées sur le caractère authentique et officiel des *Olim*, par M. Lot (*Essai sur l'authenticité et le caractère officiel des Olim*, Paris, 1863, in-18) et par M. Grun (*Notice sur les archives du parlement de Paris*, dans les *Actes du parlement de Paris*, I, xci). J'ai aussi traité cette question dans mon *Essai de restitution d'un volume des Olim* (*Ibid.* I, 305).

[2] *Jud. scac.* n. 205, note.

[3] *Ibid.* n. 340 et 387.

un des justiciers royaux qui tiennent les assises de Caen[1]. La même année, il prononce une sentence arbitrale pour terminer un différend qui s'était élevé entre l'abbaye de Saint-André de Gouffer et Gervais de Joué[2]. En 1226, il rendit un jugement en faveur des religieux d'Aunay[3]. En avril 1232, il siégea à l'assise de Lisieux[4]. Le 3 mai 1236, il fit partie du conseil auquel saint Louis soumit une demande de la comtesse de Boulogne[5]. Cette même année, il remplit les fonctions de juge dans une assise du bailliage de Caen[6]. En juillet 1239, il assista à l'assise de Falaise[7]. Le cartulaire du Mont-Saint-Michel[8] nous atteste sa présence aux assises d'Avranches en 1221, 1223, 1225 et 1226, et à celles de Caen en 1218 et 1225. Il avait d'abord été clerc de Pierre de Thillay[9].

Guillaume Acarin était engagé dans les ordres ecclésiastiques. En 1217, l'évêque de Séez lui conféra la cure de Saint-Gervais de Falaise[10]. Il est probable qu'il ne conserva pas longtemps

---

[1] Léchaudé, *Grands rôles*, p. 204.

[2] « Hoc est dictum Willelmi Acarin, decani Sancti Sepulcri Cadomensis, et Ricardi de Turre, burgensis Argenthomi, « in quibus compromissum fuit ad finem ab « abbate et conventu Sancti Andree de Goffer, in assisia domini regis, ex una parte, « et Gervasio de Joe, ex altera, Willelmo « de Merulo, milite, tertio amico nominato « cum eis in inquisitione facta ab eis et in « dicto eorum in assisia granter consentiente. » (*Cartul. de Saint-André*, n. 433.)

[3] Léchaudé, *Extrait des chartes du Calvados*, I, 56.

[4] Charte de Hugue le Prévôt pour l'Hôtel-Dieu de Lisieux, orig. aux Archives du Calvados.

[5] Registre E de Philippe-Auguste, f. 325. — *Cartul. normand*, p. 69, n. 426.

[6] « Dicunt omnes, exceptis Milouel et « decano Sepulcri et Cambremer, quod est « venditio retrahenda. » (Compilation des assises de Normandie : ms. 4651, f. 58 v°; ms. 11034, f. 11 v°; ms. 11033, f. 64; Léchaudé, p. 147; Warnkœnig, p. 58.)

[7] Léchaudé, *Grands rôles*, p. 205.

[8] F. 126, 131, 133 et 134.

[9] *Querim. Normann.* 6.

[10] « Universis Christi fidelibus ad quos « presens scriptum pervenerit, Silvester, « Dei gratia Sagiensis episcopus, salutem in « Domino. Noverit universitas vestra nos, « ad presentationem abbatisse et conventus « sanctimonialium Sancte Trinitatis de Cadomo, ad quos jus patronatus ecclesie « Sancti Gervasii de Falesia dinoscitur pertinere, eamdem ecclesiam, liberam et vacantem, dilecto clerico nostro Willelmo

ce bénéfice ou qu'il le fit desservir par un vicaire. En effet, avant l'année 1220, il s'était fixé dans la ville de Caen, où il fonda une église collégiale, sous l'invocation du Saint-Sépulcre, pour rappeler, suivant l'abbé de La Rue [1], un voyage qu'il avait fait à la Terre sainte. Les commencements de cette communauté sont rapportés à l'année 1219, date des statuts qu'elle reçut de Robert, évêque de Bayeux [2]. Les biens que Guillaume Acarin affecta à la dotation de cette église lui avaient été donnés par différents particuliers, entre lesquels on peut nommer Nicolas Le Bœuf, fils de Robert Le Bœuf, chevalier; Robert Ruaut, chevalier; Robert de Mondreville, chevalier, et Pierre de Préaux, chevalier [3]. En 1226, le fondateur régla la manière dont l'anniversaire de Philippe-Auguste devait être célébré à perpétuité par les chanoines du Saint-Sépulcre. Dans l'acte de fondation [4], il rappelle les grands biens qu'il avait acquis au service du roi : « Ego autem Willelmus Acarin, decanus, qui « in servicio predicti regis et illustrissimi filii sui multa bona « acquisivi. » Au bas de cette page [5], on trouvera la charte du

---

« Hacarin, amore Dei, canonice contulisse. « Ut igitur hec nostra donatio rata perma- « neat in futurum, presenti scripto et si- « gilli nostri munimine duximus roboran- « dam. Actum anno gratie M° CC° septimo « decimo. Valete. » (Orig. aux Archives du Calvados.)

[1] *Essais hist. sur la ville de Caen*, II, 109.

[2] *Gallia christ.* XI, inst. 98.

[3] Bibl. imp. ms. latin 10067, fol. 5, 5 v° et 6 v°. — Le 19 octobre 1227, Hervé de Courseulles céda à Guillaume Acarin, doyen du Saint-Sépulcre, les droits qu'il pouvait avoir sur les dîmes de Courseulles. (*Jud. scac.* n. 409, note.)

[4] Orig. au Trésor des chartes, *Fonda-*

tions, II, n. 7, J, 461. *Cartulaire normand*, p. 54, n. 358.

[5] « Omnibus Christi fidelibus ad quos « presens scriptum pervenerit Willelmus « Acarin, primus decanus ecclesie Sancti « Sepulchri Cadomi, salutem in Domino. « Noverit universitas vestra me, ad honorem « Dei et ecclesiastici cultus ampliationem « in ecclesia Sancti Sepulchri Cadomensis, « juxta tenorem carte ordinationis dicte « ecclesie, sigillis felicis memorie Roberti « quondam Baiocensis episcopi et capituli « Baiocensis sigillata, decanatum cum pre- « benda de novo procreasse et ad usus « proprios ejusdem decanatus omnia sub- « scripta appropriasse, et in manu venera-

mois de juin 1233, par laquelle Guillaume Acarin institua, dans l'église du Saint-Sépulcre, la dignité de doyen. Il s'y appelle premier doyen du Saint-Sépulcre. Le titre de doyen de cette église était porté, en 1245, par Guillaume de Cambremer[1]. Il en faut conclure que, selon toute apparence, Guillaume Acarin mourut avant 1245, mais postérieurement à 1239, puisque, à cette dernière date, nous l'avons vu assister à une assise de Falaise.

Je ne sais d'après quelle autorité l'abbé de La Rue[2] et M. de Caumont[3] ont pensé que Guillaume Acarin était originaire de Grainville-sur-Odon. Tout ce que je puis dire de sa famille,

« bilis patris Thomæ, Dei gratia Baiocensis « episcopi, elemosinasse, videlicet totum « porprisium meum in burgo abbatisse Ca- « domensis, cum omnibus domibus et inte- « gritate sua, sicuti se extendit in longum « et latum ab una rua usque ad aliam, in- « ter masnagium Rogeri le Moigne, ex una « parte, et masnagium heredum Viel de « Porta, ex altera, et cum omni emenda- « tione et acquisitione quas ibidem et in « eodem burgo, Deo dante, faciam et po- « tero facere; et pratum illud quod vocatur « Pratum Patric, in magna praeria Cadomi, « et aliud pratum quod vocatur Pratum « Daulle, in eadem praeria, situm in tribus « locis, per annuam liberationem praeriæ su- « pradicte; et quatuor libras Turonensium « annui redditus, cum regardis, quas habeo « in domibus quas habui per emptionem de « heredibus Willelmi filii Luce, quondam « burgensis Cadomi, sitis in rua que vocatur « Cathehoule; et molendinum unum quod « vocatur Molendinum Bretel, situm apud « Bretevillam super Lesiam. Omnia autem « supradicta dedi et elemosinavi Deo et ec- « clesie supradicte ad usus proprios decana-

« tus, cupiens et intendens, Deo dante, cum « se facultas obtulerit, et maxime cum con- « silio et auxilio domini Baiocensis, in aliis « prefatum decanatum augmentare, salva « tamen michi et successoribus meis et re- « tenta potestate conferendi, juxta tenorem « ordinationis prefate ecclesie, sigillis Baio- « censis episcopi et capituli sigillate. Quod « ut ratum habeatur, presens scriptum si- « gillo meo confirmavi. Et ad majorem hu- « jus donationis certitudinem, venerabilis « pater in Christo Thomas, Dei gratia Baio- « censis episcopus, ad petitionem meam, « prefatam donationem et elemosinationem « sigillo suo, cum sigillo capituli Sancti Se- « pulchri, confirmare dignum duxit. Actum « anno gratie M° cc° xxx° tertio, mense ju- « nii. » (Bibl. imp. ms. latin 10067, fol. 7.)

[1] De La Rue, Essais, II, 116. — Le doyen Guillaume de Cambremer siégea à l'échiquier de Saint-Michel en 1248. (Jud. scac. n. 789.)

[2] Essais historiques sur la ville de Caen, II, 109.

[3] Statistique monument. du Calvados, I, 210.

c'est qu'il avait trois frères, Robert, Richard et Jean Acarin, qui ratifièrent, en 1219 et en 1224, la fondation de la collégiale du Saint-Sépulcre[1].

Les quatre collections dont il a été jusqu'à présent question et qui dérivent, peut-être en partie, des écritures de Guillaume Acarin, ne sont pas les seules sources à consulter pour connaître les actes de l'échiquier de Normandie sous Philippe-Auguste, Louis VIII et saint Louis. Plusieurs des jugements rendus dans les sessions de cette cour nous sont arrivés par d'autres voies.

En première ligne, il faut placer différentes chartes ou notices dans lesquelles les parties intéressées ont consigné ou fait consigner les décisions de l'échiquier dont il leur importait de conserver le souvenir. Des pièces de cette nature sont fournies par le Trésor des chartes et par les archives ou les cartulaires de l'archevêché de Rouen, du chapitre de Bayeux et des abbayes de Saint-Denis, de Saint-Julien de Tours, de Jumiéges, de Saint-Georges de Bocherville, du Bec, de Saint-Taurin, de Saint-Évroul, de Préaux, de Saint-Pierre-sur-Dive, de la Trinité de Caen, de Longues, du Mont-Saint-Michel, de Montmorel et de Savigny.

En seconde ligne, je signalerai cinq documents du xiiie siècle auxquels on doit la connaissance de différents actes de l'échiquier antérieurs à la mort de saint Louis. Ce sont : le premier volume des *Olim* du parlement, la compilation des Assises de Normandie, les plaintes reçues par les enquêteurs de saint Louis, les notes de l'anonyme de Coutances et le registre des visites pastorales d'Eudes Rigaud, archevêque de Rouen. Je dirai seulement quelques mots de chacun de ces documents.

---

[1] Bibl. imp. ms. latin 10067, f° 8 et 8 v°.

1° *Premier volume des* Olim. — Le rédacteur du premier registre du parlement a compris dans son recueil plusieurs actes de l'échiquier. On y trouve treize articles ou fragments d'articles susceptibles d'être rattachés à une session déterminée de l'échiquier.

2° *Assises de Normandie.* — Un jurisconsulte anonyme, qui, selon toute apparence, était attaché au bailliage de Caen, a laissé une courte compilation de droit[1] dont le fonds est tiré des jugements rendus, depuis 1234 jusqu'en 1237, dans les assises de Caen, de Bayeux, de Falaise, d'Exmes[2] et d'Avranches. Il a eu l'occasion d'y citer quatre ou cinq décisions de l'échiquier. La Bibliothèque impériale possède six anciennes copies de cette compilation :

1. Ms. lat. 4651, fol. 55 v°. Écriture du xiii° siècle.

2. Ms. lat. 11034, fol. 9. Écriture du commencement du xiv° siècle. Le texte de ce manuscrit et du suivant dérive du texte contenu dans le ms. 4651.

3. Ms. lat. 11033, fol. 60. Écriture de l'année 1365.

4. Ms. lat. 4653, fol. 73. Écriture de l'année 1430. Avec omissions et transpositions.

5. Ms. lat. 4653 A, fol. 279. Écriture du commencement du xvi° siècle. Texte incomplet.

6. Ms. lat. 11032, p. 215. Écriture du commencement du xiv° siècle. Avec beaucoup d'omissions.

Cette compilation a été publiée par M. Léchaudé d'Anisy[3] et par M. Warnkœnig[4]. L'une et l'autre édition sont très-incorrectes.

---

[1] Sur le caractère de cette compilation, voyez plus haut, p. 359.

[2] *Assisia Oximensis;* ce que l'auteur de la version française (édition Marnier, page 98) traduit par *l'assise du Lisuis.*

[3] *Grands rôles,* p. 144.

[4] *Französische Staats- und Rechtsgeschichte,* II, *Urkundenbuch,* p. 48.

Le ms. français F. 2 de la bibliothèque de Sainte-Geneviève en contient une version française, faite au XIII° siècle, que M. Marnier a comprise dans le volume intitulé : *Établissements et coutumes, assises et arrêts de l'échiquier de Normandie*[1].

3° *Registre des enquêteurs de saint Louis.* — Deux décisions de l'échiquier sont relatées dans les fragments qui nous restent du registre des enquêteurs envoyés en Normandie par saint Louis. Ces fragments, que pour plus de brièveté j'ai intitulés *Querimoniæ Normannorum*, sont conservés aux Archives de l'empire, sous la cote J. 783. Je n'ai pas à en faire ressortir ici la valeur historique. Il me suffira d'établir, au moins approximativement, la date du registre dont ils ont fait partie. Les plaintes qui remplissent ce registre ont dû être recueillies en 1247 ou peut-être en 1248. Elles sont, en effet, postérieures :

a. D'une année à un voyage de saint Louis à Évreux[2] : or saint Louis vint à Évreux au mois de juillet 1246[3];

b. De cinq ans à la guerre de Poitou[4] : on sait que cette guerre est le principal événement de l'année 1242;

c. De dix-huit ans au don que le roi saint Louis fit à Guillaume Mauvoisin d'une partie de la forêt de Beaumont-le-Roger[5] : nous avons une charte du mois d'octobre 1231, par laquelle Guillaume Mauvoisin reconnaît avoir reçu du roi saint Louis cent soixante acres de bois, situés dans la forêt de Beaumont-le-Roger, du côté de son manoir de Serquigny[6];

d. De vingt-quatre ans à un voyage de Louis VIII à Alen-

---

[1] P. 87.

[2] « Anno preterito quando rex venit in villa [Ebroicensi]. » (F. 6 v°.)

[3] Bouquet, XXI, 413.

[4] « Annis quinque elapsis... [tempore] quo guerra fuit in Pictavia. » (F. 9 v°.)

[5] F. 12.

[6] « Centum et sexaginta acras bosci in « eadem foresta [de Bello Monte]... per « deversus manerium meum de Sarqui- « gniaco. » (Orig. au Trésor des chartes, *Eaux et forêts*, n. 52, carton J. 731. Registre XXXI, f. 91 v°. L'acte est publié dans le *Cartul. normand*, p. 62, n° 385.)

çon[1] : ce voyage est probablement du commencement de l'année 1224, puisque nous possédons une lettre de Louis VIII, datée d'Alençon en 1223, sans indication de mois[2], et une lettre du même roi, datée de Breteuil, en mars 1224, n. s.[3];

e. De vingt-cinq ans au moins à la mort de Philippe-Auguste[4].

Tous ces caractères nous reportent à l'année 1247 ou à l'année 1248. Je n'hésite donc pas à assigner cette date aux plaintes recueillies en Normandie par les commissaires de saint Louis.

4° *Notes de l'anonyme de Coutances.* — Dans un Ordre liturgique, déposé aux archives épiscopales de Coutances, sont insérées des notes historiques se rapportant aux années 1258, 1259 et 1260. Elles donnent des détails très-circonstanciés et très-précieux sur les deux sessions de l'échiquier qui se tinrent en 1258. Selon toute apparence, ces notes ont été prises par un clerc de Jean d'Essey, évêque de Coutances, peut-être par l'official de ce prélat. En effet, il y est surtout question d'affaires relatives au diocèse de Coutances, et on y remarque un passage[5] dans lequel le mot *nos* ne peut signifier que l'évêque de Coutances ou les représentants de l'évêque de Coutances.

5° *Registre des visites d'Eudes Rigaud.* — Le registre des visites d'Eudes Rigaud, archevêque de Rouen, dont une édition a été donnée par M. Bonnin[6], mentionne seize sessions de l'é-

[1] « Quando Ludovicus rex clare memorio venit apud Alenchonium, XXIV annis elapsis. » (F. 20.)

[2] « Actum apud Alenc. anno Domini 1223, mense....... » (Reg. E de Philippe-Auguste, f° 247.)

[3] « Actum Britolii, anno Domini 1223, regni vero nostri primo, mense marcio. » (*Ibid.* f° 118 v°.)

[4] « In manu illustris memorie Philippi regis, annis XXV elapsis. » (F. 14 v°.)

[5] « Fuit facta pax inter nos et dictum ballivum [Constantini] super eo quod edicebat juridictionem viduarum ad se spectare. »

[6] *Regestrum visitationum archiepisc. Rothomagensis.* (Rouen, 1852, in-4°. Le ms. orig. est à la Bibl. imp. fonds lat. n. 1245.)

chiquier, à plusieurs desquelles le prélat prit part en qualité de maître. Malheureusement il garde un silence à peu près complet sur les affaires dont on s'occupa dans ces assemblées.

En combinant les données fournies par les quatre compilations et par les divers documents qui viennent d'être passés en revue, je suis arrivé à réunir 810 actes de l'échiquier, dont la date est comprise entre 1207 et 1270. De ces 810 actes, 424 étaient complétement inédits; la plupart des autres, fort imparfaitement connus. Les savants qui les avaient jusqu'à présent mis en lumière avaient exclusivement consulté les manuscrits des trois dernières collections. Or ces manuscrits ne contiennent, le plus souvent, qu'un texte fort abrégé.

En effet, les auteurs des trois dernières compilations ne se proposaient qu'un but : recueillir, dans les jugements de la cour, ce qui pouvait éclaircir des points de droit. Ils ont atteint ce but, et personne ne leur contestera le mérite d'avoir mis en relief, et parfois sous une forme très-heureuse, la jurisprudence de l'échiquier. Mais ils se préoccupaient fort peu des questions de fait, de sorte que très-souvent ils passent sous silence les faits qui avaient donné lieu au procès; ils suppriment les noms des parties et beaucoup de détails de procédure. En un mot, ils négligent presque toutes les circonstances étrangères au point de droit en question; ils se bornent à déduire du jugement un axiome général, ou tout au plus à en présenter une sèche analyse, dont l'historien le plus perspicace ne peut souvent tirer aucun profit. Ils vont jusqu'à mettre leur opinion personnelle à côté de la décision prise par les juges[1]. Le système adopté par l'auteur du premier recueil est tout différent : il reproduit d'ordinaire le texte

---

[1] « Et hoc non est bonum judicium. » (*Jud. scac.* n. 164, note.) — « Hoc est du- « bium, nisi essent quatuor fratres. » (*Ibid.* n. 504, note.)

entier des jugements. Aussi trouve-t-on dans la collection qu'il a laissée un exposé complet des faits; on y suit sans peine toutes les phases de la procédure, et comme cette collection n'omet presque jamais ni les noms des lieux ni ceux des personnes [1], elle abonde en renseignements utiles sur la topographie de la Normandie et sur la succession des seigneurs qui ont possédé les principaux fiefs de cette province pendant la première moitié du xiiie siècle. Quelques exemples feront bien ressortir la différence qui existe entre le premier recueil et les trois autres.

Dans les trois dernières compilations, à la date de 1219, nous lisons que Lucie fut condamnée à indemniser les Templiers pour la terre qu'elle leur avait donnée pendant son veuvage et qu'elle ne pouvait leur garantir [2]. Sans la première compilation [3], pourrait-on deviner que les biens dont il est ici question étaient situés à Valognes (*in parrochia Sancti Machuti*), dans le quartier du Vei-Salmon (*Vadum Salomonis*), et qu'il s'agit de Lucie du Quesnay, la même dont nous retrouvons la mention dans le cartulaire de Montebourg [4] et dans le registre des fiefs de Philippe-Auguste [5]?

Dans le premier recueil, un article de la session de Saint-Michel 1210 porte que Simon d'Anisy, tant qu'il ne sera pas remarié, conservera la terre de feu sa femme, dont il a eu des enfants [6]. Dans les autres compilations, le nom de Simon

---

[1] Je crois devoir signaler comme des exceptions les n. 123, 133, 398, 526, 553, 563, 580, 595, 608, 618, 620, 638 et quelques autres articles des *Jud. scac.* dans lesquels l'auteur de la première compilation a supprimé les noms propres.

[2] Léchaudé, p.140; Warnkœnig, p.83; Marnier, p. 136.

[3] *Jud. scac.* n. 245.

[4] P. 121. On trouve à cet endroit deux chartes de Lucie du Quesnay, la première sans date, la seconde de l'année 1229.

[5] « Lucia filia Ricardi de Quesnio tenet « inde sextam partem feodi apud Ques- « nelum. » (Léchaudé, *Grands rôles*, p.169.)

[6] *Jud. scac.* n. 72.

d'Anisy disparaît pour faire place à une qualification géné-
rique : « Le mari qui a eu des enfants de sa femme conservera
« la dot de celle-ci tant qu'il ne sera pas remarié [1]. »

Un article de la session de Pâques 1218 donne lieu à une
observation analogue. La première collection [2] nous apprend
que l'échiquier rendit ce jugement : « Le sergent de Durand
« le Coiffé, qui, dans un procès en matière mobilière, pendant
« à la cour de l'évêque d'Avranches, a gagé le duel pour son
« maître contre Rualen de Mortain, ne peut ni ne doit sou-
« tenir ce duel, parce qu'il est croisé; de plus, le dit Durand
« perd son procès. » La substance de cette décision est ainsi
consignée dans la deuxième compilation : « Champion croisé
« qui gage le duel en matière mobilière ne peut soutenir ce
« duel, et le demandeur perd son procès [3]. »

Suivant le premier recueil [4], il fut jugé à l'échiquier de
Saint-Michel 1213 qu'Alain d'Avenay aurait la saisine du patronage de l'église d'Avenay, parce que Henri des Autieux, qui
le lui contestait, n'avait pas voulu attendre qu'on reconnût,
conformément aux us et aux coutumes de Normandie [5], quel
patron avait présenté le dernier curé. Henri des Autieux fut, de
plus, condamné à une amende. Dans les autres compilations [6],
ce jugement est remplacé par la maxime suivante : « Si mon
« adversaire ne veut pas attendre qu'on reconnaisse, conformé-
« ment aux us et aux coutumes de Normandie, qui a présenté
« le dernier curé, j'aurai la saisine du patronage. »

La première collection [7] rend compte d'un jugement pro-

---

[1] Léchaudé, p. 138; Warnkœnig, p. 75;
Marnier, p. 121.

[2] Jud. scac. n. 227.

[3] Léchaudé, p 140; Warnkœnig, p. 82;
Marnier, p. 133.

[1] Jud. scac. n. 129.

[5] Cout. de Norm. tit. cxt du texte latin.

[6] Léchaudé, p. 139; Warnkœnig, p. 78;
Marnier, p. 126.

[7] Jud. scac. n. 70.

noncé en 1210 contre l'évêque de Lisieux dans ces circonstances : Hugues Tirel se plaint d'avoir été excommunié par
l'évêque, parce qu'il n'a pas voulu plaider en cour ecclésias-
tique pour un fief lai. L'évêque déclare que Robert le Vicomte,
à son retour de l'Albigeois, se plaint d'avoir été, pendant son
absence, dépouillé de certaines gerbes par Hugues Tirel. En
outre, il reconnaît qu'il a fait voir la terre sur laquelle avaient
crû ces gerbes. Il ajoute que les deux parties ont consenti à
lui exposer leurs raisons. Hugues Tirel nie avoir exposé ses
raisons en présence de l'évêque; il prétend que la terre sur
laquelle les gerbes avaient été récoltées lui a été adjugée dans
l'assise de Bonneville. Raoul de Boissy certifie l'exactitude des
assertions de Hugues Tirel et déclare avoir défendu à l'évêque
de tenir le plaid. L'évêque n'a pas obéi. Il est jugé qu'il n'a pu
tenir le plaid. — Au lieu de tous ces détails, la deuxième compilation [1] résume en une phrase le point de droit qui ressort
du jugement : « Un évêque ne peut connaître d'une dessaisine
« faite pendant l'expédition d'Albigeois, quand la cour du roi
« s'est occupée de l'affaire. »

Citons encore la reconnaissance à laquelle donna lieu, en
1213, une terre située à Marigny [2]. Il s'agissait de savoir si
cette terre, réclamée par Robert Bonvallet, était bien l'héritage
du possesseur actuel Geoffroi de Méhérand, ou bien un gage
dont l'engagement avait été fait depuis le couronnement de
Richard Cœur-de-Lion; dans ce cas, il fallait constater pour
quel prix l'engagement avait été contracté. La question fut
soumise à douze jurés, dont les noms sont énoncés dans la
première compilation. Ces jurés rapportèrent que la terre en
question avait été engagée pour 29 livres, monnaie du Mans.

---

[1] Léchaudé, p. 138; Warnkœnig, p. 75; Marnier, p. 120. — [2] *Jud. scac.* n. 122.

Il fut jugé que Robert Bonvallet aurait la terre, qu'il rendrait au roi la somme pour laquelle l'engagement avait été fait, et que Geoffroi de Méhérand payerait une amende pour avoir injustement retenu un bien qui ne lui appartenait pas. — Les autres recueils n'entrent dans aucun de ces détails : il leur suffit de constater que, si les jurés en matière de fief et de gage déclarent qu'il y a gage, le demandeur est remis en possession de la terre litigieuse, et la somme à laquelle montait l'engagement est acquise au roi [1].

Un dernier exemple achèvera de montrer avec quelle liberté les auteurs des trois dernières compilations travaillaient sur le texte des jugements de l'échiquier. A la session de Pâques 1219, il fut jugé que les enfants de Simon d'Oumoi jouiraient de leur terre, qui était dans la main du roi à raison de garde féodale, et qu'ils en payeraient le relief, c'est-à-dire 22 livres et 10 sous, monnaie de Tours, pour un fief et demi de haubert. La maxime générale « Fief de haubert se relève « par 15 livres de tournois » est la seule trace qui soit restée de ce jugement dans les trois autres collections.

On peut donc dire sans exagération que, même pour les articles antérieurement publiés, le premier recueil présente un texte nouveau des jugements de l'échiquier de Normandie. Entre autres avantages, il a celui de faire connaître la plupart des maîtres ou présidents de l'échiquier, depuis 1207 jusqu'en 1240. On ignorait jusqu'à présent les noms de presque tous les commissaires que Philippe-Auguste, Louis VIII et la reine Blanche envoyèrent présider les sessions de l'échiquier. Désormais on saura dans quelle mesure Gautier le Chambrier, frère Guérin l'Hospitalier, frère Aimard le Templier, Guillaume

---

[1] Léchaudé, p. 139; Warnkœnig, p. 77; Marnier, p. 125.

de la Chapelle, Eudes, doyen de Tours, Barthélemi de Roye et plusieurs autres ont travaillé, de concert avec les baillis, à faire accepter des Normands la domination du roi de France.

La première compilation permet encore de rétablir la chronologie des sessions de l'échiquier, qui est troublée dans la plupart des autres manuscrits. Je dois cependant prévenir qu'une assez grave difficulté chronologique est soulevée par le dernier chapitre du manuscrit de Rouen. Cette question doit être discutée avec quelques développements.

Ce dernier chapitre remplit à peu près entièrement les deux derniers feuillets du manuscrit. Placé immédiatement après les deux chapitres de l'échiquier de Pâques 1243, il est intitulé : *Item apud Rothomagum in scacario Sancti Michaelis coram predictis.* On ne peut cependant pas admettre que les vingt-trois articles rapportés sous ce titre soient les actes de l'échiquier de la Saint-Michel 1243.

En effet, ces articles ne correspondent à aucun des huit jugements de la même session, dont la troisième et la quatrième compilation nous ont conservé le texte[1]. J'avoue qu'un pareil désaccord pourrait s'expliquer sans qu'il fût nécessaire de recourir à l'hypothèse d'une altération des textes dans l'un ou dans l'autre des recueils. Aussi j'ose à peine donner ce désaccord comme un commencement de preuve; je ne m'y serais peut-être pas même arrêté un seul instant si d'autres indices n'étaient pas là pour révéler quelle confusion s'est introduite dans le texte des deux derniers feuillets du manuscrit de Rouen. Un examen détaillé des vingt-trois jugements transcrits sur ces deux feuillets aura pour résultat de démontrer que ces jugements n'appartiennent pas tous à la même session,

---

[1] *Jud. scac.* n. 742-744 et 746-750.

et que, sur ces vingt-trois jugements, dix au moins sont certainement antérieurs à l'année 1243.

Je commence par l'article qui dans l'édition porte le n. 719.
On y rend compte d'un différend qui partageait le comte Robert d'Alençon et Robert de Montigny. Le comte Robert étant
mort le 7 septembre 1217[1], un procès dans lequel il joue le
rôle principal est nécessairement bien antérieur à l'année 1243.
Selon toute apparence, c'est avec raison que la deuxième compilation rapporte ce jugement à l'échiquier de Pâques 1208[2].
La date de la mort de Robert, comte d'Alençon, prouve éga-
lement que l'article 727, relatif à un record fait par ce comte,
est au plus tard de l'année 1217.

L'article n. 720 se trouve dans la deuxième compilation,
parmi les jugements de la session de Saint-Michel 1208. Lors
même que ce témoignage positif m'aurait fait défaut, je n'en
aurais pas moins rejeté la date de 1243. En effet, l'une des
parties en cause dans l'article 720 est Richard de Harcourt,
dont la femme, Mathilde, était déjà veuve en 1239[3].

L'article n. 721 se rapporte à un procès que Robert Fils-
Erneis avait intenté à Raoul Taisson. Robert Fils-Erneis mourut du temps de Philippe-Auguste[4]. Quant à Raoul Taisson,
c'est, à n'en pas douter, celui dont la succession fut partagée
au commencement de l'année 1214[5]. D'où il résulte que le
n. 720 est au plus tard de l'année 1213.

La date de l'article 722 est donnée par la deuxième com-

[1] Cette date est donnée par les auteurs
de L'art de vérifier les dates (XIII, 156).
Elle est formellement confirmée par un
jugement de l'échiquier (Jud. scac. n. 213),
qui prouve qu'au mois d'octobre 1217
la comtesse d'Alençon avait récemment
perdu son mari.

[2] Jud. scac. n. 719, note.
[3] « Ego Mathildis, domina de Sancto
« Salvatore..... tempore viduitatis mee. »
(Cartul. de Montebourg, p. 110.)
[4] Catalogue des actes de Philippe-Auguste, p. 448. n. 2020.
[5] Jud. scac. n. 137.

pilation, où le même jugement est analysé parmi les actes de l'échiquier de Saint-Michel 1209.

Dans l'article 724, il est question d'un procès de Hugues de Rôtes contre son neveu Hervé, enfant mineur, dont le père, Richard, était parti pour la Terre sainte. Comme ce procès était déjà porté devant l'échiquier en 1210 et 1211 [1], il est difficile de supposer qu'il n'était pas encore vidé en 1243. Dans tous les cas, la minorité de Hervé de Rôtes s'était terminée bien avant cette dernière date. Ainsi l'article 724 n'appartient pas à l'année 1243, mais à l'année 1210 ou environ.

L'objet de l'article 725 est un différend survenu entre Foulques Painel et un mineur, Pierre, fils de Henri de Saint-Pierre. Ce différend occupait déjà l'échiquier en 1221 [2]; il ne devait donc plus en être question en 1243; du moins, à cette dernière date, Pierre avait depuis longtemps atteint sa majorité. Je n'hésite donc pas à reporter l'article 725 aux environs de l'année 1221.

L'article 726 contient la vérification des droits d'usage que Roger Suart, Thomas de Vouilly et Geoffroi le Danois prétendaient avoir dans la forêt de Neuilly. Cette vérification avait été prescrite par un jugement de l'échiquier de Saint-Michel 1212 [3]. Elle ne doit pas être de beaucoup postérieure à cette dernière date.

Dans l'article 728, Pierre de Thillay et Mile de Lévis rappellent la manière dont un partage avait été fait, à l'assise de Coutances, entre Guillaume Painel et Mathilde de la Lande. Les baillis Pierre de Thillay et Mile de Lévis ayant quitté la vie publique ou étant morts, le premier vers 1225, le second vers 1227, au plus tard, l'article 728 ne saurait être daté de l'année 1243.

---

[1] *Jud. scac.* n. 76 et 78. — [2] *Ibid.* n. 302. — [3] *Ibid.* n. 103.

Il en est de même de l'article 729, dans lequel nous retrouvons Mile de Lévis et Pierre de Thillay. De plus, le même article 729 mentionne l'intervention de l'évêque de Coutances.
Cela suffirait pour écarter la date de 1243, puisque le siége
de Coutances fut vacant depuis 1238 jusqu'en 1245[1].

Ainsi, sur les vingt-trois jugements que le manuscrit de
Rouen rapporte à l'échiquier de Saint-Michel 1243, dix sont
incontestablement antérieurs à cette date. L'un d'eux appartient à la session de Pâques 1208, un autre à la session de
Saint-Michel de la même année, un troisième à l'échiquier de
Saint-Michel 1209. Il n'en fallait pas tant pour montrer que
le plus grand désordre règne dans le dernier chapitre de la
première compilation, et que le titre de ce chapitre ne doit
inspirer aucune confiance.

J'aurais encore à présenter des observations sur différents
passages du recueil des jugements de l'échiquier, mais j'ai
préféré réserver les remarques de détail pour les joindre, sous
forme de notes, au texte même des jugements, qui a récemment vu le jour. Dans le présent mémoire, je me suis
borné à passer en revue les compilations qui font connaître
les actes de l'échiquier sous Philippe-Auguste, Louis VIII et
saint Louis ; j'ai examiné la valeur relative de ces sources ; en
essayant d'en découvrir l'origine, j'ai été amené à établir, contrairement à une opinion soutenue par d'illustres savants, que
des greffes étaient régulièrement organisés près des tribunaux
normands dès le commencement du xiiie siècle. Par la comparaison que j'ai établie entre les différents textes, je pense
avoir suffisamment justifié la publication d'une collection d'environ huit cents jugements, tous antérieurs à l'année 1270,

---

[1] *Gallia christ.* XI, 880.

la plupart inédits ou incomplétement publiés, et qui,. en formant le complément des *Olim* du parlement, jettent une vive lumière, non-seulement sur l'état de la procédure au xiiiᵉ siècle, mais encore sur l'histoire générale de la Normandie, et notamment sur les progrès de l'autorité royale dans cette province après la conquête de Philippe-Auguste.

www.ingramcontent.com/pod-product-compliance
Lightning Source LLC
Chambersburg PA
CBHW070240200326
41518CB00010B/1631